"十四五"时期国家重点出版物出版专项规划项目

转型时代的中国财经战略论丛

巴塞尔协议下
中国银行业操作风险管理研究

Research on Operational Risk Management of
Chinese Banking Industry under the Basel Accord

高丽君 著

中国财经出版传媒集团
经济科学出版社
Economic Science Press

图书在版编目（CIP）数据

巴塞尔协议下中国银行业操作风险管理研究/高丽
君著 . -- 北京：经济科学出版社，2022.9
（转型时代的中国财经战略论丛）
ISBN 978 - 7 - 5218 - 4048 - 3

Ⅰ.①巴⋯ Ⅱ.①高⋯ Ⅲ.①国际清算银行 - 协议②
银行业 - 风险管理 - 研究 - 中国 Ⅳ.①F831.2
②F832.2

中国版本图书馆 CIP 数据核字（2022）第 174995 号

责任编辑：于 源 郑诗南
责任校对：孙 晨
责任印制：范 艳

巴塞尔协议下中国银行业操作风险管理研究
高丽君 著

经济科学出版社出版、发行 新华书店经销
社址：北京市海淀区阜成路甲 28 号 邮编：100142
总编部电话：010 - 88191217 发行部电话：010 - 88191522
网址：www. esp. com. cn
电子邮箱：esp@ esp. com. cn
天猫网店：经济科学出版社旗舰店
网址：http://jjkxcbs. tmall. com
北京季蜂印刷有限公司印装
710×1000 16 开 15.5 印张 250000 字
2022 年 11 月第 1 版 2022 年 11 月第 1 次印刷
ISBN 978 - 7 - 5218 - 4048 - 3 定价：66.00 元
（图书出现印装问题，本社负责调换。电话：010 - 88191510）
（版权所有 侵权必究 打击盗版 举报热线：010 - 88191661
QQ：2242791300 营销中心电话：010 - 88191537
电子邮箱：dbts@ esp. com. cn）

总　序

　　"转型时代的中国财经战略论丛"是山东财经大学与经济科学出版社在"十三五"系列学术著作的基础上，在"十四五"期间继续合作推出的系列学术著作，属于"'十四五'时期国家重点出版物出版专项规划项目"。

　　自2016年起，山东财经大学就开始资助该系列学术著作的出版，至今已走过6个春秋，期间共资助出版了122部学术著作。这些著作的选题绝大部分隶属于经济学和管理学范畴，同时也涉及法学、艺术学、文学、教育学和理学等领域，有力地推动了我校经济学、管理学和其他学科门类的发展，促进了我校科学研究事业的进一步繁荣发展。

　　山东财经大学是财政部、教育部和山东省人民政府共同建设的高校，2011年由原山东经济学院和原山东财政学院合并筹建，2012年正式揭牌成立。学校现有专任教师1690人，其中教授261人、副教授625人。专任教师中具有博士学位的982人，其中入选青年长江学者3人、国家"万人计划"等国家级人才11人、全国五一劳动奖章获得者1人、"泰山学者"工程等省级人才28人，入选教育部教学指导委员会委员8人、全国优秀教师16人、省级教学名师20人。近年来，学校紧紧围绕建设全国一流财经特色名校的战略目标，以稳规模、优结构、提质量、强特色为主线，不断深化改革创新，整体学科实力跻身全国财经高校前列，经管类学科竞争力居省属高校首位。学校现拥有一级学科博士点4个，一级学科硕士点11个，硕士专业学位类别20个，博士后科研流动站1个。在全国第四轮学科评估中，应用经济学、工商管理获B＋，管理科学与工程、公共管理获B－，B＋以上学科数位居省属高校前三甲，学科实力进入全国财经高校前十。2016年以来，学校聚焦内涵式发展，全面实施了科研强校战略,取得了可喜成绩。获批国家级课题项目 241 项,教育部及其他省部级课题项目 390 项,承担各级各类横向课题 445 项;教师共发表高水平学术论文 3700 余篇,出版著作 323 部。同时,新增了山东省重点实验室、山东省重点新型智库、山东省社科理论重点研究基地、山东省协同创新中心、山东省工程技术研究中心、山东省两化融合促进中心等科研平台。学校的发展为教师从事科学研究提供了广阔的平台,创造了更加良好的学术生态。

"十四五"时期是我国由全面建成小康社会向基本实现社会主义现代化迈进的关键时期,也是我校合校以来第二个十年的跃升发展期。今年党的二十大的胜利召开为学校高质量发展指明了新的方向,建校 70 周年暨合并建校 10 周年校庆也为学校内涵式发展注入了新的活力。作为"十四五"时期国家重点出版物出版专项规划项目,"转型时代的中国财经战略论丛"将继续坚持以马克思列宁主义、毛泽东思想、邓小平理论、"三个代表"重要思想、科学发展观、习近平新时代中国特色社会主义思想为指导,结合《中共中央关于制定国民经济和社会发展第十四个五年规划和二〇三五年远景目标的建议》以及党的二十大精神,将国家"十四五"期间重大财经战略作为重点选题,积极开展基础研究和应用研究。

"十四五"时期的"转型时代的中国财经战略论丛"将进一步体现鲜明的时代特征、问题导向和创新意识,着力推出反映我校学术前沿水平、体现相关领域高水准的创新性成果,更好地服务我校一流学科和高水平大学建设,展现我校财经特色名校工程建设成效。通过向广大教师提供进一步的出版资助,鼓励我校广大教师潜心治学,扎实研究,在基础研究上密切跟踪国内外学术发展和学科建设的前沿与动态,着力推进学科体系、学术体系和话语体系建设与创新;在应用研究上立足党和国家事业发展需要,聚焦经济社会发展中的全局性、战略性和前瞻性的重大理论与实践问题,力求提出一些具有现实性、针对性和较强参考价值的思路和对策。

山东财经大学校长

2022 年 10 月 28 日

前　言

　　巴塞尔银行监管委员会（简称巴塞尔委员会）成立于 1974 年，是国际清算银行下的常设监督机构，它通过《巴塞尔资本协议》制定全球化银行监管条例，在全球银行业监管的主导地位是毋庸置疑的。自《巴塞尔资本协议Ⅱ》制定起，操作风险被纳入银行风险管理框架，成为影响银行业的三大重要风险之一。

　　2005 年 2 月，中国首次把银行操作风险管理提上日程，此后中国银监会在《巴塞尔资本协议Ⅱ》指引下发布了一系列操作风险管理指引，2013 年第四季度，中国银监会开始公布以标准法计算的中国银行业操作风险监管资本金。

　　2008 年金融危机的爆发，暴露了很多金融监管方面的问题，其中也包含银行操作风险监管薄弱的问题，巴塞尔委员会经过多次讨论、分析，提出了《巴塞尔资本协议Ⅲ》（2010 年初版直至 2017 年终版），对巴塞尔协议持续改进。2017 年 12 月，巴塞尔委员会决定采用新标准法来计量操作风险监管资本，并要求各国银行界于 2022 年 1 月开始实施新框架（受新冠肺炎疫情的影响，2020 年 3 月，巴塞尔委员会决定将时间顺延 1 年）。新的监管政策出台必将影响在该体系管辖内的所有机构，这是挑战也是机遇。

　　本书围绕"巴塞尔资本协议下中国银行业操作风险管理"这一基本问题展开研究：

　　首先，操作风险自古有之，但我国对银行操作风险管理的研究起步很晚。由于操作风险的内涵和特点决定了其度量和管理的难度，因此，本书将探讨操作风险研究与管理的发展历程，操作风险与其他金融风险之间的关系，分析操作风险资本金的占比，从多个角度分析制约操作风险研究发展的障碍。

其次，从银行监管的角度，本书将分析巴塞尔资本协议的发展历程，从银行监管的角度论述操作风险计量规则的演变思路，比较《巴塞尔资本协议Ⅰ》《巴塞尔资本协议Ⅱ》及《巴塞尔资本协议Ⅲ》操作风险监管框架提出的目的、原因、背景、要求、内容、优势和不足，重点分析新标准法在中国银行业实施的背景、条件、优劣及可能的影响。

再次，就巴塞尔第一支柱的银行操作风险资本金配置这一问题进行实证研究，分析"某银行操作风险究竟有多大"这个问题。以中国某大型商业银行过去历史操作损失内部数据为分析基础，分别采用基本指标法、标准法、替代标准法、新标准法，同时以学术界推荐的损失分布法框架下的几种高级计量方法度量银行操作风险资本金并进行比较，认为结果均比较合理，采用高级计量法具有一定的降低银行操作风险监管资本的作用。但具体哪种方法更准确、更有效，需有充足的银行内部数据来验证。

从次，监管资本仅是操作风险管理的最后一道防线，监管资本度量方法的唯一确定意味着未来银行需要重点把握其他要素，即第二支柱、第三支柱是业界及学术界未来提升操作风险管理的重要因素。本书分析了巴塞尔资本协议第二支柱及第三支柱的内容、原则及要求，梳理了学术界对第二支柱的探讨和尝试，以及中国业界对第三支柱的实践及应对，并具体分析了学术界对操作风险驱动因素的理论探讨及实证分析，比较了中国银行业与国际银行界的异同。

为了分析银行操作风险的三条防线及其关系，加强操作风险管理框架，本书从9个方面具体细分了框架的具体实施的各主体及各环节的职责和注意事项，从构建统一框架的角度为操作风险管理提供思路。

数据质量问题和模型选择问题是制约操作风险度量及管理发展的两个重要难题。为避免模型假设的错误，笔者考虑采用机器学习方法，采用相关而不是因果的概念分析操作风险驱动因素，并分析了机器学习方法在金融领域的应用，从操作风险与这些领域的相似性和相关性，探讨了机器学习方法应用于操作风险管理领域的可能性和可行性，以某大型商业银行超十年的内部操作损失数据为基础（数据充足、精确，质量较高），通过机器学习逐步训练优化得出规律，找出最重要的风险驱动因素，提出对策建议。

　　最后，本书分析了新标准法下可由当地监管部门确定的参数或规定的变化对操作风险监管资本的影响。分析了内部损失乘数和操作风险监管资本的敏感性，并对业务规模超过 10 亿欧元的银行是否提升数据收集门槛进行分析。提出了中国银行业应对巴塞尔监管新框架的操作风险管理对策建议。

　　笔者于 2005 年开始研究操作风险度量与管理问题，一直以来，徐伟宣先生、陈建明研究员、李建平研究员、朱晓谦博士、孙晓蕾博士、高翔博士，业界人士罗猛先生、丰吉闯先生均给予笔者很多指导和帮助，在此表示衷心的感谢！

　　特别感谢引用文献的所有作者，向国内外学术同行以及业内人士致以深深的敬意。另外，尽管笔者始终注意参考文献的列举和标注，但难免有所遗漏，在此向那些可能被遗漏的文献作者表示歉意，并恳请他们与笔者联系，以便将来有机会弥补。

　　虽然笔者力图对巴塞尔新监管框架下中国银行业操作风险管理的应对提出对策建议，但限于知识和学术水平，本书难免存在不足之处，恳请读者批评、指正，笔者将不胜感激。

　　希望本书能够帮助人们进一步科学地认识银行操作风险管理难题，拓展大家对操作风险度量与管理的认识，为中国银行业风险管理略尽绵薄之力。

　　本书适合银行监管领域的政府公务人员、银行管理人员、高等院校师生、科研人员及相关工作者阅读。

2022 年 6 月于济南

目　录

第1章 银行业操作风险概述

银行是最古老而又最现代的金融机构，银行业的经营管理过程十分复杂，伴随着各种各样的风险。伯恩斯坦（Bernstein，1996）认为风险管理的精髓在于"最大限度地扩大我们可以控制结果的区域，同时最大限度地减少那些我们完全无法控制结果的区域"①。

1.1 银行业操作风险研究的意义

只要银行运营，就有发生操作风险的可能性。操作风险伴生于企业经营之中，操作风险管理建立起银行运营管理与风险管理的联系。自1999年开始的《巴塞尔资本协议Ⅱ》强调了银行操作风险的重要性，把操作风险纳入银行计算监管资本的体系之中，和信用风险、市场风险并称银行业三大风险，自此，业界、学术界对操作风险的重视度逐步加强。

在世界范围内，1995年巴林银行新加坡分行尼克·里森未经授权购买股指期货导致英国巴林银行损失10亿多美元倒闭；1995年大和银行纽约分行井口俊英承认他在11年内累计隐瞒高达11亿美元的巨额亏损；2005～2008年法国兴业银行损失49亿欧元，是因为交易员热罗姆·克维尔违规越权交易投资股指期货②。这些银行操作风险事件都使银行遭受重创，也使人们意识到银行操作风险管理的重要性和紧迫性。

---

① Bernstein P. *Against the Gods*, *the Remarkable Story of Risk*. New Jersey: John Wiley & Sons Inc. , 1996, pp. 8.

② 李建平等：《商业银行操作风险度量与监管资本测定——理论、方法与实证》，科学出版社2013年版，第5～6页。

国内，2010 年，刘济源等诈骗银行涉案金额达 100 亿元，其中齐鲁银行逾 70 亿元，震惊全球银行业；[①] 2016 年，邮储银行某支行原行长 79 亿元巨额票据案，非法套取挪用理财资金 30 亿元；[②] 2016 年，焦作中旅银行被不法分子租用办公室，卷入同业账户电票欺诈案，涉案金额 20 亿元；[③] 2018 年，浦发银行成都分行向 1493 个空壳企业授信 775 亿元掩盖不良贷款，[④] 2022 年 4 月，河南多家村镇银行，银行高管和股东互相勾结，用符合银保监规定的手续做了套假系统，非法吸收资金约 397 亿元[⑤]。尽管银行受监管规则约束，但银行业务日趋复杂，在巨额利益引诱下，无论是外部主因还是内部主因，巨额操作风险事件层出不穷，撼动了银行根基，致使银行倒闭，撬动了全球股市，也大大降低了民众对银行的信任。银行监管机构和经营者逐渐认识到银行操作风险管理的重要性。

来自金融市场的情况表明，大额现金流的波动与其说是由与市场风险或信用风险相关的因素所导致的，还不如说更可能是由机构或银行的操作实践所引起的，如对冲基金中将近 50% 的损失事件是由于操作风险引起的。目前国际活跃银行对操作风险的重视逐渐加深，并将其摆在了突出位置。

由于金融危机的影响，全球金融市场环境发生了一些重大变化，操作风险在银行风险中所占比重有一定的上升趋势。从上述银行操作风险案例可以看出，近年来银行巨额操作风险暴露额度呈上升趋势，造成的损害程度也非常惊人。同时，银行操作风险事件发生的频数也一直居高不下，两者相综合，可想而知，银行操作风险的危害性。如图 1－1 所示，在 2009～2018 年这十年中，操作风险总损失高达惊人的 5171 亿欧元，净损失达 4695 亿欧元。操作风险的总损失呈现迅速上升至峰值再

2

① 陈玉峰：《资金掮客刘济源》，载于《法人》2013 年第 3 期，第 63～64 页。
② 叶青等：《严抓"内鬼"：向金融乱象祭出监管重拳》，载于《财政监督》2018 年第 14 期，第 46～52 页。
③ 邱火龙：《20 亿电子银行承兑汇票诈骗案落锤：3 名主犯获无期徒刑》，腾讯网，2020 年 12 月 2 日，https://new.qq.com/rain/a/20201202A06CKR00.
④ 林兢，许宇寰：《银行总分行绩效目标激励管理的博弈分析——从浦发银行成都分行案说起》，载于《财会月刊》2019 年第 3 期，第 33～39 页。
⑤ 张凤玲：《河南村镇银行背后的"大佬"是谁?》，载于《中国品牌》2022 年第 8 期，第 57～59 页。

逐渐下降的趋势，其中，2009 年最低为 266 亿欧元，而峰值为 2014 年的 772 亿欧元，峰值后逐渐下降，但 2018 年仍达到 356 亿欧元，总体来说，操作风险仍然高于金融危机前的水平。

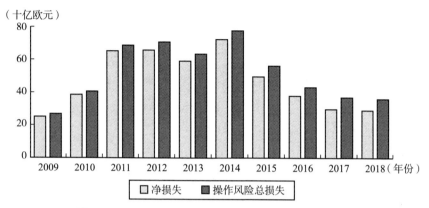

（十亿欧元）

图 1-1 2009~2018 年全球操作风险净损失及总损失

资料来源：巴塞尔Ⅲ监管报告 2019 年 10 月。http://www.bis.org. BIS，2019.

由此可知，操作风险已经成为银行业一个重要的风险源，操作风险已成为关系到金融机构存亡与否的关键所在，加强操作风险的管理已不是一句空话，是势在必行且刻不容缓的。

1.2 操作风险的定义

对操作风险的界定是操作风险研究最基础的内容。国际上有关商业银行操作风险的研究文献比较少，但也涌现了如广义定义、狭义定义和搁置法定义，全球衍生产品研究小组的定义、世界银行的定义、全球风险专业人员协会的定义、J. P. 摩根的定义、英国银行家协会的定义及巴赛尔委员会的定义等多种定义[1]。鉴于巴塞尔委员会在全球银行监管方面的权威地位，目前世界范围内的金融界及学术界基本上采用了巴塞

---

[1] 高丽君：《中国商业银行操作风险数据问题研究》，经济科学出版社 2020 年版，第 13~14 页。

3

尔委员会的定义，中国金融界[1]也是如此。

巴塞尔委员会对操作风险的定义："由于不完善或有问题的内部操作过程、人员、系统或外部事件而导致的损失的风险，这一定义包含法律风险，但不包含策略性风险和声誉风险。"[2] 该定义的特点见高丽君（2020）。

巴塞尔委员会的定义主要从监管目标出发，其涵盖的内容并没有覆盖银行所有的操作风险；且该定义对操作风险的界定是从导致损失发生的原因入手，它并没有非常清楚地讲明哪些事件属于操作风险，且未罗列所有操作风险的细类，会导致不同的人对操作风险有不同的理解，这对操作风险的管理人员提出了更高的要求。

1.3 操作风险的分类

鉴于操作风险的复杂性，可以从损失发生的原因、对损失的预期程度、损失影响、业务线、事件类型、损失的严重程度和频度的高低等若干角度讨论操作风险的分类问题，详见高丽君（2020）[3]。

最常见的分类是巴塞尔委员会的按事件类型和按业务线进行分类，详见高丽君（2020），基于损失事件类型和业务线类型的分类，国际清算银行的风险管理小组进行了国际上影响最广、最为认可的操作风险损失数据收集工作（Operational Loss Data Collection，OLDC），也叫定量影响测算（QIS）。以单次损失2万欧元为收集底线，要求各参与银行上报其操作损失的各方面数据，几次定量影响测算都进行了年度损失频率、强度的分析，对全球银行业操作风险进行了概况分析。

但在操作风险管理实践中，在中国如果按照中国银监会的划分，可

---

① 中国银行业监督管理委员会：《商业银行操作风险监管资本计量指引》，银监发〔2008〕67号，2008.9.18.

② Basel Committee on Banking Supervision. Basel Ⅱ：Sound Practices for the Management and Supervision of Operational Risk. Basel：Bank for International Settlements，February 2003.

③ 高丽君：《中国商业银行操作风险数据问题研究》，经济科学出版社2020年版，第14～22页。

达 $7 \times 9 = 63$ 种细分。① 截至 2015 年，中国银行业也仅有几家银行开始进行操作风险内部数据系统收集，少数几家银行进行了数据库系统的结构建设，单家银行按此法分类会有多个类别数据缺失，会降低分类的意义和作用，因此暂不建议中国商业银行采取按损失事件或业务条线的分类进行概况分析。

另一种在操作风险度量过程中比较常见的分类方法是按照操作风险损失发生的频率以及损失的严重性进行分类，可以将操作风险损失事件分为四类，即低频率/低损失事件、高频率/高损失事件、高频率/低损失事件和低频率/高损失事件。其中，低频率/低损失事件对银行几乎没有影响，可以不予考虑；而高频/高危事件基本上是不存在的，因此，银行的操作风险事件主要有两类，即低频/高损事件和高频/低损事件。

高频率/低损失事件由于发生频繁且损失较小，银行能够预先预防。对于这类损失，巴塞尔委员会建议银行通过预提风险资本来管理风险；低频/高危事件即为人们常说的操作风险分布的尾部，偏峰厚尾部分，发生频率很低，但一旦发生则对银行影响巨大。这类事件主要对非预期损失起作用，高级计量法下要求的 99.9% 在险值或条件在险值的目的就是应对这类极端风险。对银行来说，在其内部模型中能够捕获这些损失是至关重要的。高级计量法中，学者们提出了很多方法来刻画低频/高危事件，这是高级计量法度量操作风险资本金的关键。鉴于《巴塞尔资本协议Ⅲ》最终方案中，操作风险资本金的度量只规定了一种方法：新标准法，并将高级计量法排除在监管资本度量之外，因此本书不再讨论此分类。

1.4　银行业操作风险的特点及影响

相对于信用风险和市场风险而言，银行中可能导致操作风险的业务是银行各项业务，涉及的层次也是各层次的，涉及的人事是全员的，其内涵和外延更加丰富，更为复杂。这种全方位性、多层次性及全员性的特点决定了操作风险识别、界定的难度很大，进而度量及管理的难度也

---

① 巴塞尔委员会将操作风险从风险事件类型的角度分为七类，从损失事件发生的业务部门分为八类，中国银监会将不能划分为这八类业务的定为"其他"，因此为 63 种细分。

很大。理解操作风险的特点，有助于更好地把握操作风险的内涵，在此基础上，才能谈操作风险的度量、管理与监管。商业银行操作风险存在以下特点。

1.4.1　内生性

银行三大风险中的市场风险和信用风险，它们主要体现的是外生风险，而绝大多数操作风险事件来源于银行的内部运作，如内部操作过程、人员、系统等，内部运作银行是可以控制的，银行可以通过对操作风险源的预警、管理和控制，在一定程度上控制甚至规避或缓释一定量的操作风险损失。这体现了操作风险在一定程度上的可控性。

1.4.2　多样性

操作风险的一个重要特点是多样性。即上述的全方位性、多层次性和全员性。对银行操作风险的管理实际上就是对银行运营所有活动的各个层面的风险管理。操作风险成为一个难以界定的残值风险范畴。

操作风险的定义是从原因阐述的，凡符合、满足概念所述原因的都属于操作风险范畴，由于新项目的开展及新技术、新方法的应用，许多新的风险不断归入其中，试图用一种方法、一种措施来发现、管理所有的操作风险几乎是不可能的。银行需要对所有的业务进行风险的管理控制，对所有的人员进行监督，这个难度很大，容易让人感觉无的放矢。建议全面撒网、重点集聚，这也给业界及研究者研究、管理操作风险增加了难度。

1.4.3　厚尾性

操作风险与市场风险、信用风险相比，有着不同的损失分布特征。从巴塞尔协议对信用风险、市场风险以及操作风险计提风险的在险值就可以看出，操作风险比市场风险具有更严重的偏峰厚尾现象。其偏度和峰度值更大，尾部更厚。在某些情况下，常见的损失分布中的"一般分布"无法较好刻画操作风险。根据巴塞尔委员会的统计，同时结合研究者对操作风险的度量分析发现，有半数左右的国际活跃银行采用了广义极值分布或包含了广义极值分布的混合分布来刻画操作风险的厚尾特征。

这种厚尾性为度量及管理操作风险增加了难度，尤其是采用高级计量法度量操作风险损失强度时。不过，巴塞尔委员会要求自 2023 年起统一采用新标准法度量操作风险资本金，该方法属于因子模型框架，与损失分布法框架不同，不涉及度量损失强度或频率的分布问题，新标准法在一定程度上降低了操作风险内生分布厚尾性对风险度量造成的障碍。

1.4.4　二维性

如上述分类所述，操作风险损失主要有高频/低损事件和低频/高损事件，因此操作风险损失具有二维性。高频/低损事件采用常见的统计分布即可刻画拟合，而低频/高损事件的拟合难度就大得多。虽然学术界提出了多参数模型或多阶段混合模型在一定程度上可以缓解这种二维性问题，但多参数模型或多阶段混合模型也有其自身的难点和不足。幸运的是，从 2023 年起将统一采用新标准法计量框架，可在一定程度上规避这种二维性给操作风险度量带来的困难。

1.4.5　与收益的对应性

人们认为，信用风险和市场风险的风险和收益是成正比的，存在风险收益均衡关系，然而这种关系并不那么显著地适用于操作风险，赫林（Herring，2002）认为操作风险是一种单边的"下侧风险"，张运鹏（2010）认为操作风险和收益具有不对称性，并非银行冒的风险越大，可能获得的收益就越高。

笔者认为，操作风险是整体风险的组成部分之一，若想完全地规避操作风险，最直接的办法就是停止一切运营活动，显然，没有银行会如此。银行运营的目的是获取潜在收益，但只要有运营活动，必然要承担一定的运营或操作风险，承担一定操作风险的目的是获得潜在收益，同样存在风险与收益的对应关系，只是与收益的关系不如市场风险、信用风险那么成正比，那么直接、那么一一对应而已。

1.4.6 有时间周期性特征

操作风险的时间周期性特征可以用"U 型曲线"来描述。业务初期，员工业务不熟练，相关制度不完善、规范性较低，此时比较容易发生操作风险事件。任何系统、规章制度都有一个发现问题，逐步调整、逐渐完善的过程，在这个过程中，员工业务也逐渐熟练，进而大大降低了操作风险发生的频率；当外部环境发生变化、不确定性增强，银行员工产生职业懈怠或玩忽职守，银行结构发生变化或系统开始老化时，操作风险发生的频率又开始上升。

在操作风险业务广泛性、全银行多层面性的背景下，这个特征有助于银行分析操作风险频发的领域或业务，并重点突出、有的放矢地进行风险管理。

1.4.7 历史悠久性

操作风险是伴随银行的诞生而存在的，它的存在和银行存在的历史一样悠久，且只要银行有运营活动，就伴随着操作风险的存在。然后，最初人们并未重视操作风险的存在。直到 1995 年巴林银行的倒闭才引起人们的重视。也是在 1995 年，世界上第一篇度量操作风险在险值的量化文章面世[①]。从 1999 年起，进入《巴塞尔资本协议 II》时代，要求为操作风险计量监管资本。21 世纪初，中国的商业银行操作风险损失事件频发，2005 年，中国银监会首次发文提出要重视银行操作风险，中国银行业才把操作风险提上议事日程。由于受中国"报喜不报忧"的规避风险暴露的社会文化的影响，中国银行业的年报或对外公开报道对操作风险经常用定性的语言，寥寥数笔简单概括，无法从根本上体现操作风险披露和操作风险管理进展。可见操作风险仍然没有引起如信用风险、市场风险一样的足够重视。

[①] Duncan Wilson. VAR in Operation. *Risk*, December 1995.

1.4.8　风险关联性强，且溢出效应严重

操作风险与其他风险关系紧密，有较强的风险关联性。

操作风险与信用风险关系非常紧密，存在高度正相关性。如信贷风险的发生可能是因为审贷人员风险评估不充分，履约风险的发生可能是由于内部人员的玩忽职守乃至腐败和欺诈等问题，这同时当然也是一种操作风险。在现实工作中，人们经常把操作风险和信用风险混同，或者把如上述情况视为信用风险，存在较大的交叉性和重复性。前中国银监会副主席唐双宁于2005年3月28日的《中国证券报》专访中说，"信用风险仍然是银行风险的主要表现形式，而操作风险才是银行风险的重要根源"。①

康明斯等（Cummins et al.，2006）、吉莱特等（Gillet et al.，2010）认为操作风险可能本身损失并不大，但其溢出效应可能非常显著；操作风险暴露，负面信息外溢效果严重，股票市值降低的损失远大于操作风险造成的损失，内部欺诈尤为严重；葛海娇（2006）、斯坦姆（Sturm，2013）认为操作风险与其他风险关系密切，可能影响信用风险、声誉风险、法律风险、市场风险、流动性风险等。

国内学者李建平等（2010）利用某国际银行的实际数据，验证了操作风险与信用风险、市场风险的相关性，并度量了风险相关性对银行风险的分散化效应。罗伟卿等（2010）对2002～2009年中国上市商业银行采用多因素市场模型和事件研究法，得出高危（笔者定义下阈值为一千万元人民币）低频案件的披露对市值损失的影响极大，其损失乘数达32倍。汪东华等（2013）利用风险因子模型和损失分布法、蒙特卡罗模拟，认为由于操作风险与其他风险可能存在较强的相关性，与信用风险和市场风险相比，对整体风险的影响，操作风险更大。

莫建明等（2016）在威布尔分布下探讨了操作风险监管遗漏，认为采用高级度量法下，度量的高置信度特征、度量法的间接性及尾部厚尾性，采用高置信度下的点估计存在较大弊端，使监管遗漏风险不可忽视，可能形成金融危机，强调了操作风险在极值状态下的监管遗漏影响

---

① 盛军：《中国国有商业银行操作风险研究：制度归因、实证分析与对策设计》，同济大学博士论文，2005年，第47页。

巨大。

　　巴塞尔委员会对金融危机后银行业操作风险数据的分析，实质上承认了高级计量法定性及定量要求难以满足且度量方法过于敏感，可能存在误差非常大这一现象。因此，提出了新标准法这一既具有一定的敏感性，又相对简单易操作的监管资本度量方法。

　　操作风险与其他风险关系密切，相互关联，具有交叉性和重叠性。操作风险对整体风险影响巨大。操作风险与其他风险的关联性，导致其影响和作用有时远远超越了单纯的操作风险损失，对整体风险影响很大。

1.5　操作风险占银行总风险的比例

　　鉴于操作风险给银行造成的损失及其对市场价值的影响，人们认为操作风险对银行而言是一个非常重要的风险源。全球风险专业人员协会比较认可对操作风险分配的资本比例要高于或等同于市场风险要求的资本比例；时任中国银监会政策法规部副主任的李伏安（2005）对此观点表示赞同，认为我国银行资本金配置过程中，操作风险占比约为市场风险的 1～3 倍（10%～15% 与 5%～10% 的关系）。目前我国操作风险资本金尽管采用风险不敏感方法，仍远高于市场风险要求的资本比例。

　　如图 1-2 所示，在国际上，2011 年初，操作风险在银行整体风险资本要求中占比为 7.8%，但随着银行业务广度、深度、复杂度的加深，国际金融监管逐渐严格，操作风险占比逐年稳步上升，2016 年末已升至 16.4%（鲁政委等，2019）。图 1-2 是根据巴塞尔委员会的统计，更新至 2018 年末操作风险占比达到 16.7%，且自 2015 年后占比均在 16% 以上 17% 以下，说明操作风险占总风险资本的比重经过逐年稳步上升后，已达到基本稳定的状态。

　　国内学者对中国商业银行操作风险在数量上占比的估计做得很少。虽然早在 2004 年就有研究者对中国的银行操作风险进行度量的实证分析①，但对"中国商业银行操作风险资本金究竟占比多少？"这个问题

---

　　① 樊昕、杨晓光：《操作风险度量：国内两家股份制商业银行的实证分析》，载于《系统工程》2004 年第 5 期，第 44～48 页。

并无定论。根据中国银保监会发布的 2013～2021 年风险加权资产情况①，操作风险加权资产的比例为 6.5%～8%（见表 1-1）。

**图 1-2 2011～2018 年操作风险资本在风险资本
中的占比变化（全球大型银行）**

注：数据来源于巴塞尔委员会，其统计整理的全球 106 家一级资本超过 30 亿欧元的跨国银行操作风险占比。Basel Committee on Banking Supervision. Basel Ⅲ：Monitoring Report Framework. Basel：Bank for International Settlements，October 2019，pp142.

表 1-1　　　　　　　**2013～2021 年银行风险加权资产**　　　　　　单位：亿元

年份	信用风险 加权资产	市场风险 加权资产	操作风险 加权资产	应用资本底线后的 风险加权资产合计
2013	643351	6254	49492	—
2014	738124	6939	59289	804353
2015	803087	7929	68530	895530
2016	928287	10029	77489	1015805
2017	1055663	11871	84528	1152062
2018	1161839	14086	88398	1267577
2019	1369192	20152	96217	1491836
2020	1527047	21210	110532	1665361
2021	1670105	19928	117453	1811643

资料来源：中国银行保险监督管理委员会网站，由笔者根据各年数据统计整理。

① 笔者根据中国银行保险监督管理委员会官网统计数据归纳整理得出。http：//www. cbirc. gov. cn/cn/view/pages/index/index. html.

但必须强调的是，这里中国商业银行度量操作风险的方法是标准法，操作风险的度量是不敏感的，只是根据银行各业务线规模和巴塞尔委员会规定的各业务线系数比例计算得出的。而表1-1中对信用风险和市场风险加权资产的计算，五家国有银行（中、农、工、建、交）及招商银行采用的是资本计量高级方法，这个占比不能说明操作风险的实际大小；且根据上述分析，操作风险与其他风险尤其信用风险具备较强的正相关性，判断过程中很容易将部分操作风险事件算入信用风险中，一定程度上减少了操作风险数据的录入，其结果是"操作风险占比降低"；且操作风险事件的披露影响或溢出效应要大于其实际损失；因此，不能仅因为按标准法度量操作风险加权资产占比较小而降低对操作风险的重视程度，极端的操作风险在一定情况下可导致银行倒闭。

操作风险与其他几种风险的关系非常紧密，多数其他风险的发生总能溯源到操作风险上。尽管由于在中国银行监管界，直至现在，操作风险一直是按风险不敏感的标准法度量，导致风险加权资产占比并不高，但它的重要性和风险溢出效应却远超它在年报中所占的比例，因此一定要引起重视。

1.6 制约银行操作风险管理发展的障碍

在笔者看来，与信用风险和市场风险的研究相比，操作风险管理发展相对缓慢，主要有以下几个原因：

（1）对操作风险内涵的理解未达到统一。巴塞尔委员会对操作风险的定义已基本得到银行业界的认可，但该定义是从损失发生原因解释的，并未穷举所有可能的操作风险源，在实践中，各种新技术、新方法的应用及新项目的推行，不断有属于操作风险范畴的新风险出现，由于实际业务操作者对操作风险内涵的理解不同，会导致对操作风险事件的界定和分类不同，从而影响后续度量及管理工作。

（2）由于操作风险的本质特征，其涵盖的业务范围非常广，风险敞口不确定，对某些操作风险损失类别，相应的成本可以直接度量，如监管机构对某些业务分支的罚款；而对其他类别的操作风险，相关成本难以度量。这从另一个角度说明操作风险比信用风险、市场风险更难度量、更难管理。

（3）可信的历史数据有限。从银行业监管方来看，直到颁布《巴塞尔资本协议Ⅱ》，操作风险才被纳入计算经济资本的体系内。即使是国际发达银行，其相应的内部操作风险损失数据的历史收集年限也是比较短的，最长者也仅有 20 余年。由于操作风险历史数据较少，因此数据的匮乏为度量模型的建立及验证增加了难度。

（4）操作风险分布厚尾现象严重。对单家银行而言，极端损失数据非常少，常见的分布模型难以刻画操作损失全貌。极端损失数据量的匮乏为度量模型的建立及验证增加了难度。

因此，由于操作风险的本质特征，相对于信用风险和市场风险，操作风险管理的发展相对缓慢。但尽管困难重重，业界和学术界在操作风险管理的过程中仍不断探索，就目前存在的问题和疑点提出各种思路，来推进操作风险管理的发展进程。

1.7　新环境、新技术引发新的操作风险

随着新的硬件技术和软件技术的出现，银行及其客户从金融服务技术的应用中受益，但也随之带来了新的风险。银行面临的一些新的、最主要的操作风险是由于迅速采用并更加依赖于技术基础设施来提供金融服务和中介，因为这些新技术本身不够完善，其应用于银行的过程也需要磨合，以及该部门越来越依赖第三方提供的技术服务所造成的脆弱性。2019 年开始的新冠肺炎疫情加剧了这些操作风险，增加了运营的不确定性。虽然技术和第三方关系同时支持向客户提供产品和服务，并提高了银行在大流行期间继续运营的能力。但与疫情有关的中断影响了信息系统、人员、设施以及与第三方服务提供商和客户的关系。此外，网络威胁急剧增加，由于更多地依赖虚拟工作安排，人员、故障程序和系统引发操作风险事件的可能性也有所增加。

因此这就要求银行迅速调整运营状况，以应对组织内不同部门发生的新的风险或现有风险发生的变化。在新冠疫情大环境下，一系列的潜在危险是无法预防的，虽然可能无法避免某些操作风险，但可以

改善银行操作对此类事件的敏感性。因此需要一个务实、灵活的方法以提高银行抵御、适应和恢复潜在风险的能力，从而减轻潜在的严重不利影响。

1.8 本 章 小 结

由于操作风险的内涵、特点、与其他风险的关系等原因，为中国商业银行操作风险的识别、度量及管理带来了很多问题。

操作风险的范畴界定：虽然巴塞尔委员会给出了一个比较公认的定义，但该定义是从风险原因定义操作风险的，风险操作风险的内涵、范畴很广，涉及银行运营的各个层次，各项业务，所有人员，所有层面都可能导致操作风险，因此不知该重点管哪里，增加了操作风险的辨识难度。

操作风险与其他风险相互交织，在操作风险没有被人们理解并认识的情况下，很容易被认为是其他风险，如何有效地区分并分离？增大了辨识操作风险的难度。操作风险本身的特点，导致对其度量及管理难度较大。操作风险的类别众多，增大了操作风险界定及理解的复杂性。

从操作风险管理的发展阶段看，操作风险管理仍是新生事物，国际活跃银行虽然已做出了种种努力，但其发展仍不能与市场风险管理、信用风险管理相提并论，相关的理论、管理经验都不健全，增大了银行操作风险管理的难度。

由于对操作风险的认识不足及操作风险的本质特征，在《巴塞尔资本协议Ⅱ》后，委员会才要求为操作风险配置监管资本，即使是国际先进银行，其操作风险历史数据的收集也是不足的，缺乏足够的数据，使操作风险的分析、度量、管理都受到了限制。

中国的商业银行独特的特点，更增大了中国商业银行操作风险识别、度量及管理的难度。

尽管可能操作风险本身损失不大，但其造成的负面溢出效应很可能会超出其本身损失，这对操作风险管理提出了迫切要求。

新环境、新技术及联合业务的出现，产生了新的风险，对银行操作风险管理提出了更灵活、更重视合作的要求。

第2章 《巴塞尔资本协议》
与银行操作风险监管

巴塞尔银行监管委员会（Basel Committee on Banking Supervision，简称 BCBS，中文简称巴塞尔委员会）成立于 1974 年，它在国际金融风险监管系统中的地位非常重要，为来自全世界的金融机构制定风险评估体系和管理指南。

2.1 巴塞尔委员会及《巴塞尔资本协议》

1988 年，巴塞尔委员会制定了《统一国际银行的资本计算和资本标准的协议》①，简称《巴塞尔资本协议》，提出国际银行应当具备的资本充足标准，增加资产安全系数。这一协议后来被称为《巴塞尔资本协议Ⅰ》（Basel Ⅰ）。这标志着银行监管标准国际性时代的开始。自此以后，银行监管条例不断演化、发展。

在《巴塞尔资本协议》中，操作风险监管的思路最早出现在 1997 年的《有效银行监管核心原则》中，但仅出现在"其他风险"中（BCBS，1997）②。

从 1999 年开始，《巴塞尔资本协议》进入到了《巴塞尔资本协议Ⅱ》阶段。《巴塞尔资本协议Ⅱ》的重大突破是操作风险正式进入银行监管框架，和信用风险、市场风险并称银行业三大风险。2003 年 2 月，

① Basel Committee on Banking Supervision. Basel Ⅰ: International Convergence of Capital Measurement and Capital Standards. Basel: Bank for International Settlements, July 1988.

② Basel Committee on Banking Supervision. Basel Ⅰ: Core Principles for Effective Banking Supervision. Basel: Bank for International Settlements, April 1997.

巴塞尔委员会发布指引《操作风险管理和监管的稳健做法》（BCBS，2003)[①]，为操作风险的管理及监管指明了具体做法及关键元素[②]。此次协议还研究了操作风险资本金的计量方法，从复杂性和风险敏感度、数据可得性、可比性等方面提出了不同的三大类方法，其中，风险不敏感的前两类方法为基本指标法和标准法，相对简单，数据可得且可比性强；而风险敏感的方法为高级计量法，复杂，对数据质量要求很高且可比性差。《巴塞尔资本协议Ⅱ》认为，具体采取以上哪一种方法取决于银行管理的先进程度。

2.2 《巴塞尔资本协议Ⅱ》提出的操作风险监管资本金方法

2.2.1 基本指标法

基本指标法按照银行前 3 年总收入的平均值作为操作风险暴露（exposure），按一定比例（此处为固定比例 a = 15%）来计提操作风险资本金。资本金的计算公式为式（2 - 1）：

$$K_{BIA} = \frac{1}{3} \sum_{T-3}^{T-1} GI \times 15\% \qquad (2-1)$$

其中，K_{BIA} 为基本指标法所需要的资本金；GI 为银行前三年每年的总收入。

采用基本指标法的前提假设是认为操作风险资本与规模指标存在线性关系[③]，那么疑问在于：为什么规模指标采用总收入。

---

① Basel Committee on Banking Supervision. Basel Ⅱ: Sound Practices for the Management and Supervision of Operational Risk. Basel: Bank for International Settlements, February 2003.

② 巴曙松、王思奇、金玲玲：《巴塞尔Ⅲ下的银行操作风险计量及监管框架》，载于《大连理工大学学报（社会科学版）》2017 年第 12 期，第 36 ~ 42 页。

③ 高丽君：《我国商业银行操作风险度量与资本金分配研究》，中国科学院研究生院（科技政策与管理科学研究所）博士论文，2006 年，第 78 页。

1. 选择基本指标法的原因

在当时的环境下，对操作风险度量是从无到有，且是国际银行监管机构提出的主导方法，在测量系统中首次采用一个新指标，这个指标要具有简单且在其他系统已投入使用的特点。首先，总收入本身就是计量业务活动规模的合理指标；其次，总收入简单，可以直接从财务报表获得，再次，总收入在不同领域、不同地方、不同机构是可以比较的；从次，总收入也很容易校验；最后，总收入具有反周期性特点。

总收入的定义为净利息收入与非利息净收入、交易净收入和其他收入的总和。其中三个为净数值，剩下一个为净收入的参考值。这种方法旨在反映所有准备金的总额，该定义起源于经济合作与发展组织（简称经合组织，OECD），并已实行了一段时间。因此，在没有公认的被广泛认可的操作风险计量方法的情况下，且部分银行没有能力准确度量其操作风险的条件下，作为操作风险计量方法的起点，以总收入做指标是合理的。

基本指标法数据易得，简单易算，具有可比性及可验证性，对缺乏操作风险损失数据的银行，或中小型银行尤其适用。

2. 基本指标法的不足

但基本指标法只是将操作风险和运营规模指标（总收入）进行线性联系，操作风险是否与业务规模有直接的线性联系，以及用总收入做业务规模指标是否合适，仍需业务实践的检验。虽然人们认为，业务规模较大的银行其风险暴露会比较大，但较大型的银行，其风险管理的规范性一般较强，且总收入大则操作风险大，但操作风险大会增加成本从而降低总收入，这显然互相矛盾，因此基本指标法的缺点也比较明显，不具有风险敏感性，多数大型国际活跃银行并不使用基本指标法度量操作风险监管资本。

2008 年，中国银监会也指出，中国的商业银行可以采用巴塞尔委员会提出的非基本指标法的其他操作风险资本金方法①，中国银监会认为对中国的商业银行采用基本指标法可能会缺陷大于优势，因此不认

① 中国银行业监督管理委员会：《商业银行操作风险监管资本计量指引》，银监发〔2008〕67 号，2008.9.18。

可、不允许中国的商业银行采用这种简单的操作风险资本金计量方法。

2.2.2 标准法和替代标准法

鉴于基本指标法采用总收入作为业务规模指标，无法体现各业务之间的差异，巴塞尔委员会提出了相对复杂一点的方法：标准法。标准法也是假设操作风险与银行的规模呈线性关系，规模指标也是以总收入为基础，区别在于基本指标法是以整家银行的总收入为规模指标，未考虑银行各业务之间的差异；而标准法针对不同业务的相应风险，设置了不同的百分比 β。

1. 标准法度量操作风险资本金

根据巴塞尔委员会设置的业务线分类，标准法计算各业务线前三年总收入的算术平均数，再乘以巴塞尔委员会规定的各业务线的系数，可得前三年各项业务的监管资本，当这些业务线监管资本相加为负数时，当年的操作风险监管资本用零来表示。操作风险监管资本等于前三年的监管资本算术平均和。

标准法下操作风险资本金的度量公式为式（2-2）：

$$K_{STA} = \frac{1}{3}\left(\sum_{T-3}^{T-1} \max\left(\sum_{i=1}^{9} \beta_i \times GI_i, 0\right)\right) \qquad (2-2)$$

其中，K_{STA} 为标准法计算的监管资本；GI_i 为第 i 条业务线在过去三年收入的平均值；β_i 为第 i 条业务线的系数值。

巴塞尔委员会根据各业务线操作风险大小的大致情况，把系数指标值分为三个档次，分别为 18%、15%、12%，如表 2-1 所示。

表 2-1   标准法业务线的计算说明

业务线	β 系数
公司金融、交易与销售、支付和清算、其他业务（巴塞尔委员会未划入 8 类业务线的其他业务线）	18%
商业银行、代理服务	15%
零售银行、资产管理、零售经纪	12%

总收入的构成、各业务线的归类原则可参照李建平等（2013）的论述。构成说明及归类原则同时适用于本书后续的替代标准法、高级计量法。如若某年度各项业务线总收入和为负数，则用零表示。

2. 实施标准法的条件和规则

采用标准法必须满足特定的规则。其前提是操作风险具有明确独立的风险类别——可以从诸如信用、市场、利率和流动性等风险中独立出来。采用标准法，银行首先必须满足以下条件：

（1）银行必须设定专门的操作风险管理部门，其职责就是对操作风险进行识别、测定、监督以及控制；

（2）银行必须对业务类别的有关损失进行记录，并且调动风险管理人员改善操作风险过程的积极性；

（3）银行须对操作风险损失有常规的报告；

（4）银行必须有充足的操作风险管理系统的文档说明；

（5）银行的操作风险管理过程及检测系统必须经过内部审计人员的独立检验，同时也必须经过外部审计或监管部门的，或二者同时的独立检验。

银行要将总收入与业务线匹配起来，匹配原则见艾林（2006）[1]。巴塞尔委员会（BCBS，2001）对标准法建议了 7 个约束规则[2]。该规则包括 4 个"有效风险管理和控制"定性规则和 3 个"测量和执行"的定量标准，具体内容见艾林（2006）。

标准法在三大类方法中排第二位，因此，除了其他规则外，所有以上的规则都适合于风险敏感度最高的高级计量法。

3. 替代标准法

替代标准法与标准法的差别仅在个别业务类别（零售银行业务和商业银行业务）的计算方法不同，对除零售银行和商业银行以外的业务线的监管资本，可以按照标准法计算，也可以用其他业务线的总收入之和

---

[1] 艾林：《基于数据挖掘技术的金融机构操作风险研究》，重庆大学硕士论文，2006 年。

[2] Basel Committee on Banking Supervision. Basel Ⅱ：The New Basel Capital Accord：Consultative Document. Basel：Bank for International Settlements，January 2001.

与 18% 的乘积代替。替代标准法计算说明如表 2 - 2 所示。

表 2 - 2 　　　　　　　　　　替代标准法计算说明

方法	业务线	β 系数	监管资本
第一种计算方法	公司金融、支付和清算、交易与销售、其他业务	18%	18%×该业务总收入
	零售银行	12%	12%×3.5%×前三年零售银行业务线贷款余额的算数平均数
	商业银行	15%	15%×3.5%×前三年商业银行业务线贷款余额的算数平均数
	代理服务	15%	15%×代理服务总收入
	资产管理、零售经纪业务	12%	12%×该业务线总收入
第二种计算方法	零售银行	12%	12%×3.5%×前三年零售银行业务线贷款余额的算数平均数
	商业银行	15%	15%×3.5%×前三年商业银行业务线贷款余额的算数平均数
	其他 7 条业务线	18%	18%×其他 7 条业务线总收入之和

4. 对标准法及替代标准法的评价

（1）优点：①具备基本指标法所具有的所有优点。标准法和替代标准法也是假设操作风险与银行的规模呈线性关系，规模指标也是以总收入（或贷款余额）为基础，因此，它们具备基本指标法的优点；②比基本指标法更为精确。标准法和替代标准法考虑了不同业务线之间操作风险的差别。

（2）不足：①缺乏风险敏感性。因规模、业务及环境等各项因素的不同，不同的银行相同业务之间的差别很大，但标准法及替代标准法未考虑到具体银行之间的业务差别，风险不敏感；②模型假设基础与实际情况不相符。标准法及替代标准法的假设前提是假设银行的不同业务线之间完全不相关，而现实生活中，银行很难做到这一点；③实践中容易高估。此方法在实践中容易高估操作风险资本金，大型国际活跃银行较少采用标准法或替代标准法。

2.2.3 高级计量法

1. 高级计量法简介

2011 年，巴塞尔委员会总结了操作风险高级计量法的实施经验并提出了原则性的监管要求[①]。巴塞尔委员会并未明确给出高级计量法的范畴框架，凡符合高级计量法思路且满足其资格基础的模型均属于高级计量法模型。因此，在满足高级计量法定性、定量具体要求下，选择合适的模型对高级计量法度量银行操作风险监管资本非常关键。高级计量法赋予了银行在开发操作风险计量和管理方法上很大的灵活性。但亚历山大（Alexander，2005）、张颖（2006）认为采用高级计量法有很严格的资格基础及持续运营基础，很多银行尚未达到其资格及运营要求。

2. 高级计量法的类型

《巴塞尔资本协议Ⅱ》的最终稿（2006 年稿）[②] 并没有给出操作风险高级计量法的具体方法，仅给出了方法的相关思路。因此，凡符合高级计量法具体定性、定量要求及思路的，均属于高级计量法。但巴塞尔委员会在《巴塞尔资本协议》的讨论稿中，提出了三种高级计量方法，即内部度量法、记分卡法和损失分布法。

其中，内部度量法由于各家银行建立的模型各不相同，缺乏可比性，因此未能得到非常广泛的应用。

记分卡是一种前瞻性的方法，银行基于未来发生事件的预期，是对风险与内控的一个自我评估。记分卡法具有一定的主观性，受专家能力水平影响较大，在操作风险度量中适合作为辅助手段。

损失分布法在高级计量法中最为常见，是一种精算法方法，在基于损失频率分布与损失强度分布相独立的假设前提下，对损失频率分布、

---

① Basel Committee on Banking Supervision. Operational Risk Supervisory Guidelines for the Advanced Measurement Approaches. Basel：Bank for International Settlements，June 2011.

② Basel Committee on Banking Supervision. Basel Ⅱ：International Convergence of Capital Measurement and Capital Standards：A Revised Framework：Comprehensive Version. Basel：Bank for International Settlements，June 2006.

损失强度分布分别进行估计，再整合为一定时间的总损失分布。关于损失分布的具体内容，诸多文献已详细介绍，本书不再赘述。

巴塞尔委员会没有对高级计量法规定必需的最低资本量，银行采用高级计量法度量操作风险，可以采用自己计算的资本数量。在现实实践中，银行采用高级计量法度量的操作风险资本量，一般要低于上述两种方法，这一方面说明银行对数据积累和资本计量方法进行改进与提升是合理的，可带来更高的管理水平和更低的监管资本金。另一方面也体现了经济资本和监管资本的区别和联系。

高级计量法的具体形式多种多样，其中以损失分布法和情境模拟分析法最为常见（BCBS，2011）[1]。

3. 高级计量法的应用

根据 2008 年 BCBS 的调查（BCBS，2009），42 家采用高级度量法的国际银行中有 31 家采用了损失分布法，损失分布法是最常见的操作风险度量方法，其他方法如记分卡法、内部度量法等往往仅作为过渡、验证或补充[2]。损失分布法涉及为产品线/事件类型矩阵中每一个单元估算频率和程度两种分布，德意志银行 AMA 项目小组详细记录了应用损失分布法的步骤（Aue & Kalkbrener，2006）[3]。中国银监会前副主席阎庆民（2012）提出了操作风险管理"中国化"的命题，并把损失分布法应用到 559 条我国商业银行的操作风险损失数据中[4]。

巴塞尔委员会 2020 年的统计报告表明[5]，2011 ~ 2019 年的 10 年中，就第一组别银行及全球系统重要性银行（G - SIBs）而言，采用高级计量法度量操作风险的金融机构所占的比例，已由 2011 年的 58.7% 上升至最新报告期的 67.9%；而第一组别银行及全球系统重要性银行

---

① Basel Committee on Banking Supervision. Operational Risk Supervisory Guidelines for the Advanced Measurement Approaches. Basel：Bank for International Settlements，June 2011.

② Basel Committee on Banking Supervision. Proposed Enhancements to the Basel Ⅱ Framework. Consultative Document. Basel：Bank for International Settlement，July 2009.

③ Aue F，Kalkbrener M. LDA at Work：Deutsche Bank's Approach to Quantifying Operational Risk. *Journal of Operational Risk*，Vol. 1，No. 4，December 2006，pp. 49 – 93.

④ 阎庆民：《操作风险管理"中国化"探索：中国商业银行操作风险研究》，中国经济出版社 2012 年版，第 2 页。

⑤ Basel Committee on Banking Supervision. Basel Ⅲ Monitoring Report. BIS. Basel Committee on Banking Supervision，·December 2020.

的操作风险最低资本要求所占的比例，分别为 14.0% 及 16.1%。第二组别银行大部分是以非模型为基础的方法计算操作风险资本要求，其操作风险存款保证金占总存款保证金的百分比为 9.7%。第二组别银行的操作风险资本要求上升，主要原因是业务量增加，而业务量增加是标准化方法中以财务报表为基础的部分所反映的因素。从巴塞尔的统计标高可以看出，全球系统重要性银行及第一组别银行都很重视高级计量法，占比逐渐上升。

4. 阻碍高级计量法发展的重要因素及应对

数据是度量方法的重要基础。巴塞尔委员会认为高级计量法有四类数据：内部数据、外部数据、情景分析和业务环境及内部控制因素数据。内部数据是银行度量操作风险的最基本要素，理论上，内部数据可以满足操作风险计量需要。

但整体而言，对操作风险进行计量最早开始于 1995 年，而巴塞尔委员会在 21 世纪初才提出操作风险计量要求，世界公认的对操作风险数据的采集，以及对操作风险的研究走在最前列的是澳大利亚 ANZ 银行，开始于 2001 年，即使是国际活跃银行，其收集历史最久也仅有二十年。很多银行是近几年才开始收集操作风险内部数据的，无论是操作风险损失强度还是损失频率分布，银行内部历史数据总是不足的。虽然现在银行已开始收集这些数据，但要采集到一定合理数量的数据还需要一些时间。

银行关注的重点应该是低频高危损失，其构成了损失分布的尾部。整体损失分布的某个分位数可以通过整体低频高危分布的相应分位数加上整体高频低危损失的均值来估计。关注低频高额损失的另一个原因在于，高频低危损失通常已经被考虑在产品定价当中。由于低频高危损失发生的频率低，即使银行的损失数据记录完整，仅靠内部数据也难以满足要求，因此需要外部数据和情景分析来弥补。

（1）外部数据。

外部数据是内部数据必要的、有益的补充。当银行内部数据不足时，当银行可能遭受非常严重（尽管少见）的损失时，使用外部数据有助于评估操作风险。但外部数据的使用需要列明必须使用外部数据的情况和纳入数据的方法（例如缩放、定性调整或为改进的情景分析的发展提供信息)。外部数据使用的条件和实践必须定期审查、记录,并接受定期独立审查。

外部数据来源主要有两个,一个是行业数据联盟,即为银行提供数据共享服务的公司或行业组织,另一个数据来源是数据提供商,这些公司采用系统化的手段采集公开发布的数据。外部数据增加了银行可用来估算损失的数据量,同时银行还可以借此将那些没有发生在自己内部但已经发生在其他银行中的损失纳入考量范围。

无论是利用内部数据还是外部数据都需要考虑损失数据的时间价值,对通货膨胀等因素进行调节。外部数据具有内生偏差,不分析企业业务情景及外部环境,直接用外部数据会导致较大偏差,因此须采取一定方法对外部数据进行调整。行业数据联盟的数据准确性较高,但鉴于保密协议可能不会提供损失发生银行的具体信息,这导致数据调整因子的度量难题。数据提供商的数据来自公开发布的数据源,如报纸和交易期刊,其数据可能含有一定的偏差。只有较大的损失才会被披露,而且损失越大,被公开报道的可能性就越高,使高额损失数据存在频率高估的问题。但外部数据对于确定相对损失程度非常有用。

(2)情景分析。

情景分析是一个评估操作风险的关键工具。情景分析的目的是生成能够全面覆盖可能的低频/高损事件的情景,这些情景有可能来自银行自己的经历,也可能是基于其他银行产生的。还有一些可能是咨询人员建议的,或由风险管理团队和高管以及业务部门经理一起估计产生的。

银行必须使用情景分析的专家意见结合外部数据,来评估其暴露的高损性事件。这种方法利用专家知识,对可能出现的严重损失进行合理的评估。例如,这些专家评估可以表示为假定的统计损失分布的参数。一个由风险管理团队和银行高管组成的委员会来负责估计这些场景中的损失程度和频率的参数。损失频率可采用泊松分布来确定,如平均千年一遇的情景($\lambda = 0.001$)。

如果无法获得数据,损失程度分布的参数可由委员会来估计。此外,情景分析应用于评估偏离银行操作风险计量框架内的相关假设的影响,尤其是评估同时发生多项操作风险亏损事件可能造成的损失。

在很多银行中,被检验到、被披露的操作损失可能只是冰山一角,有一些风险可能由于技术、经验或业务员主观因素等原因未被发现。操作风险压力情景的优点是它可以模拟银行未经历过但未来可能会发生的损失情景。

（3）关键业务环境和内部控制因素。

除了使用损失数据，无论是实际的还是基于情景的，银行的操作风险损失数据还包括能够改变其操作风险状况的关键业务环境和内部控制因素。为了符合监管资本的目的，在银行的风险计量架构中使用这些因素必须符合以下标准：

①每个因素的选择都需要根据经验和涉及受影响业务领域的专家判断，被证明是一个有意义的风险驱动因素。只要有可能，这些因素应该可以转化为量化的措施，以便进行核查；

②银行风险评估对各项因素变化的敏感程度及各项因素的相对权重需要有充分的理论依据；

③该架构及其应用的每个实例，包括对经验估计作出任何调整的佐证理据，必须记录在案，并须经由银行内部及监管机构进行独立审查；

④随着时间的推移，流程和结果需要通过与实际内部损失经验、相关外部数据和适当调整的比较来验证。

无论是采用情景分析法还是内部/外部数据法，每个特定损失种类的分布都必须结合起来以产生最终的整体操作风险损失分布。

5. 采用高级计量法的特权：风险缓释

高级计量法可以采用保险等方法进行风险缓释。获准在监管最低资本要求所采用的操作风险措施中，确认保险的风险缓释影响。保险缓释最多限于按照高级计量法计算的总操作风险资本要求的20%。在以下条件下，银行可以利用这种风险缓解的能力：

①保险提供商的最低索赔支付能力评级为 A （或同等）。

②保险单的首次期限不得少于一年。对于剩余期少于一年的保单，银行必须作出适当的折扣。

③保险单对取消保险有 90 天的最短通知期限。

④保险单并没有因监管行动而引起的除外责任或限制，或就破产的银行而言，该等除外责任或限制不得阻止银行、接管人或清盘人追讨该银行所遭受的损害或所招致的开支，但就该银行而言，在启动破产管理

或清盘程序后发生的事件除外，但保险单可以排除任何因监管行动而引致的罚款或惩罚性损害赔偿。

⑤风险缓解计算必须反映银行的保险承保范围，其方式必须透明，并与银行整体决定其操作风险资本时所采用的损失的实际值和影响相匹配。

⑥保险由第三方单位提供的。就透过专属保险公司及附属公司投保的保险而言，有关风险须由符合资格准则的独立第三者实体承保，例如透过再保险承保。

⑦承认保险的架构有充分的理论依据和文件依据。

⑧银行披露其为减轻操作风险而使用保险的说明。

尽管对银行要采用保险缓释操作风险的要求较高，但一旦满足这些标准，银行可以通过保险等方式转移、缓释操作风险，且可以较大幅度降低资本金要求，部分国际先进银行已有采用保险等方式操作风险的先例。而中国银行业，由于没有银行采用高级计量法，且保险业的保险产品也缺乏这方面的设计，因此国内银行的操作风险暂都未考虑保险缓释措施。

26

2.3 《巴塞尔资本协议Ⅲ》

2.3.1 《巴塞尔资本协议Ⅲ》背景

1988~2018 年，BCBS 先后发布了《巴塞尔资本协议Ⅰ》（包括1988 年初版至 1996 年补充版）、《巴塞尔资本协议Ⅱ》（1999 年初版至2006 年修订综合版）、《巴塞尔资本协议Ⅲ》（2010 年初版直至 2017 年终版），每一阶段都经过多次讨论和修订，留下了巴塞尔协议持续改进的印记。

金融危机爆发后，暴露了操作风险管理存在的诸多薄弱环节，巴塞尔委员会在总结经验教训的前提下，重新审视和反思操作风险管理资本框架，对操作风险管理规范、监管资本计量进行了改进。

2.3.2　操作风险健全管理原则

1. 健全管理原则

2011 年 6 月，《操作风险健全管理原则》（BCBS，2011）正式发布并生效。《健全管理原则》明确了监管机构对操作风险的监管职责：建立三道防线及提出 11 条监管原则[①]。其中，三道防线是：第一支柱资本充足率，第二支柱监管体制，第三支柱市场规范。11 条为银行操作风险管理提供指导的监管原则，涉及公司治理、风险管理和信息披露三大主题，其中：

原则 1 至原则 2 从基本原则的角度阐述了董事会的作用和操作风险框架的建立及维持的一系列要素；

原则 3 至原则 5 从公司治理的角度阐述了董事会和高层管理者对操作风险管理框架、架构的责任和要求；

原则 6 至原则 10 从风险管理环境的角度阐述了高层管理者对操作风险识别、评估、监测的任务、程序、机制的任务和要求，对银行操作风险管理体系和方案的要求；

原则 11 从信息披露的作用角度阐述对银行公开信息披露的要求。

2. 原则实施情况

2014 年 10 月，巴塞尔委员会发布了各国银行《健全管理原则》实施情况调查报告（BCBS，2014）[②]，通过对比分析 60 家系统重要性银行实施情况的自我评级，银行实施最不彻底的四项原则分别为：操作风险的识别与评估、变更管理、操作风险偏好和容忍度，以及信息披露（巴曙松等，2017）[③]，如图 2-1 所示。

27

---

① Basel Committee on Banking Supervision. Principles for the Sound Management of Operational Risk. Basel：Bank for International Settlements，June 2011.

② Basel Committee on Banking Supervision. Review of the Principles for the Sound Management of Operational Risk. Basel：Bank for International Settlements，October 2014.

③ 巴曙松、王思奇、金玲玲：《巴塞尔Ⅲ下的银行操作风险计量及监管框架》，载于《大连理工大学学报（社会科学版）》2017 年第 12 期，第 36~42 页。

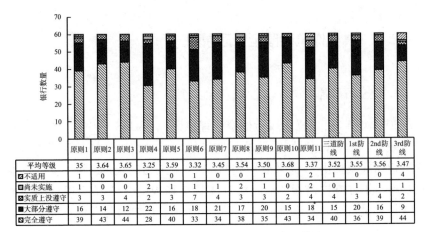

	原则1	原则2	原则3	原则4	原则5	原则6	原则7	原则8	原则9	原则10	原则11	三道防线	1st防线	2nd防线	3rd防线
平均等级	35	3.64	3.65	3.25	3.59	3.32	3.45	3.54	3.50	3.68	3.37	3.52	3.55	3.56	3.47
▨不适用	1	0	0	1	0	1	0	0	1	0	2	1	0	0	4
▥尚未实施	1	0	0	2	1	1	1	2	1	0	2	0	1	1	1
▨实质上没遵守	3	3	4	2	3	7	4	3	3	2	4	4	3	4	2
■大部分遵守	16	14	12	22	16	18	21	17	20	15	18	15	20	16	9
▧完全遵守	39	43	44	28	40	33	34	38	35	43	34	40	36	39	44

图 2 - 1　60 家系统重要性银行的自我评估结果

注:《健全管理原则》的自我评估平均等级。

资料来源: BCBS. Review of the Principles for the Sound Management of Operational Risk. (2014 - 10 - 06) [2016 - 05 - 03]. http: //120. 52. 73. 80/www. bis. org/publ/bcbs292. pdf.

2018 年 6 月 21 日，巴塞尔银行委员会发布了《关于银行实施有效风险数据汇总和报告原则》的最新进展报告（BCBS，2018）[①]。报告指出，2017 年，大多数全球系统重要性工作组在实施"原则"方面充其量只取得了微小进展。全球系统重组机构发现遵守"原则"具有挑战性，主要是因为信息技术改进项目的复杂性和相互依赖性。因此，许多银行的预期遵守日期已经推迟。因此，可知信息披露、数据汇总和报告问题对风险管理的重要性及其难度。

2.3.3　新标准法

1. 新标准法提出的背景

2014 年 10 月，巴塞尔委员会发布了《操作风险较简单方法的修订（征求意见稿)》（BCBS，2014）[②]，认为以总收入作为操作风险暴露指

---

① Basel Committee on Banking Supervision. Progress in adapting the "Principles for effective risk data aggregation and risk reporting". Basel：Bank for International Settlements，June 2018.

② Basel Committee on Banking Supervision. Operational Risk-revisions to the Simpler Approaches-consulative Document. Basel：Bank for International Settlements，October 2014.

标存在弊端，开始思考以其他指标替代的可能性，经过多次讨论，于
2017 年 12 月提出了《巴塞尔资本协议Ⅲ最终改革方案》（简称《最终
方案》），提出以新标准法取代之前的三大类监管资本金计量法，作为
操作风险资本计量的新框架。

巴塞尔委员会重新审视资本计量框架，修订操作风险计量方法。尽
管大幅提高的资本和流动性水平提高了银行承受金融冲击的能力，但巴
塞尔委员会认为，有必要开展进一步工作，加强银行承受与操作风险相
关事件（如大流行病、网络事件、技术故障和自然灾害）的能力。这
些事件可能导致严重的运营失败或金融市场的大规模混乱。鉴于银行在
全球金融基础设施的运作中担当重要角色，提高银行抵御冲击的能力将
为金融体系提供额外的保障。

改革目标是既要体现方法的简单化和可比性、可检验性，又要有一
定的风险敏感性，并在这中间取得平衡。简化操作风险计量框架，增强
银行间的可比性。修订遵循的原则为：

①资本计量简单化和结果的可比性；

②原框架基本属性不变的同时解决风险不敏感方法的弱点；

③简单，易于理解，计算参数较少且不依赖于银行内部模型；

④操作风险计量框架要具有较强的风险敏感性；

⑤新方法的提出应具有普遍适用性，即可以适用于大量不同规模
的、业务模式各异的银行，并可采用统一的方法对这些不同的银行计量
其操作风险状况；

⑥从地理区域、管辖范围来看，适用于广泛范围的司法管辖区和银
行机构。

2. 新标准法的提出

巴塞尔委员会经过多次征求意见、大量研究和测算后，于 2017 年
12 月提出了操作风险监管度量的唯一方案：新标准法（BCBS，
2017)[1]，巴塞尔委员会要求在过渡期后所有银行均需执行新标准法计
量操作风险最低资本要求。

在最终决定采用业务指标前，巴塞尔委员会选择了 20 余个与资产

---

[1] Basel Committee on Banking Supervision. Basel Ⅲ: Finalising Post-crisis Reforms. Basel: Bank for International Settlements, December 2017.

负债表和损益表项目相关的、可能比总收入更适合的风险暴露指标,最终证实业务指标(Business Indicator, BI)比总收入或其他指标明显更具风险敏感性和稳定性。

选择业务指标作为风险暴露指标,巴塞尔委员经历了三次方案历程:2014年提出最初方案,2016年进行了调整,2017年提出最终方案。其中,2017年最终方案对业务指标BI的分类与2016年方案相同。

业务指标相对于总收入在某些重要方面更适合作为操作风险暴露:对操作风险更具敏感性,增加总收入未考虑的项目、增加或减少与操作风险相关性不同的业务活动的风险权重,其中许多活动是金融危机中总收入指标未能捕捉并导致损失的核心问题。因此经过三年多的研究和测算,委员会选取了业务指标替代总收入(GI)作为操作风险暴露的最有效指标。

(1)新标准法的组成。

新标准法主要由三个部分构成:业务指标、业务指标参数(Business Indicator Component, BIC)、内部损失乘数(Internal Loss Multiplier, ILM)。

使用业务指标替代总收入,业务指标以银行损益表的三个内容:利息组成部分(Interest Component, IC)、服务组成部分(Services Component, SC)和财务组成部分(Financial Component, FC)为基础,旨在体现银行整体业务规模所蕴含的操作风险大小。指标数值与基本指标法、标准法相同,按过去三年的平均值计算。

(2)新标准法公式。

新标准法的前提假设是:银行操作风险资本与业务规模高度相关,且历史损失数据高度反映操作风险管理水平。操作风险资本的计算公式为式(2-3):

$$ORC = BIC \times ILM \tag{2-3}$$

其中:BIC为业务指标参数(BIC):由体现规模的风险暴露指标业务指标(BI,包括利息、租金及分红部分、服务部分以及金融部分)乘以边际资本系数得出。业务指标由三者构成,同时,在业务指标基础上采取分段方法计算业务指标参数(BIC),ILM为内部损失乘数。操作风险最低资本要求等于业务指标参数(BIC)与内部损失乘数的乘积。监管系数采用离散结构、分段结构及系数值,如表2-3所示。

表 2-3 操作风险计量不同规则下的资本系数区别

巴塞尔Ⅱ的标准法		2014 年方案		2016 年方案		2017 年最终方案	
业务线	系数（%）	档次（亿欧元）	系数（%）	档次（亿欧元）	系数（%）	档次（亿欧元）	系数（%）
零售银行、资产管理、零售经纪	12	0~1	10	0~1	11	0~10	12
商业银行、代理服务	15	1~10	13	1~10	15	10~30	15
公司金融、交易与销售、支付与清算	18	10~30	17	10~30	19	30~100	18
巴塞尔Ⅱ的基本指标法		30~300	22	30~300	23		
总收入	15	>300	30	>300	29		

注：根据 BCBS（2014）、BCBS（2016）、BCBS（2017）整理。
资料来源：冯乾、游春：《操作风险计量框架最新修订及其对银行业的影响——基于〈巴塞尔Ⅲ最终改革方案〉的分析》，载于《财经理论与实践》2019 年第 1 期，第 2~9 页。

新标准法采用分层法（Layered Approach）考虑每一区间的资本要求增量的总和，避免了分段区间转移时的悬崖效应。三个档次的边际系数分层累进，从 12% 到 15%，再到 18%，这体现了随规模不同的分层风险敏感性，银行操作风险资本要求的增加速度随着业务指标规模的增加间断性地以更快的速度上升。

巴塞尔委员会在新标准法中考虑了银行历史操作损失的影响，引入反映操作风险驱动因素的内部损失乘数（Internal Loss Multiplier，ILM），对业务指标参数 BIC 进行调整，如式（2-4）所示：

$$ILM = Ln\left[\exp(1) - 1 + (LC/BIC)^{0.8}\right] \qquad (2-4)$$

操作风险历史损失（LC）除以业务指标参数的比值体现了银行损失额与业务规模的对比关系，为简单起见，历史损失为银行过去 10 年的年均操作风险损失的 15 倍。式中的指数 0.8 意味着业务规模参数一定时，内部损失乘数的增长比银行历史损失的增加幅度要小，这个关系是非线性的；式（2-4）中的对数函数形式可以减少低频/高损或严重的历史损失事件对操作风险最低资本要求的过度影响，降低了内部损失乘数随历史损失的上升幅度。内部损失乘数（ILM）越小，对操作风险进行管控对资本节约产生的效应越大。

内部损失乘数取决于历史损失与业务指标参数之比：

如银行的操作风险历史损失等于业务指标参数，则 ILM = 1，意味着银行的最低资本要求等于业务指标参数；

若操作风险损失高于业务指标参数，则 ILM > 1，这时银行的最低资本要求必须高于业务指标参数。但高出的幅度要小于操作风险损失高于业务指标参数的幅度。

同理，如果操作风险损失低于业务指标参数，则 ILM < 1，银行的最低资本要求可以减少，但不能低于 0.541（$\ln(\exp(1)-1) \approx 0.541$）。

是否令司法管辖区内的某银行内部损失乘数为 1，由监管当局自行决定。如果允许银行使用调节因子，操作风险历史损失金额不高的银行可以计提较少的操作风险资本准备金。但巴塞尔委员会规定业务指标在 1 亿欧元以下的不能使用损失调节，内部损失乘数恒为 1。同时，由于各国金融市场、金融机构和监管体制各不相同，考虑到风险敏感性，巴塞尔委员会授予各监管机构选择权，由各监管机构决定是否将辖区内所有银行的内部损失乘数设置为 1。

2.3.4 《最终方案》后操作风险的内容修订

巴塞尔委员会提出该方法的实施日期为 2022 年 1 月 1 日（后因全球疫情影响延期 1 年），并对数据的确认、收集和处理制定了 14 条 25 点质量标准。

2019 年 4 月 9 日，巴塞尔委员会制定了全球银行监管标准。其目的是改善巴塞尔委员会标准的可获得性，并促进全球一致的解释和执行。委员会鼓励成员尽快在 2022 年 1 月 1 日前落实最终规定（BCBS，2019）①。其中关于操作风险的内容修订了几点：

第一，是对损失数据使用期限的要求。根据《巴塞尔资本协议 Ⅲ》（2017 年 12 月）的操作风险监管部分第 19（a）段，银行必须使用在 10 年期间观察到的损失数据。"当银行首次采用标准化方法时，如果无法获得超过 5 年的优质数据，则可以在特殊情况下接受 5 年的观察期。"即对历史损失数据收集时间要求更长。然而，协议之前并未明确规定如

---

① Basel Committee on Banking Supervision. Consolidated Basel Framework. Basel：Bank for International Settlements，April 2019.

果银行拥有 5 ~ 10 年期间的高质量数据，该如何适用这些条款。因此，委员会明确建议在《巴塞尔资本协议Ⅲ》2022 年标准中规定：如果操作风险可获得的良好质量数据少于 10 年，必须包括 5 年以后可获得的所有年份的良好质量数据。

第二，提出独立审查要求。要求银行必须对各流程损失数据的全面性和准确性进行独立审查。

第三，提出损失数据可排除的情形。如果银行由于业务调整等原因，如之前发生损失事件的业务已取消，不可能再发生相关的操作风险损失事件，可以向监管部门提出申请要求排除相关历史数据，但此程序必须严格且标准。

第四，是在 2022 年标准中列入与并购相关的损失和业务指标，有关修订澄清在标准方法计算中，明确了操作风险损失及业务指标的计量，应包括"被收购业务/合并实体的损失及业务指标数据"。

由于新型冠状病毒肺炎疫情对全球的影响，在 2020 年 3 月，巴塞尔委员会通过了一系列措施，为银行和监管机构提供额外的运作能力，以应对因新型冠状病毒肺炎疫情对全球银行体系的影响而引起的紧迫的金融稳定优先事项。委员会将《巴塞尔资本协议Ⅲ》标准的实施日期推迟一年至 2023 年 1 月 1 日。① 过渡期也延长至 2028 年 1 月 1 日；2018 年 12 月最终确定的修订的第 3 支柱披露要求的执行日期推迟一年至 2023 年 1 月 1 日。

全球银行体系的资本实力将根据修订后的时间表维持。成员一致重申，他们期望根据修订后的时间表全面、及时和一致地实施《巴塞尔资本协议Ⅲ》的所有标准。

2.3.5 《巴塞尔资本协议Ⅲ》改革目的与分析

《巴塞尔资本协议Ⅲ》改革旨在从四个方面恢复银行资产负债表计算的可信度：第一，提高信用风险、市场风险、操作风险的标准化方法的稳健性和风险敏感性，进而从整体上有助于提高银行资本比率的可比

---

① Basel Committee on Banking Supervision. Governors and Heads of Supervision Announce Deferral of Basel Ⅲ Implementation to Increase Operational Capacity of Banks and Supervisors to Respond to Covid – 19. Basel：Bank for International Settlements，March 2020.

性。第二，限制内部模拟方法的使用，确保模拟参数受到更严格的保障，并确保先进的建模方法不被用于历史数据有限的投资组合。第三，风险敏感性相对稳健。产出下限提供了一种基于风险的担保，限制了银行相对于标准化方法降低资本金要求的程度。由于附带的公开披露要求，这也支持了银行风险加权计算的可信度和可比性，因此银行将被要求公布构成其风险加权资本要求分母的风险加权资本协议总额，包括产出下限调整。第四，改革将以最终杠杆比率来补充风险加权框架。杠杆比率提供了防范杠杆水平不可持续的保障，并减轻了内部模型和标准化风险测量方法中的赌博和模型风险。

巴塞尔委员会要求银行操作风险监管资本金的度量从 2023 年起仅采用新标准法一种度量方法，新标准法的思路是仅采用历史操作损失数据和银行当期的业务指标来度量操作风险资本金。确定了风险期，在监管机构设定了该银行的内部损失参数情况下，第一道防线就已确定。新标准法既具有一定的风险敏感性，同时对数据分类也相对简单，银行当期业务指标数据也可以在财务报表中获得，具有较强的数据可获得性和数据可比性，这一点无疑是具有积极意义的。

对银行而言，资本金配置是预防风险的最后一道防线，计量方法的唯一性实质上是限定了该银行在一个风险期操作风险监管资本金的唯一性。但这绝不意味着操作风险管理的唯一性，在操作风险资本唯一性条件下，银行应该更有动力、更有责任地加强第二道及第三道防线的管理，以降低操作风险水平，提高整体风险管理的水平。

要加强内部控制和有效激励，这从量化的角度要求优化银行内部的资本配置或权利配置；操作风险和信用风险的混同性，导致内部欺诈、外部欺诈和违规操作、金融腐败等现象较多，因此，需要对信贷人员加强责权控制、奖惩机制，预计可以通过加强公司治理、制度建设、责权利配置等方法予以解决。

2.4 新冠肺炎疫情后的措施

2019 年新冠肺炎疫情后，银行更加重视操作弹性和缓解操作风险了。提高银行承受外部操作风险（例如：流行病、网络事故、科技故障或自然灾害）冲击的能力，将为整个金融体系提供额外的保障。

近年来，科技相关威胁的增加，提高了银行操作弹性的重要性。巴塞尔委员会提出了银行监管的操作弹性原则[①]。业务弹性是银行通过中断交付关键业务的能力。这种能力使银行能够识别和保护自己免受威胁和潜在故障，对破坏性事件做出反应和适应，并从中恢复和学习，以便尽量减少破坏性事件对交付关键业务的影响。银行在考虑其营运及复原能力时，应假设会出现中断，并考虑其整体风险承受能力及对中断的承受能力。在运营复原力的背景下，委员会将干扰容忍度定义为一家银行愿意接受的任何类型操作风险的破坏程度，给出了一系列严重但看似合理的假设情境。

这个方法建立在委员会对操作风险健全管理原则的更新之上，并借鉴了以前颁布的银行公司治理原则，以及外包、业务连续性和相关风险管理相关指南。操作弹性原则，侧重于治理、操作风险管理、商业连续性和测试、映射相互联系和相互依存关系、第三方依赖管理、事故管理以及复原力强的网络安全和信息及通信技术，旨在提高银行抵御可能发生的严重事故的能力，使银行能够更好地承受、适应和从严重的不利事件中恢复过来，它是有效管理操作风险的成果。

在操作风险方面，委员会做出了数量有限的技术性修订，经修订的操作风险原则侧重于变革管理和信息及通信技术。委员会还发布了对操作风险健全管理原则的修订，以反映业务复原力与操作风险之间的自然关系。

2.5　本 章 小 结

本章从银行监管的角度论述了操作风险研究的意义。从全球银行业监管的角度，分析了巴塞尔委员会对操作风险监管的要求和进展，比较了巴塞尔委员会各阶段、各时期提出的多种操作风险监管模型的方法、背景、要求、优势及不足。

新标准法对未来银行业操作风险管理思路和计量方法可能带来深刻

[①]　Basel Committee on Banking Supervision. Principles for Operational Resilience. Basel：Bank for International Settlements，March 2021.

变化，从提高风险敏感性、模型可信度、可比性的角度改善风险加权资产计量框架。

新冠肺炎疫情后，银行对缓解操作风险的重视程度增加了。巴塞尔委员会提出了操作弹性的原则，这是一种可持续发展的学习能力。帮助银行识别和保护免受威胁，对破坏性事件能尽快做出反应和适应，并从中恢复和学习的能力，能帮助银行迅速应对严重威胁，快速调整，找到减少负面损失的方法。银行理解操作风险管理思路的新进展新变化，提高银行抵御可能发生的严重事故的能力。

理解操作风险计量规则的演变思路，有助于更好地理解与掌握、适应银行业操作风险管理的新规定、新变化、新趋势和新理念，筑好操作风险监管的最后一道防线，提高操作风险管理技能来提升银行核心竞争力。

第 3 章　中国银行业的操作风险监管

3.1　中国银行业操作风险监管发展历程

世界上最早提出银行操作风险并对其进行度量始于 20 世纪 90 年代中期，中国银行业对操作风险的认识略晚，早期中国银行业对操作风险的管理并未重视。在 20 世纪末 21 世纪初，中国银行业操作损失事件频发，尤其是 2003～2005 年，超亿元的操作风险损失事件频发，引起了中国银行监管机构和银行业界的重视。

直到 2005 年，中国银行业监督管理委员会①主席刘明康提出了防范操作风险的 13 条要求。之后，中国银行业监管机构首个规范操作风险管理的重要文件——《关于加大防范操作风险工作力度的通知》(2005)② 发布，意味着操作风险开始被中国银行业重视起来，中国银行业对银行操作风险的管理有了监管方面的要求和规定。

2007 年 5 月 14 日，中国银监会发布了《商业银行操作风险管理指引》③，2008 年 9 月 18 日，中国银监会发布了《商业银行操作风险监管资本计量指引》④，该指引内含 5 章、26 条和 4 个附件的内容，对中国

---

① 中国银行业监督管理委员会，简称中国银监会，现合并为中国银行保险监督管理委员会，简称中国银保监会，本文后续均用简称。
② 中国银行业监督管理委员会：关于加大防范操作风险工作力度的通知。银监发〔2005〕17 号，2005.03.22。
③ 中国银行业监督管理委员会：中国银行业实施新资本协议指导意见。银监发〔2007〕24 号，2007.2.28。
④ 中国银行业监督管理委员会：商业银行操作风险监管资本计量指引。银监发〔2008〕67 号，2008.9.18。

银行业而言，该指引的重要贡献是将操作风险纳入最低资本要求。2009年底，中国银监会发布了《商业银行资本计量高级方法验证指引》[1]，对中国银行业采用高级计量法计量操作风险资本提出了具体、详细的要求。但直到2014年4月25日，中国银监会核准了五家国有大型商业银行及招商银行在计量监管资本时可以采用高级方法，但仅限于信用风险和市场风险，而操作风险，仍采用标准法计量。这说明，尽管学者和业界有对操作风险采用高级计量法的想法，并小规模小范围地进行了试算，但在中国银行业，银行监管机构认为中国规模最大、管理最先进的几家商业银行尚未达到操作风险高级计量法的各项定性与定量要求。

高级计量法使商业银行在开发操作风险计量和管理方法上有很大的灵活性。巴曙松（2017）认为高级计量法相比其他方法监管资本金配置较低，商业银行有动力开发适合自身的高级度量法。

2019年11月7日，巴塞尔委员会公布了中国的监管一致性评估方案评估结果，首先是大额风险暴露框架的实施状况（BCBC，2019）[2]。表3-1为中国银行业监管一致性评估结果，等级均为合规。总体而言，截至2019年7月31日，中国的大额风险暴露监管框架法规被评估为符合巴塞尔法规标准，为最高等级。

表3-1　　　　　　　中国监管一致性方案评估结果

Basel LEX（大披露）框架组成部分	等级
总等级	C
定义及范畴	C
最低要求及过渡安排	C
曝光值	C

注：评估量表等级：C（合规）等级、LC（大规模合规）等级、MNC（实质上不合规）等级、NC（不合规）等级。

---

[1]　中国银行业监督管理委员会：商业银行资本计量高级方法验证指引。银监发〔2009〕104号，2009.12.24。

[2]　Basel Committee on Banking Supervision. RCAP Argentina and China – NSFR and LEX. Basel：Bank for International Settlements，November 2019.

3.2　中国银行业操作风险管理实践效果亟待提高

3.2.1　中国银行业操作风险管理存在不足

尽管中国银行业在应用操作风险管理框架的实践中已经有了长足进步，但那是从无到有的进步，受历史观念、经济环境、社会文化、市场发育程度、治理架构及理念等因素的影响，横向比较而言，中国银行业相比国际银行业，操作风险管理水平较为落后，操作风险计量框架的实施效果并不理想。这主要是因为中国银监会发布的相关要求及规定是依据《巴塞尔资本协议Ⅱ》框架制定的，这与中国银行业的背景有较大差距。而且，中国银行业在操作风险数据收集方面尚未完善，多数银行尚不能达到新标准法所规定的数据数量与质量要求，与国际先进银行仍存在不小的差距。

到目前为止，中国商业银行的操作风险管理发展较为缓慢，中国银监会统计数据到 2013 年第四季度才开始计量银行操作风险资本，而且采用的是标准法，只考虑了银行不同业务线的规模指标，风险不敏感。中国商业银行获得操作风险数据的途径有限，没有权威的主体来系统地主导操作风险数据的收集工作，中国银行业还没有形成成熟可靠的操作风险损失数据库，也没有可共享的行业数据库。

3.2.2　中国银行业操作风险的数据基础

银行界人士于晨等（2014）认为中国商业银行操作风险的数据问题在于：第一，数据量少难以支撑模型；第二，数据失真难以令人信服。高丽君（2011）认为拥有充足和高质量的内部数据对操作风险量化来说至关重要。但中国商业银行操作风险内部损失数据收集起步较晚，导致数据不足，不公开导致难以获取，操作损失事件上报缺乏恰当的奖惩机制，相对市场风险而言，操作风险事件的记录和数据积累十分贫乏，给中国银行业操作风险度量与管理乃至监管，带来了极大的困难。在定量方法的使用中，目前中国商业银行中绝大部分银行仍使用风险不敏感的标准法或替代标准法。

巴曙松等（2017）认为"操作风险内部数据库系统普遍上未在我国银行业形成"，可以说大部分中国商业银行仍处于操作风险数据搜集的初期阶段。相对于国际银行，中国大部分银行还未建立自己的内部数据库。

截至 2015 年底，5 家国有商业银行中四大行已有内部数据库，部分有完善的报告系统并持续更新；3 家政策性银行中，仅国家开发银行建立了操作风险损失数据库；除此之外，其他银行机构大部分还没有开展对操作风险的数据收集工作，少数如招商银行、中国光大银行、富滇银行、浙江泰隆商业银行、南京银行、宁夏银行与某咨询公司合作设计了操作风险管理工具，包括操作风险损失数据库、损失数据收集工具的风险管理模型建设，但即使建立了数据收集的管理模型，这些银行在数据收集方面也仅为模型建设阶段。

总体而言，即使个别银行已经开始建立操作风险数据库，但操作风险数据管理并不成熟，仍没有开发出完善的系统投入使用。可以说，大部分商业银行对本机构的操作风险有多大，该如何有重点、有针对性地进行管理，并没有非常清楚的认识。而要达到巴塞尔委员会对银行实施新标准法的监管管理要求，中国银行业操作损失数据库建设还任重道远。我国没有相关的非营利性组织推动公共数据库的建立。中国银行业、保险业等行业协会也没有启动同业金融机构间的操作风险数据的共享机制。

巴曙松等（2017）建议加强操作风险内部数据建设。魏璐等（2018）首次全面综述了全球操作风险数据收集工作（LDCEs）的内部损失、外部损失、情景分析和业务环境与内部控制因素（BEICFs）。基于对 2002 年至 2017 年 3 月 31 日有关操作风险的文章的分析，以及对大量其他资料的调查，操作风险数据的各种来源被分为五类，即个别银行、监管当局、金融机构联盟、商业供应商和研究人员。通过回顾这 5 个数据源的操作风险数据库，他们总结和描述了 32 个内部数据库、26 个外部数据库、7 个情景数据库和 1 个业务环境与内部控制因素数据库。他们还发现，与发展中国家相比，发达国家在操作风险数据库建设方面的表现相对较好。从实证分析的角度，验证了中国银行业操作风险数据库建设存在的不足。此外，在估计操作风险时，情景分析和业务环境与内部控制因素这两个主观数据源较内部和外部损失数据这两个客观数据源的使用少，为未来操作风险数据库补充数据源提供了思路。

可以说，对后续将要探讨的新标准法在中国的应用，很多中国商业银行在操作风险历史损失数据库建设及内部历史操作风险数据收集方面还未达到巴塞尔委员会的基本要求。图 3-1 为四种高级计量法数据元素之间的关系。可知，目前绝大多数中国的银行在四种数据元素中收集较多的是外部数据，但外部数据质量不高，而其他类数据在数量、质量方面仍有欠缺。目前很难做到基于情境的损失分布分析。

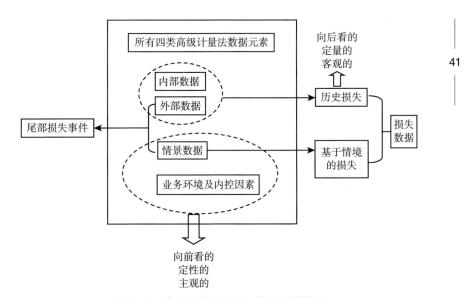

图 3-1　高级计量法数据元素之间的关系

中国银行业马上就要采用新标准法度量操作风险监管资本，如何加强内部数据的收集与整理，迫在眉睫。

3.2.3 政策支持：数据已成为战略性资源

2019 年，中国共产党第十九届中央委员会第四次全体会议上，首次提出数据作为生产要素参与分配。数据已成为金融业数字化转型的基本的、战略性的资源。[①] 从多元化的创新产品设计，到个性化的金融服务，从分割麦壳的商业过程优化，到消除危险和保障安全的风险防控，数据一直为金融创新和发展提供强有力的支持。

在数据治理方面，努力建立一个涵盖数据收集、处理、分析和使用的全过程管理系统，统一数据标准和规则，实现有效的数据分类，建立企业级数据字典和资源目录，以提高数据的准确性、有效性和可访问性。

在数据共享方面，我们将收集和处理尽可能少的专用数据，并探索安全多方计算、联邦学习和其他技术的应用。有了这些技术，我们将以一种规范的方式共享数据，将原始数据保留在原始域内，使用数据时不会实际看到或移动数据。

在数据使用方面，我们将加强财政与公共服务的信息互联互通，利用联合建模、图形计算和其他技术，培养以客户为中心的数据服务能力，挖掘综合数据应用场景，以多种方式增强财政服务实体经济和改善民生的能力。

在数据保护方面，我们将严格执行数据安全法和个人信息保护法。我们会设立一个涵盖资料整个生命周期的保护机制，并采取私人信息检索和非标记化等措施，以防止资料被滥用，并保障金融资料及个人隐私的安全。

尽管在发展过程中，由于数据问题阻碍了银行操作风险管理的进展，但中国已经意识到数据对金融业的重要性，并将其视为战略性资源，从数据治理、数据共享、数据使用与保护等方面，逐步着手加强管理，在国家的重视和具体措施得力的情况下，未来数据问题将有所缓解，得以提高。

---

① 中国共产党第十九届中央委员会第四次全体会议：中国共产党第十九届中央委员会第四次全体会议公报，2019.10.31。

3.3　新标准法对中国银行系统的影响分析

《巴塞尔资本协议Ⅲ最终改革方案》是后巴塞尔Ⅲ时代银行监管改革的最终成果，新标准法意味着巴塞尔委员会在操作风险框架的风险敏感性、简单化和可比性之间取得了新的平衡[①]。西班牙央行行长兼巴塞尔委员会主席巴勃罗·赫尔南德斯·德·科斯（Pablo Hernandez de Cos）2020年在巴塞尔委员会的讲话认为《巴塞尔资本协议Ⅲ》将补充以往的改革，对经济产生积极的净影响，将有助于永久性地加强经济对不利冲击的弹性[②]。

但改革的设计没有充分反映各辖区或地区的特点，如何设定国家自由裁量权，以提供一定程度的灵活性，尚需讨论。且该改革主要是征询了欧洲国家不同利益相关者的观点，是否适用于中国银行业，有待检验。由于内部损失乘数的实施需要得到监管批准，新标准法对我国银行业资本的影响尚不确定。

由于此前我国银行业操作风险监管资本的计算采用的是标准法，仅涉及了业务线的业务收入，并未考虑银行的历史操作损失，今后将操作风险历史损失纳入监管资本计算，无疑也会对操作风险记录信息系统提出更高的要求和挑战。

新标准法有可能会降低操作风险最低资本要求，但计提监管资本要求的目的是要确保银行安全，对发生的非预期损失进行抵补，只有在安全的前提下的监管资本降低，才是有效的。毕竟中国商业银行的业务经营与欧洲商业银行有较大不同，其究竟会降低还是提高操作风险最低资本要求，只有分析银行当时时段业务收入情况与操作风险历史损失之间的关系才可确定，目前我们认为该影响是不确定的。

---

① 冯乾、游春：《操作风险计量框架最新修订及其对银行业的影响——基于〈巴塞尔Ⅲ最终改革方案〉的分析》，载于《财经理论与实践》2019年第1期，第2~9页。

② Pablo H. de Cos：The banking sector and the challenges posed by the pandemic. Speech at the Ⅲ Foro Banca de El Economista "The Present and Future of the Financial System"，26 October 2020.

3.4 本章小结

本章分析了中国银行业操作风险管理的发展历程及中国银行业应用监管框架的管理实践的发展，指出中国银行业操作风险管理实践亟待提高，并对未来要实施的新标准法对中国银行系统的可能的影响进行分析，认为新标准法对中国银行系统的影响难以确定。国家的政策支持已把数据作为战略性资源，未来，影响操作风险度量及管理的数据问题一定会改善。

第 4 章　内部数据实证度量操作风险监管资本金

为分析、预测中国的商业银行采用新标准法的效果，本章以中国某业务规模大于 10 亿欧元的银行（基于保密性要求简称 A 银行）内部历史数据作为基础数据，采用多种方法测算操作风险监管资本金。

4.1　A 银行操作损失内部数据统计分析

A 银行在某段时期（大于 10 年）的内部操作风险损失数据统计，且能满足该银行在此时间段内每年业务规模均大于 10 亿欧元。表 4－1 为 A 银行按业务线和事件类型进行分类的每年操作风险损失量及分布；按业务线和事件类型分类，A 银行的每年操作风险损失频次见表 4－2。

从表 4－1 可以看出，不同业务线的操作损失大不相同，公司金融业务是风险损失最重的业务，损失超过总损失的 3/4，其次是零售银行业务，超过总损失的 15%，除此之外，其他业务类别的损失金额都相对较小，占比总和也不到 10%。以损失事件类型分类来看，客户、产品及业务运作类型事件操作损失最为严重，占总操作损失的近 3/4，其次是外部欺诈及内部欺诈事件，均超过总损失的 10%，其他类型事件发生的操作损失相对较小。总体而言，A 银行在这 10 年中，每年平均操作风险损失额约 13 亿元人民币，银行操作风险损失额巨大，不容小觑。

从表 4－2 可以看出，A 银行操作损失频发，其中，客户、产品及业务运作类型事件操作损失频发，占总数的一半以上。结合表 4－1 可知该类型操作损失事件单件损失额度也较高。在业务类型中，公司金融和零售银行业务发生频次较高，占比超过总数的 40% 和 35%。

表 4－1

A 银行根据业务线及事件类型分类的操作风险损失

操作风险损失（万元）

业务线	内部欺诈	外部欺诈	就业制度和工作场所安全性	客户、产品及业务运作	有形资产的损失	经营中断和系统失灵	执行、交割和流程管理	总计（万元）	业务线损失占总损失比例（%）
公司金融	65437.17	64133.35	0.00	811923.73	4367.70	518.99	35753.18	982134.12	75.62
零售银行	27848.79	76202.25	2.16	103030.96	187.88	1904.14	2674.46	211850.64	16.31
支付与结算	15785.18	13647.98	390.17	15537.16	2493.05	921.47	509.27	49284.28	3.79
代理服务	701.15	312.75	0.36	6946.10	0.00	0.28	88.84	8049.48	0.62
资产管理	28861.92	4382.00	0.86	13250.49	104.27	4.51	750.21	47354.26	3.65
其他	0.00	25.8	0.00	12.14	1.40	0.03	0.00	39.37	0.00
总计（万元）	138634.21	158704.13	393.55	950700.58	7154.30	3349.42	39775.96	1298712.15	100.00
事件类型损失占总损失比例（%）	10.67	12.22	0.03	73.20	0.55	0.26	3.06		

表4-2　　按业务线和事件类型分类的 A 银行操作风险损失频数

业务线	风险损失频数（次）								
	内部欺诈	外部欺诈	就业制度和工作场所安全性	客户、产品及业务运作	有形资产的损失	经营中断和系统失灵	执行、交割和流程管理	总计（次）	业务线损失占总损失比例（%）
公司金融	231	102	0	2472	8	4	133	2950	40.42
零售银行	308	364	1	634	17	1154	127	2605	35.69
支付与结算	147	87	50	776	223	123	145	1551	21.25
代理服务	9	5	1	61	0	3	25	104	1.42
资产管理	31	2	1	26	2	10	7	79	1.08
其他	0	1	0	5	1	3	0	10	0.14
总计（次）	726	561	53	3974	251	1297	437	7299	100.00
事件类型损失占总损失比例（%）	9.95	7.69	0.73	54.45	3.44	17.77	5.99		

表4-3 为 A 银行内部历史数据损失（在已获得数据中）数据量最多的 10 年的操作风险损失频次及平均损失强度，损失强度为考虑回收措施后的最终操作损失。可知 A 银行操作损失频发，单件操作损失平均额度较大，迫切需要对银行操作风险进行管理。

表4-3　　A 银行内部数据 10 年操作风险损失频次及平均损失强度

时间	$t-9$	$t-8$	$t-7$	$t-6$	$t-5$	$t-4$	$t-3$	$t-2$	$t-1$	t
损失频率（次）	40	41	1151	589	546	679	814	870	986	1490
平均损失强度（万元）	145.85	122.69	230.26	198.44	201.09	229.98	203.71	214.65	231.50	40.22

4.2 《巴塞尔资本协议Ⅱ》提出的操作风险资本金度量方法

4.2.1 基本指标法

基本指标法指按照操作风险暴露的一定比例来提取覆盖操作风险所需资本金的大小，巴塞尔委员会规定这个固定比例为 a = 15%。而规模指标以简单、容易获取、可以比较、容易校验、具有反周期性等特点的总收入来体现。总收入的定义见《巴塞尔资本协议Ⅱ》，此处不再赘述。该方法下操作风险资本金的计算公式见式（4 – 1）。

$$\text{操作风险资本金 } K_{BIA} = \frac{1}{3} \sum_{T-3}^{T-1} \text{总收入 GI} \times a \qquad (4-1)$$

查 A 银行的年报得到第 t 年前三年总收入（考虑到保密性要求，不列示具体值），计算平均值，乘以 a，可得 A 银行第 t 年的操作风险资本金为：

$$K_{BIA} = 131427.67 \times 15\% = 19714.15 \text{（百万元）} = 197.1415 \text{（亿元）}$$

4.2.2 标准法

标准法，体现规模的指标，巴塞尔委员会规定为各业务线的总收入。仍然以前三年（各业务线）总收入的算术平均数来体现。按照巴塞尔委员会提议的业务线的分类，及中国银保监会提出的其他业务（见第 1 章），前三年中每年的操作风险监管资本等于当年各项业务监管资本的总和。当这些业务线监管资本相加为负数时，当年监管资本为 0。式（4 – 2）为标准法下操作风险的资本分配：

$$K_{STA} = \frac{1}{3} \left(\sum_{T-3}^{T-1} \max \left(\sum_{i=1}^{9} \beta_i \times GI_i, 0 \right) \right) \qquad (4-2)$$

等于每个业务线资本分配之和，第 i 条业务线的系数值，见表 2 – 1。

查 A 银行的年报得第 t 年前三年各条业务线的总收入 GI_i，乘以业务线 β_i 系数后，加和计算平均值（如为负数则定为 0），在标准法假设各业务线操作风险不相关的前提下，可得 A 银行第 t 年的操作风险资本金为：

$$K_{STA} = \sum_{i=1}^{8} \beta_i GI_i = 18\% \times 727.96 + 18\% \times 21.83 + 12\% \times 360.91$$
$$+ 12\% \times 203.58 = 202.6824（亿元）$$

4.2.3　替代标准法

第 2 章介绍了替代标准法，可以采用两种方法：第一种方法，除零售银行和商业银行业务线考察的指标不是总收入而是该业务线的贷款余额，其他算法同标准法；第二种方法，零售银行和商业银行业务线考察指标同第一种方法，但其他业务线考察的指标为该业务线的总收入且 β 系数都定为 18%。

查 A 银行历年年报，得到第 t 年前除零售银行及商业银行业务的其他业务的总收入 GI_i，同时，查 A 银行第 t 年前零售银行、商业银行业务线前三年贷款余额，计算各业务线前三年的总收入或贷款余额的平均值，按照表 2 - 2 中替代标准法的第一种方法：

$$K_{STA} = \sum_{i=1}^{8} \beta_i GI_i = 18\% \times 727.96 + 18\% \times 21.83 + 12\% \times 4887.4667$$
$$\times 3.5\% + 12\% \times 203.58 = 179.9006（亿元）$$

按照表 2 - 2 中替代标准法的第二种方法：

$$K_{STA} = \sum_{i=1}^{8} \beta_i GI_i = 18\% \times 727.96 + 18\% \times 21.83 + 12\% \times 4887.4667$$
$$\times 3.5\% + 18\% \times 203.58 = 191.134（亿元）$$

因此，替代标准法的两种方法，第一种方法计算得出的 A 银行操作风险监管资本第 t + 1 年为 179.9 亿元，而第二种方法为 191.13 亿元，第一种方法计算得出的操作风险监管资本比第二种方法略低，但两种替代方法的计算结果都比基本指标法以及标准法略低一点。总体看来，这几种方法结果比较相近，具有可比性及合理性。

4.2.4　损失分布法

鉴于笔者可获得的 A 银行按照内部度量法及记分卡法所需的相关

指标信息缺失严重，本章不予采用这两种方法对 A 银行操作风险资本金进行度量。因此，选择巴塞尔委员会推荐的高级计量法中的损失分布法度量操作风险监管资本金。损失分布法详细过程见李建平等（2013）和高丽君（2020）。

1. 操作风险损失频率分布

从学术界来看，对操作风险损失频率的分布，人们认为一般采用泊松分布[①]或负二项分布[②]，这个观点相对比较统一。这是因为估算频率分布的参数对数据量的要求相对较少，分歧和误差也小。2008 年 BCBS 操作损失数据搜集行动中 42 家采用高级计量法的银行里有 39 家使用泊松分布。

其他可能会用于操作风险损失频率分布的有 Cox 过程及混合分布。但相比泊松分布和负二项分布，Cox 过程要求有大量的数据集，达到模型要求相对较困难。混合分布也属于非齐次泊松过程，该模型通过参数取值的变化考虑了潜在的泊松随机变量的额外变化。鉴于这些方法相对比较常规、基础，本文不再累述，相关分布的具体分析见李建平等（2013）和高丽君（2020）[③]。

2. 损失强度分布

（1）操作风险损失强度建模。

学术界对损失强度分布的选择则更具挑战。模拟操作损失强度的方法主要有两种，一种为非参数方法，通过数据的经验密度或平滑曲线形状来描述。但由于操作风险损失数据的厚尾特性及数据质量问题，非参数分布的拟合效果并不是很好（高丽君，2020）。另一种为损失强度分布的参数法，该方法为业界所常用。

参数法的思路是通过某些分布拟合判断，找到某种可以较好地刻画样本数据量的分布来拟合损失形态。学者们（如罗猛等，2009；Jobst,

---

① 李建平、丰吉闯、高丽君：《商业银行操作风险度量与监管资本测定——理论、方法与实证》，科学出版社 2013 年版，第 125 ~ 126、132 页。

② Chernobai A，Burnecki K，Rachev S，et al. Modeling Catastrophe Claims with Left-truncated Severity Distributions. *Computational Statistics*，Vol. 21，No. 3，August 2006，pp. 537 – 555.

③ 高丽君：《中国商业银行操作风险数据问题研究》，经济科学出版社 2020 年版，第 94 ~ 97 页。

2007）普遍认为厚重尾分布比轻尾分布更好。但具体采用哪种厚重尾分布依然让人无所适从。

谌利和莫建明（2008）指出当用几种厚重尾分布对同一样本进行拟合时，常会出现因为拟合度都很接近而难以抉择的情况。这是因为样本数据主要集中在概率分布曲线的低置信度区域，而厚重尾分布之间的区别往往是在高置信度区域。大多数样本数据都能比较好地吻合多种分布，而最重要的零星几个厚重尾样本在整体拟合过程中被忽略，导致拟合分布的选择决策困难。图4－1概括了对操作损失强度建模的可能方法。

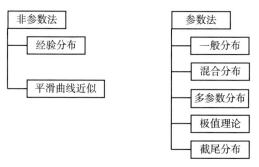

图4－1 损失强度建模方法

常用的损失强度"一般分布"有：指数分布、对数正态分布、威布尔分布、伽马分布、贝塔分布、帕累托分布和布尔分布等，这些分布都是常见的中、厚尾分布，当分布的参数较多时，其灵活性更大些①。

（2）针对严重厚尾的改进思路：混合分布。

由于操作风险的本质特征，舍尔等（Schael et al.，2007）、乔杜里（Chaudhury，2010）认为其数据存在一些独特的特点：在损失强度分布严重厚尾时，普通的"一般分布"无法很好地刻画损失强度全貌。② 这

---

① 高丽君：《中国商业银行操作风险数据问题研究》，经济科学出版社2020年版，第97～98页。

② Schael Ⅰ, Stummer W. Basel Ⅱ Compliant Mapping of Operational Risks. *Journal of Operational Risk*, Vol. 2, No. 1, Spring 2007, pp. 93 - 114. Chaudhury M. A Review of the Key Issues in Operational Risk Capital Modelling. *Journal of Operational Risk*, Vol. 5, No. 4, Fall 2010, pp. 37 - 66.

催生了一些改进：针对右侧尾部数据数量极少的问题，第一种解决方案是使用几种分布分别刻画主体和尾部（高丽君等，2009；王宗润等，2012），即混合分布的思路。此方法在业界中较常见，据巴塞尔委员会统计，被超50%的采用高级计量法的银行所采纳。此方法还能顺带解决数据直方图中的多峰问题。

混合分布有两种思路：一种思路是用某种厚尾分布（常用广义帕累托分布）进行尾部事件建模，左侧主体部分的高频低额损失用一个经验分布或者其他分布进行建模。另一种可供选择的方法，就是考虑采用由几个不同分布或几个不同参数的同一分布所组成的混合分布对整体建模。

当有 m 个分布，或 m 个不同参数的同一分布混合，其密度及分布函数如式（4-3）所示：

$$f(x) = \sum_{j=1}^{m} w_j f_j(x)$$

$$F(x) = \sum_{j=1}^{m} w_j F_j(x) \qquad (4-3)$$

在这里，w_j，$j=1$，2，…，m 是每个组成分布在混合分布中所占的比重，其取值范围为 $0 < w_j < 1$，$j=1$，2，…，m，且 $\sum_{j=1}^{m} w_j = 1$。混合分布中的分布类型可以有多种不同的分布，如指数分布与威布尔分布组成的混合分布或者服从不同参数的同一分布的混合分布。

从理论上讲，混合分布可以适用于各种形状的损失分布，因为混合分布可以由多个不同分布或多个服从不同参数的同一分布组成。混合分布中的成员数扩大会使 m 成为一个参数，并且由数据来决定有多少个分布可以纳入混合分布中去。然而这也会使模型更依赖于数据且变得更加复杂。需要估计大量参数，运算量非常大，模型对数据依赖性非常强，且不易于理解；当样本数据量不充足时，可能缺乏可信度。

例如，包含两个指数分布的混合分布需要估计 3 个参数，而包含 4 个指数分布的混合分布则需要估计 7 个参数，混合分布中包含的组成分布数目越多，模型越复杂。而指数分布是常用分布中非常简单的单参数分布模型。如何克服混合分布的模型参数估计复杂性这个问题？可以采用一个组成分布的某参数表示另一个组成分布的某参数来简化模型，进而一定程度上克服复杂性的问题。例如，用 4 个参数而不是 5 个来拟合二元混合帕累托分布。卡里洛等（Carrillo et al.，2012）、盖根等（Güegan et al.，2011）、司马则茜等（2008，2009）认为几种分布如何结合需要考虑，这涉及结合处的连续性问题，而连续性也是一个比较复杂的问题。

（3）针对单一参数拟合不佳的改进思路：多参数分布。

第二种解决方案是采用多参数分布代替单参数或双参数分布，例如拥有三个参数的广义 Champernowne 分布（Sayah et al.，2010；Buch - Larsen et al.，2005），以及拥有四个参数的 G-and - H 分布（Dutta et al.，2007；司马则茜等，2011）、广义 Beta 分布（Charpentier et al.，2010）和双重随机 Alpha - Stable 分布（Gareth et al.，2011）。通过多参数分布来提高损失强度分布拟合效果。但是更多参数的估计，会大幅度提高计算量，也可能造成过度拟合问题和估计精度的偏差。

（4）针对严重厚尾的改进思路：极值理论只度量尾部。

第三种解决方案是采用极值理论只研究分布的尾部，通过设定某一阈值，只考虑阈值以上部分的损失，利用这部分信息估计损失的尾部分布，而阈值以下的部分，则忽略不用。这主要是针对操作风险高级度量法提出的，对尾部极端损失进行建模。在极值理论中，常用的度量操作风险极端损失的分布主要有广义帕累托分布或广义极值分布[①]。

对操作风险的实证研究倾向于选择广义帕累托分布，该分布属于极值分布。实践证实，上文中使用损失分布法的 31 家采用高级计量法的国际银行中，13 家使用广义帕累托分布，7 家选择对数正态或含有对数正态分布的混合分布，剩下选择了其他分布函数。

极值理论的优点如下：

极值理论提供了极端事件的极限分布的理论特性。因此，它为接近观测数据边界的低频高危损失事件提供了直接的处理方法；超阈值模型可以用来处理超过高阈值的灾难性损失；理论和计算工具都是可得的。

极值理论不是万能的，其分组方法和阈值设定均存在一定的任意性，乔布斯特（Jobst，2007）、德根等（Degen et al.，2007）、丰吉闯等（2011）通过对参数法和极值理论的比较分析，发现两者的差异远

53

---

① 广义帕累托分布（generalized Pareto distribution），简称 GPD 分布；或者广义极值分布（generalized extreme value distribution），简称 GED 分布。

小于参数分布法内由于程度分布选择的不同所造成的差异[1]。它的局限性有如下几点：

在超阈值模型中，因为超阈数总是小样本的，基于小样本的参数估计不具有无偏性，尤其是对上阈值的选择，对最终结果影响很大，可以用失之毫厘谬以千里来形容；在超阈值模型中，对决定极端损失的高阈值的选择主要是基于直接观察相应的图形，更严密的方法还有待发展；极值理论仅考虑小样本的极端损失的分布特性，完全忽视了中、低程度损失数据的特性，不能刻画损失全貌[2]。

（5）数据截断问题。

另外，在分析操作风险损失强度时，还需考虑报告偏倚问题。理论上，应该收集所有的操作损失事件的信息并记录在案。然而，由于人们对操作风险辨别能力的问题及损失数据收集成本的问题，在银行的内部数据库中，只有高于某一损失值的数据才会被记录。我们用 H 来表示这一最低阈值，称为左截尾。

那么如何来正确估计有左截断的数据的损失分布呢？丰吉闯等（2011）探讨了左截断数据的适当处理问题[3]。李建平等（2013）、谢俊明等（2019）探讨了左截尾数据的损失分布法损失频率、损失强度的估计方法，这是操作风险录入数据的特点，进行操作风险度量需要考虑该内容[4]。陈倩（2019）考虑了双截尾问题，即数据左截断及尾部阈值问题[5]。

---

① Jobst A. Operational Risk-the Sting is Still in the Tail but the Poison Depends on the Dose. *Journal of Operational Risk*, Vol. 2, No. 2, Summer 2007, pp. 3 – 59. Degen M, Embrechts P, Lambrigger D. The Quantitative Modeling of Operational Risk: between G-and – H and EVT. *Astin Bulletin*, Vol. 37, No. 2, May 2007, pp. 265 –291. 丰吉闯、李建平、高丽君：《商业银行操作风险度量模型选择分析》，载于《国际金融研究》2011 年第 8 期，第 88 ~ 96 页。

② 李建平、丰吉闯、高丽君：《商业银行操作风险度量与监管资本测定——理论、方法与实证》，科学出版社 2013 年版，第 89 ~ 97 页。

③ 丰吉闯、李建平、陈建明：《基于左截尾数据的损失分布法度量操作风险：以中国商业银行为例》，载于《管理评论》2011 年第 7 期，第 171 ~ 176 页。

④ 谢俊明、胡炳惠：《商业银行操作风险的损失模型及其应用》，载于《统计与决策》2019 年第 22 期，第 74 ~ 77 页。

⑤ 陈倩：《基于截断数据的操作风险分段损失分布模型及应用》，载于《系统管理学报》2019 年第 5 期，第 907 ~ 916 页。

3. 整体风险损失联合分布及监管资本的测算

损失分布法的思路是，通过某种方法拟合出操作风险的频率分布及强度分布后，结合则得到一定时期（通常规定为一年）操作风险的整体风险损失分布，根据联合分布可计算操作风险大小。

一年操作风险的随机损失和 $L = X_1 + \cdots + X_n$ 的累计分布函数为式（4-4）：

$$F_L(x) = Pr(L \le x) = \sum_{n=0}^{\infty} p_n Pr(L \le x \mid N = n) = \sum_{n=0}^{\infty} p_n F_X^{*n}(x)$$

$$(4-4)$$

其中，$F_L(x) = Pr(X \le x)$ 为损失程度 X_i 的累积分布函数，F_X^{*n} 为损失程度 X 的累积分布函数的 n 重卷积。一年操作风险损失分布的密度函数可以表示为 $f_L(x) = \sum_{n=0}^{\infty} p_n f_X^{*n}(x)$。从数学的角度它可以表示为程度分布的 n 重卷积的形式，但在实际中很难得到解析解。

损失联合分布的计算，结合频率和程度分布的复合过程中所运用的方法有很多种，贾科梅蒂等（Giacometti et al.，2007）把这些方法按照从最常见到较罕见的顺序排序，后续又有学者对此进行了补充：蒙特卡罗法（Brunner et al.，2009），Panjer 迭代递归结合法（Guégan et al.，2009），快速傅里叶变换法（Jang et al.，2008；Embrechts et al.，2009；Jin et al.，2010），近似封闭解法（Hernández et al.，2013；Bocker et al.，2005），数值计算法（Luo et al.，2011）和分位数估计法（Gzyle，2011a，2011b）。

其中最为常见的为采用蒙特卡罗模拟的近似算法求解。蒙特卡罗模拟法是对损失数据拟合其损失频率及损失强度的统计概率分布，通过模拟相关分布随机数的方法，组合拟合联合分布[①]。

鉴于巴塞尔委员会对损失分布法并未明确规定操作损失频率及损失强度采用具体哪种分布，而采用的分布方法不同会导致不同的结果，具体实证见 4.3 节学术界度量操作风险常用的建模方法。

[①] 樊欣、杨晓光：《我国银行业操作风险的蒙特卡罗模拟估计》，载于《系统工程理论与实践》2005 年第 5 期，第 12~19 页。

4.3 A银行内部数据损失分布法实证分析

4.3.1 损失分布法损失频率分析

首先分析 A 银行操作风险损失频率分布，以已获得数据中 A 银行内部损失数据量最多的连续 10 年的数据作为历史数据，以泊松分布及负二项分布作为备选损失频率分布，进行分析，见表 4 - 4。

表 4 - 4 　　　　　　　　　A 银行操作风险损失频率分析

方法	泊松分布		负二项分布	
估计参数值	$\lambda = 720.6$		size = 1.264086	u = 720.480186
统计量	AIC = 3381.52	BIC = 3381.82	AIC = 155.30	BIC = 155.90
A - D 检验	AD：Inf	p：6e - 5	AD：0.9597	p：0.3766
K - S 检验	D：0.4997	p：0.0078	D：0.3035	p：0.2585

由表 4 - 4 可知，在备选损失频率分布中，负二项分布更适合 A 银行的操作风险损失频率分布。

4.3.2 损失分布法损失强度分析

分析 A 银行操作风险损失强度分布，以已获得数据中 A 银行内部损失数据量最多的连续 10 年的数据作为历史数据。

1. 损失强度中厚尾常用"一般分布"

由于学术界对操作风险损失强度分布并无定论，笔者选择了常见的一般分布如正态分布、对数正态分布、指数分布、伽马分布、威布尔分布、柯西分布、逻辑分布等作为备选损失强度分布进行分析，其中，多数分布都比较适合于厚尾分布。经过对样本数据进行各项分布的 A - D 检验及 K - S 拟合优度检验，贝塔分布、泊松分布、几何分布不适于拟合 A 银行操作风险损失强度，表 4 - 5 中没有列示，其他分布统计结果见表 4 - 5。

表 4 - 5　　　　　　　　A 银行操作风险损失强度分析

方法	估计参数值		统计量			A - D 检验	K - S 检验
正态	u = 24.10	σ = 38.99	AIC：Inf	BIC：Inf	CvM：116.84	Inf	0.2684
对数正态	lu = 1.90	lσ = 3.78	AIC：64621	BIC：62635	CvM：6.61	68.49	0.0543
威布尔	α = 27.77	β = 0.31	AIC：62464	BIC：62478	CvM：1.90	29.36	0.0810
指数	0.0541		AIC：Inf	BIC：Inf	CvM：216.94	Inf	0.2667
柯西	θ = 20.49	a = 23.75	AIC：85759	BIC：85772	CvM：97.34	722.08	0.2735
伽马	α = 0.22	λ = 0.0026	AIC：64942	BIC：64956	CvM：5.55	Inf	0.1100
logistic	α = 23.68	β = 23.76	AIC：Inf	BIC：Inf	CvM：114.41	Inf	0.2697

　　综合考虑各分布的统计量及检验值，其中威布尔分布的结果相比而言是最佳的，因此选择威布尔分布作为操作风险损失强度分布。

　　上述损失频率分析得出负二项分布相比而言拟合更佳，再考虑损失强度服从威布尔分布，对联合分布进行蒙特卡罗模拟 10 万次，可得 A 银行操作损失分布如图 4 - 2 所示。

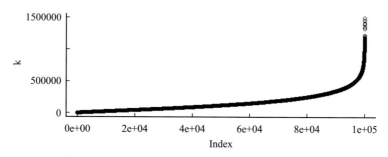

图 4 - 2　损失强度采用威布尔分布的模拟损失分布

　　表 4 - 6 为 A 银行采用损失分布法，损失强度为一般常见的多种统计分布模型中拟合度最高的威布尔分布，蒙特卡罗模拟 100000 次模拟的在险值及条件在险值，可知，采用损失分布法，A 银行一年的操作风

险资本金大约为 97.97 亿元人民币。

表 4-6			A 银行模拟 100000 次的操作损失分布			单位：万元	
在险值	VaR_{90}	VaR_{95}	VaR_{99}	$VaR_{99.5}$	$VaR_{99.7}$	$VaR_{99.9}$	$VaR_{99.99}$
	345763	440657	658370	749110	821445	979745	1223121
条件在险值	$CVaR_{90}$	$CVaR_{95}$	$CVaR_{99}$	$CVaR_{99.5}$	$CVaR_{99.7}$	$CVaR_{99.9}$	$CVaR_{99.99}$
	481880	576298	790423	882660	949898	1092948	1336986

2. 极值理论法实证

第二种思路，鉴于上述损失强度分布虽然部分分布无法拒绝原假设，但拟合效果并不理想（见表 4-5），考虑用极值理论方法来拟合损失强度尾部。

采用常用的 Hill 图法来确定阈值，见图 4-3。

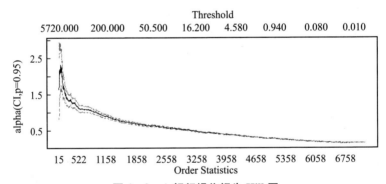

图 4-3　A 银行操作损失 Hill 图

由图 4-3 可知，Hill 图在 5720 与 200 之间达到了比较稳定的状态（略靠近 200），曲线转为比较平滑直线。鉴于图形观测法容易有较大主观偏差，笔者的思路是选择多个备选阈值，综合比较形状参数、尺度参数的偏差及最小负对数似然函数值及其变化，阈值选择在 400~500 之间比较稳定，见表 4-7。

表 4 – 7　　　　　　　　A 银行极值理论法备选阈值分析

估计参数	备选阈值					
	300	400	500	600	700	800
超阈数	857	673	537	466	407	359
阈值分位数	0.8811	0.9066	0.9255	0.9353	0.9435	0.9502
形状参数	0.6294	0.5935	0.4965	0.4873	0.4768	0.4754
尺度参数	420.83	517.51	681.21	739.64	802.14	855.46
形状参数方差	0.0585	0.0661	0.0676	0.0724	0.0774	0.0831
尺度参数方差	27.03	37.76	52.62	61.31	71.28	82.03
最小负对数似然函数值	6574.59	5277.90	4306.83	3771.47	3322.86	2953.43
估计参数	备选阈值					
	900	1000	1100	1200	1300	1400
超阈数	311	283	247	228	207	190
阈值分位数	0.9568	0.9607	0.9657	0.9684	0.9713	0.9736
形状参数	0.4136	0.4270	0.3566	0.3557	0.3317	0.3148
尺度参数	1005.36	1025.89	1216.47	1251.97	1352.38	1433.90
形状参数方差	0.0839	0.0902	0.0857	0.0888	0.0886	0.0886
尺度参数方差	98.37	107.71	126.91	135.49	149.02	160.77
最小负对数似然函数值	2589.63	2365.94	2089.65	1935.32	1768.05	1630.82

　　再对备选阈值在 400 ~ 500 进行细化，计算得出表 4 – 8 的相关估计参数。由表 4 – 8，综合考虑形状参数方差、尺度参数服从及最小负对数似然函数值，当阈值为 u = 445 时，对尾部分布影响最显著的形状参数方差最小，尺度参数方差增长较小，最小负对数似然函数值下降较快，因此可选择尾部阈值为 445。

表4-8　　　　　　　A银行极值理论法备选阈值分析（细分）

估计参数	备选阈值					
	415	430	445	460	475	490
超阈数	660	631	605	587	571	557
阈值分位数	0.9084	0.9124	0.9160	0.9185	0.9208	0.9227
形状参数	0.6132	0.5800	0.5494	0.5406	0.5337	0.5343
尺度参数	508.52	548.81	588.12	606.37	622.20	630.41
形状参数方差	0.0686	0.0680	0.0671	0.0677	0.0683	0.0695
尺度参数方差	38.23	41.32	44.24	46.14	47.93	49.29
最小负对数似然函数值	5177.28	4977.00	4795.81	4665.70	4548.74	4445.03

因此选择阈值 $u = 445$，由此采用极值理论中多数银行采用的广义帕累托方法，得出阈值，形状参数 $\xi = 0.5494$，尺度参数 $\beta = 588.12$，最小负对数似然函数值 $nllh = 4795.81$，阈值分位数 $q_u = 0.9160$。对于 $x > u$，记 $\lambda_u = 1 - P\{X \leqslant u\}$，则有尾部超额值分布的估计如式（4-5）所示：

$$\hat{F}(x) = \lambda_u \cdot G_{\xi, u, \beta}(x) + 1 - \lambda_u \qquad (4-5)$$

在假设超阈值独立，且超阈数和超阈值者相互独立的前提下，$\hat{F}(x)$ 服从广义帕累托分布，且形状参数保持不变，有学者数学推导得出了其位置参数和尺度参数为式（4-6）：

$$位置参数：\mu = u + \beta\xi^{-1}\left[(\lambda_u)^{\xi} - 1\right]$$

$$尺度参数：\sigma = \beta(\lambda_u)^{\xi} \qquad (4-6)$$

于是得到与 u 对应的 λ 如式（4-7）所示：

$$\lambda_u = \left(1 + \xi \cdot \frac{u - \mu}{\sigma}\right)^{-\frac{1}{\xi}} \qquad (4-7)$$

λ 就是超额损失的发生强度。

期望超额损失估计为式（4-8）：

$$\lambda_u E(X - u | X > u) = \left(1 + \xi \cdot \frac{u - \mu}{\sigma}\right)^{-\frac{1}{\xi}} \cdot \frac{\beta_u + \xi u}{1 - \xi} \qquad (4-8)$$

则在给定时期 T 内的操作风险资本总额可以表示为式（4-9）：

$$u_T + T \cdot \lambda_u E(X - u \mid X > u) = u_T + T \cdot \left(1 + \xi \cdot \frac{u - \mu}{\sigma}\right)^{-\frac{1}{\xi}} \cdot \frac{\beta_u + \xi u}{1 - \xi}$$

$$(4 - 9)$$

这里 u_T 是阈值。

实证分析，表 4 - 9 为两种备选操作风险超阈损失频率分布的拟合情况。可知，负二项分布更合适 A 银行操作风险极端损失频率分布。优选阈值后，采用损失频率为负二项 NB（1.0181，60.5218）分布，损失强度为常用的极值理论中的超阈值法，联合分布采用蒙特卡罗模拟，得表 4 - 10 为 A 银行操作损失极端值的模拟结果。

表 4 - 9　　　　A 银行操作风险超阈值损失频率分析

方法	泊松分布		负二项分布	
估计参数值	$\lambda = 60.5$		size = 1.018147	u = 60.521827
统计量	AIC = 385.35	BIC = 385.65	AIC = 106.22	BIC = 106.82
A – D 检验	AD：39.405	p：6e - 5	AD：0.8540	p：0.4406
K – S 检验	D：0.3988	p：0.0602	D：0.3121	p：0.2308

表 4 - 10　　　　A 银行模拟 100000 次的操作损失分布（极值法）　　　单位：万元

在险值	VaR_{95}	VaR_{99}	$VaR_{99.5}$	$VaR_{99.7}$	$VaR_{99.9}$	$VaR_{99.99}$
	50791	228104	304062	365700	506810	860403
条件在险值	$CVaR_{95}$	$CVaR_{99}$	$CVaR_{99.5}$	$CVaR_{99.7}$	$CVaR_{99.9}$	$CVaR_{99.99}$
	161000	348493	435402	505140	663910	1179576

根据表 4 - 10 采用常用的极值理论方法度量操作风险尾部，可以看出 A 银行需拨备约 51 亿元操作风险准备金。

3. 混合法实证分析

第三种方法为混合分布法。操作风险的本质特征导致其损失数据稀缺，极值理论仅适合分布尾部，我们希望找到一种既能较准确估计尾部特征，也能对主体分布较好刻画的模型，因为对操作风险的管理不仅是对极端损失的管理。数据总量本身就少，再将低于阈值的数据丢弃，超阈数更少，仅用少量数据估计参数，会导致结果稳定性问题比较严重。采用混合法，既可考虑尾部分布特征，也能有效利用所有数据，对分布的所有部分都描述刻画。其中，最常见、用得最多的是两阶段混合模型。

（1）混合模型简介。

混合模型的思路是一个模型包含几个部分，每部分是不同分布或不同分布参数的同一分布，用一个模型来描述数据全貌。理论上，只要混合的阶段足够多，混合模型可以描述各种不同形状的数据损失分布。混合分布的优势在于它适应实际应用中各种形状的损失分布。混合分布主要采用由数据驱动的方法，在有限个分布的前提下，设定拟合可接受的标准阈值，由数据拟合来确定有多少个分布。但这会导致模型对数据的依赖性很高，且分布个数越多，模型越复杂。因此，现实生活中一般为有限混合模型，最常见的为两阶段混合模型。

两阶段混合模型的关键点是确定阈值，以阈值为分界点将损失强度分布分为主体和尾部两部分。针对右侧尾部数据量极少的问题，一种解决方案是使用两种分布分别刻画主体和尾部，此方法也可称为两阶段模型。此方法在业界中较常见，被50%的采用高级计量法的银行所采用。此方法还能顺带解决数据直方图中的多峰问题，可是两种分布如何结合需要考虑。

笔者考虑采用一种"one-method-fits-all"的两阶段极值混合模型，同时考虑连接处是否有连续性约束，来刻画操作风险损失强度分布全貌，最终获得联合分布。

（2）极值混合模型。

极值混合模型也属于分阶段混合模型的范畴。两阶段极值混合模型一般包含两部分：第一部分是描述所有非极端值的数据的模型（称为主体模型）；第二部分是一个传统的超阈值模型用来描述尾部分布（称为尾部模型）。尾部模型可以用来描述上尾、下尾或双边尾部，这依赖于极值模型的应用关注点在哪里。

由于极值混合模型的尾部均为极值分布，因此对极值混合模型的分类，主要从阶段个数及主体模型分布来分类。可分为两阶段极值混合模型和多阶段极值混合模型。多阶段极值混合模型相对复杂度更高。从极值混合模型的主体分布看，极值混合模型可分为参数极值混合模型、半参数极值混合模型及非参数极值混合模型。

极值混合模型的优势在于:

第一,可以同时捕捉低于阈值的主体分布和高于阈值的上尾部分的分布。它考虑了所有可用的数据而不浪费任何信息。

第二,在传统极值理论中,阈值选择是一个非常具有挑战性的领域。对某些传统的阈值选择图形方法,研究人员建议了不同的阈值。这些多个阈值的选择可能导致阈值的双模式或多模式后验分布。在某些情况下,似乎可以找到很多可行的阈值(陆静等采用三种方法估计出三个相差较大的阈值)[1],不同的阈值选择会导致不同的尾部及相应的不同回报水平。而混合模型将阈值看作一个待估参数,由于阈值估计所导致的不确定性可以通过推理方法考虑在内。

第三,在过程中采用了贝叶斯推断应对困难的多模式似然估计推理。该方法的最主要优点在于它不仅提供了一个更自然的估计阈值的方法,而且考虑了阈值选择相关的不确定性。

极值混合模型的不足之处主要在于:主体部分和尾部部分共用阈值,两部分之间的鲁棒性需要重点关注;另外,同普通两阶段模型一样,对混合模型在阈值处的密度函数的连续性需要慎重考虑。

①参数极值混合模型。

参数极值混合模型的特点是主体部分采用参数模型,简单、灵活,是最简单的极端值混合模型。考虑操作风险分布偏峰厚尾的特点,本文主要采用上尾模型,尾部采用广义帕累托分布,主体模型采用参数模型,连接处为阈值。

贝伦斯等(Behrens et al.,2004)建立了一个极值混合模型,该模型采用一个截断伽马分布去拟合主体分布,广义帕累托分布对应尾部分布[2];阈值并非事先确定的,而是作为一个待估参数来拼接两个分布。他们也指出,主体模型可以是任何参数分布,如伽马、威布尔或正态分布,也可以考虑其他参数、半参数或非参数形式的分布来拟合主体分布,这样,混合模型可以将主体分布扩展至各种形式,如式(4-10)

63

---

① 陆静、张佳:《基于极值理论和多元 Copula 函数的商业银行操作风险计量研究》,载于《中国管理科学》2013 年第 3 期,第 11 ~ 19 页。

② Behrens C N, Lopes H F, Gamerman D. Bayesian Analysis of Extreme Events with Threshold Estimation. *Statistical Modelling*, Vol. 4, No. 3, October 2004, pp. 227 - 244.

所示。

$$F(x \mid \eta, u, \sigma_u, \xi) = \begin{cases} H(x \mid \theta), & y \leq u \\ H(u \mid \theta) + [1 - H(x \mid \theta)] G(x \mid u, \sigma_u, \xi), & y > u \end{cases}$$

$$(4-10)$$

这里 $H(x \mid \theta)$ 代表主体模型，$G(\cdot \mid u, \sigma_u, \xi)$ 代表了广义帕累托（GPD）函数。$1 - H(x \mid \theta)$ 为常用极值尾部建模的尾部部分。

将该思路拓展至其他混合分布，考虑不同的主体分布，可得多种主体形式的参数极值混合模型。如主体形式为正态、威布尔、对数正态、伽马、帕累托分布等。其中，混合帕累托模型主体为帕累托分布，尾部为广义帕累托分布，γ 为正态化常量，$\gamma = H(u \mid \mu, \sigma) + 1$，如式（4-11）所示：

$$F(x \mid \mu, \beta, \xi) = \begin{cases} \dfrac{1}{\gamma} h(x \mid \mu, \sigma), & x \leq u \\ \dfrac{1}{\gamma} [H(u \mid \mu, \sigma) + G(x \mid u, \sigma_u, \xi)], & x > u \end{cases}$$

$$(4-11)$$

②半参数极值混合模型。

对于半参数极值混合模型，其思路是主体部分为有限个混合参数分布，而尾部为广义帕累托分布。那西门托等（Nascimento et al., 2011）建立了一种半参数贝叶斯方法，主体分布为混合伽马分布，尾部为广义帕累托分布[①]。笔者认为，由于主体分布可包含一定数量的伽马分布，其主体分布的灵活性相对参数分布可能更强。笔者模拟了主体部分为两个伽马分布的情况，但笔者并未从理论上或实证证明如果模型被误设置，即主体不适合采用伽马分布，它是否仍具有足够的灵活性。如式（4-12）所示：

$$f(x \mid \theta, u, \sigma_u, \xi) = \begin{cases} h(x \mid \theta), & y \leq u \\ [1 - H(u \mid \theta)] g(x \mid u, \sigma_u, \xi), & y > u \end{cases}$$

$$(4-12)$$

其中，$H(\cdot \mid \theta)$ 为主体的伽马混合分布，$h(x \mid \theta) = \sum_{i=1}^{k} p_i \times$

① Nascimento F F, Gamerman D, Lopes H F. A Semiparametric Bayesian Approach to Extreme Value Estimation. *Statistics and Computing*, Vol. 22, No. 2, August 2011, pp. 661 –675.

$h(x \mid \alpha_i, \eta_i)$，$\theta$ 代表伽马分布的形参 $\alpha = (\alpha_1, \cdots, \alpha_k)$ 及均值 $\eta = (\eta_1, \cdots, \eta_k)$。$p_i \subset [0, 1]$，$\sum_{i=1}^{k} p_i = 1$。

把那西门托等的思路扩展，主体部分也可以扩展至其他有限个混合参数分布，如指数分布等，但同样计算过程非常复杂，计算量很大。未来也可将主体部分设置为有限个不同的参数分布形式的组合。

在半参数极值混合模型中，首先需要确定的是主体分布中有多少个参数模型，怎么确定。需要预设分布个数、参数值、权重，主体模型对预设参数值非常敏感，过程中采用了贝叶斯方法，计算、迭代过程比较耗时。

③非参数极值混合模型。

麦克唐纳等（2011）对主体部分建立了一个标准的核密度估计，尾部为广义帕累托分布模型[①]。作者的目标是提供一个更灵活的极值分析框架，提供一个非常有效的方法去估算数据结构而不进行特定的参数形式的假设，不强加任何参数形式限制模型。分布函数被定义为式 (4-13)：

$$F(x \mid X, \lambda, u, \sigma_u, \xi, \phi_u) = \begin{cases} H(x \mid X, \lambda), & x \leqslant u \\ (1-\phi_u) + \phi_u \times G(x \mid u, \sigma_u, \xi), & x > u \end{cases}$$

$$(4-13)$$

其中，$\phi_u = 1 - H(u \mid X, \lambda)$，可转化为式 (4-14)：

$$F(x \mid X, \lambda, u, \sigma_u, \xi, \phi_u) = \begin{cases} (1-\phi_u) \dfrac{H(x \mid X, \lambda)}{H(u \mid X, \lambda)}, & x \leqslant u \\ (1-\phi_u) + \phi_u \times G(x \mid u, \sigma_u, \xi), & x > u \end{cases}$$

$$(4-14)$$

其中，$H(\cdot \mid X, \lambda)$ 是核密度估计的分布函数，λ 是带宽。传统核密度估计被定义为 $h(x; X, \lambda) = \dfrac{1}{\lambda} \sum_{i=1}^{n} K\left(\dfrac{x - x_i}{\lambda}\right)$，$K(\cdot)$ 为核函数。

在具体分析时，可以设置带宽初始值由最小化渐进平均积分平方误差来确定。比如，带宽函数被设定为正态分布，则初始的最佳带宽选择设定为：$\lambda_0 = \left(\dfrac{4\hat{\sigma}^5}{3n}\right)^{1/5}$（Silverman 法则）。这里，n 为低于阈值的数据数

---

① MacDonald A, Scarrott C J, Lee D, et al. A Flexible Extreme Value Mixture Model. *Comp. Statist. Data Anal.*, Vol. 55, No. 6, June 2011, pp. 2137 - 2157.

量，$\hat{\sigma}$ 为低于阈值的数据的标准差。然后，可进行马尔科夫蒙特卡罗（MCMC）模拟估计各参数。

（3）连接处连续性约束。

为解决混合模型在阈值处密度函数的连续性问题，卡洛等（Carreau et al.，2009）对混合帕累托分布的尾部尺度参数用其他参数替代，将原先模型的 n 个参数改为 n－1 个参数，在广义帕累托分布和主体分布的阈值处设置一个单一性连续性约束[①]。

将该思想扩展至其他主体分布，以 Norm—GPD 模型为例，令 h(· | μ, β)，g(· | u, σ_u, ξ) 分别为正态分布和广义帕累托分布的密度函数，阈值处的单一连续性约束设置为式（4 - 15）：

$$(1 - \phi_u)\frac{h(u|\mu, \beta)}{H(u|\mu, \beta)} = \phi_u(u|u, \sigma_u, \xi) \qquad (4-15)$$

在阈值处，使两部分相等，$(1 - \phi_u)\frac{h(u|\mu, \beta)}{H(u|\mu, \beta)} = \frac{\phi_u}{\sigma_u}$，则有式（4 - 16）：

$$\sigma_u = \frac{\phi_u H(u|\mu, \beta)}{(1 - \phi_u)h(u|\mu, \beta)} \qquad (4-16)$$

ϕ_u 是高于阈值的利用样本比例进行估计的一个额外参数。

该推导思路可扩展至主体分布为其他分布的模型，本文不再赘述。

（4）极值混合模型实证分析。

鉴于半参数、非参数极值混合模型计算过程非常复杂，计算复杂度很大，需要大量的计算时间；而且，对厚尾分布，非参数极值混合模型带宽容易被高估。因此，本章的实证分析主要考虑参数极值混合模型，半参数极值混合模型仅考虑混合帕累托极值混合模型，非参数极值混合模型仅考虑主体分布为标准核密度估计的方法。

对操作风险损失强度，利用数据驱动的思路建立两阶段极值参数混合模型。鉴于事先设定阈值会导致结果对阈值的敏感性太强，避免阈值设置不合理导致偏差太大，采用非固定阈值法进行模型拟合。其优点是为避免由于图形法阈值选择会产生较大偏差，不预先设定阈值，而是通过数据驱动变阈值法择优确定阈值。具体方法见斯卡洛特等（Scarrott

---

① Carreau J, Bengio Y. A Hybrid Pareto Model for Asymmetric Fat-tailed Data: the Univariate Case. *Extremes*, Vol. 12, No. 1, March 2009, pp. 53 - 76.

et al.，2012）和李等（Lee et al.，2012）。因此，备选分布主要是考虑主体分布为何种分布。

表4-11为备选两阶段极值混合模型，其中，主体为混合帕累托分布、尾部为广义帕累托分布的模型为半参极值混合模型，主体为核密度模型、尾部为广义帕累托模型的为非参数极值混合模型。采用拟合分析结果的最小负对数似然函数值（NLLH）来判断模型拟合结果。这里，表4-12中NLLH最小的为LNMGPD模型（对数正态—广义帕累托混合模型），因此择优选择作为操作风险损失强度分布。

表4-11 损失强度建模拟合备选两阶段模型

模型简写	主体分布	尾部分布	连接处
NMGPD	正态分布	广义帕累托分布	未进行阈值连接处限制
LNMGPD	对数正态分布	广义帕累托分布	未进行阈值连接处限制
WEIBGPD	威布尔分布	广义帕累托分布	未进行阈值连接处限制
GAMGPD	伽马分布	广义帕累托分布	未进行阈值连接处限制
HPRTGPD	混合帕累托分布	广义帕累托分布	未进行阈值连接处限制
KDENGPD	核密度估计	广义帕累托分布	未进行阈值连接处限制
WEIBGPDC	威布尔分布	广义帕累托分布	进行了阈值连接处连续性限制
LNMGPDC	对数正态分布	广义帕累托分布	进行了阈值连接处连续性限制
NMGPDC	正态分布	广义帕累托分布	进行了阈值连接处连续性限制
GAMGPDC	伽马分布	广义帕累托分布	进行了阈值连接处连续性限制
HPRTGPDC	混合帕累托分布	广义帕累托分布	进行了阈值连接处连续性限制
KDENGPDC	核密度估计	广义帕累托分布	进行了阈值连接处连续性限制

表4-12 非固定阈值的损失强度模型拟合结果

模型	NMGPD	GAMGPD	WEIBGPD	LNMGPD	HPRTGPD	KDENGPD
n	7206	7206	7206	7206	7206	7206
阈值	1.0601	200.0004	376.45	378.22	363.67	376.18
NLLH	34333	31453	31207	31100	57107	32750
Nmean/lnmean/shape	1.5038	0.2458	0.3319	1.7594	1153.40	—

模型	NMGPD	GAMGPD	WEIBGPD	LNMGPD	HPRTGPD	KDENGPD
Nsd/lnsd/scale	1.0522	365.37	28.50	3.6402	602.34	0.1874 带宽
尾尺度参数	20.46	365.38	477.34	477.31	1604.70	477.28
尾形状参数	1.5429	0.6165	0.6217	0.6226	−0.0700	0.6211
PHIU	0.6634	0.1384	0.0949	0.1256	0.6111	0.1002
模型	NMGPDC	GAMGPDC	WEIBGPDC	LNMGPDC	HPRTGPDC	KDENGPDC
n	7206	7206	7206	7206	7206	7206
阈值	0.0102	305.05	376.45	60.38	328.16	375.50
NLLH	32569	31522	31207	31132	56998	32750
Nmean/lnmean/shape	0.0375	0.2340	0.3323	1.8993	81.01	—
Nsd/lnsd/scale	0.0129	470.93	28.59	3.8432	590.12	0.1874 带宽
尾尺度参数	0.2943	276.38	481.04	194.23	1614.80	467.40
尾形状参数	3.8298	0.8754	0.6169	0.7683	−0.0701	0.6323
PHIU	0.9826	0.1101	0.0949	0.29834	0.6016	0.1002

通过对比表 4－12 最终选择分布与其他备选分布的参数拟合估计结果，与其他多数备选分布估计的阈值相差很小，好几种方法的阈值均在 370 上下。虽然没有事先通过图形法等方法确定阈值，通过数据进行变阈值拟合分析，半数以上的模型拟合的阈值比较相近，因此认为，变阈值拟合选择模型是可行的。

根据最小负对数似然函数值（NLLH），选择主体分布为对数正态而尾部为广义帕累托分布，拟合效果最好。但考虑阈值连续性限制问题的阈值分位数较低，且其尾部参数估计值的方差较大，不够稳定，因此其拟合效果可能不够稳定。主体分布为威布尔分布的极值混合模型，无论是否考虑分布连续性限制问题，拟合效果略低于主体分布为对数正态分布的极值混合模型，其次为主体分布为伽马分布的极值混合模型。

非参数极值混合模型仅考虑了主体分布采用标准核密度估计而尾部分布为广义帕累托分布的情况，拟合效果排第四位；主体分布为正态分布而尾部分布为广义帕累托分布的极值混合模型，均拟合成左尾分布，尾部形状参数都大于 1，难以收敛。半参数极值混合模型，仅考虑了主体为混合帕累托分布，而尾部为广义帕累托分布的情况，其拟合效果不佳。

因此，尽管半参数和非参数极值混合分布相比参数极值混合模型更灵活、更敏感，但也更复杂，计算过程复杂度很大，需要大量的计算时间，且存在多参数之间的相互影响，拟合效果并非越复杂的模型越好，适合的才是最好的。

表 4 - 13 为采用极值混合法模拟 100000 次的 A 银行操作风险损失。图 4 - 4 为几种极值混合法模拟损失分布图。

表 4 - 13　　　　　极值混合法模拟的操作损失分布　　　　单位：万元

	VaR_{95}	VaR_{99}	$VaR_{99.5}$	$VaR_{99.7}$	$VaR_{99.9}$	$VaR_{99.99}$
LNMGPDC	525291	951856	1280587	1714037	3586469	15206581
	$CVaR_{95}$	$CVaR_{99}$	$CVaR_{99.5}$	$CVaR_{99.7}$	$CVaR_{99.9}$	$CVaR_{99.99}$
	992339	2311601	3533372	4910316	10047730	42039588
LNMGPD	VaR_{95}	VaR_{99}	$VaR_{99.5}$	$VaR_{99.7}$	$VaR_{99.9}$	$VaR_{99.99}$
	483930	759089	908295	1026262	1373132	4092556
	$CVaR_{95}$	$CVaR_{99}$	$CVaR_{99.5}$	$CVaR_{99.7}$	$CVaR_{99.9}$	$CVaR_{99.99}$
	685082	1098501	1374156	1648569	2610588	7431337
WEIBGPD	VaR_{95}	VaR_{99}	$VaR_{99.5}$	$VaR_{99.7}$	$VaR_{99.9}$	$VaR_{99.99}$
	392886	615136	723251	810000	1138935	3715996
	$CVaR_{95}$	$CVaR_{99}$	$CVaR_{99.5}$	$CVaR_{99.7}$	$CVaR_{99.9}$	$CVaR_{99.99}$
	557241	994554	1325257	1698512	3232802	16277212
WEIBGPDC	VaR_{95}	VaR_{99}	$VaR_{99.5}$	$VaR_{99.7}$	$VaR_{99.9}$	$VaR_{99.99}$
	396267	615628	726476	810380	1095630	3144588
	$CVaR_{95}$	$CVaR_{99}$	$CVaR_{99.5}$	$CVaR_{99.7}$	$CVaR_{99.9}$	$CVaR_{99.99}$
	553999	861757	1058693	1253497	1941451	5375053
GAMGPD	VaR_{95}	VaR_{99}	$VaR_{99.5}$	$VaR_{99.7}$	$VaR_{99.9}$	$VaR_{99.99}$
	382826	599095	715687	803575	1057296	4251908
	$CVaR_{95}$	$CVaR_{99}$	$CVaR_{99.5}$	$CVaR_{99.7}$	$CVaR_{99.9}$	$CVaR_{99.99}$
	543865	879112	1110228	1346043	2246540	7596008

续表

GAMGPDC	VaR_{95}	VaR_{99}	$VaR_{99.5}$	$VaR_{99.7}$	$VaR_{99.9}$	$VaR_{99.99}$
	544501	1196624	1923092	2831793	7082986	56129074
	$CVaR_{95}$	$CVaR_{99}$	$CVaR_{99.5}$	$CVaR_{99.7}$	$CVaR_{99.9}$	$CVaR_{99.99}$
	1772771	5905457	10325850	15661898	38473625	220225347

年度损失：万元　　　　　　　　　操作风险极值混合模拟图

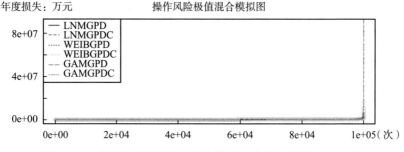

图 4-4　A 银行操作风险极值混合模型（六种）模拟 100000 次

　　由图 4-4 可以看出，6 种拟合效果较好的极值混合模型模拟，都体现了银行操作风险尾部厚尾的特征，尾部极端值极大，非预期损失严重。

　　总体而言，主体分布为对数正态分布，尾部分布为广义帕累托分布且不考虑阈值连续性问题的混合模型，主体分布为威布尔分布，尾部分布为广义帕累托分布，无论是否考虑阈值处连续性问题的混合模型、主体分布为伽马分布，尾部分布为广义帕累托分布，不考虑阈值处连接性的混合模型，拟合结果比较近似，因此笔者认为采用极值混合模型估计 A 银行操作风险，大约需拨备 106 亿～137 亿元的操作风险准备金，方可抵御千年一遇的极端风险。

　　采用极值混合模型，显然模型稳定性略高于普通的极值理论模型。这在一定程度上说明了尽管极值理论具有超越样本的估计能力[1]，但当极端值较少时，模型估计不够稳定，尤其是阈值选择对模型最终估计结果影响较大，需慎重使用。

---

　　[1]　高丽君、李建平、徐伟宣等：《基于 POT 方法的商业银行操作风险极端值估计》，载于《运筹与管理》2007 年第 1 期，第 112～117 页。

4.4　新标准法

鉴于《巴塞尔资本协议 Ⅱ》所提出的操作风险监管方法在全球金融危机中表现不佳，有的欠缺风险敏感性、有的不够稳定且度量复杂，遭受了较多争议，2014 年起，巴塞尔委员会开始研究寻找更稳健、更简单、更可比的且具有风险敏感性的监管方法。2017 年底，巴塞尔委员会决定采用新标准法来度量操作风险监管资本，以唯一一种方法代替其他三大类方法，并规定该方法的实施日期为 2023 年 1 月 1 日。

根据 A 银行第 $t-2$ 年，第 $t-1$ 年及第 t 年的年报信息获得相关利息收入/支出、生息资产、分红收入、其他营业收入/支出，交易性证券净收益、投资性证券净收益等信息，算得：

$SC = 36023.66$

$FC = 2340$

A 银行第 $t-2$ 年，第 $t-1$ 年及第 t 年的平均年业务规模为 155487.26 百万人民币，居于 10 亿～300 亿欧元之间，第 t 年人民币与欧元的平均汇率约为 9.9880，因此：

$BIC = 1 \times 12\% + (155487.26/9.988 - 1) \times 15\% \approx 23.051$（亿欧元）

$BIC \approx 230.23449$（亿元人民币）

A 银行第 $t-9$ 年，…，第 $t-1$ 年及第 t 年的平均年操作损失乘以 15 后为：$LC = 194.8310$（亿元人民币）

$(LC/BIC)^{0.8} = 0.8750$

$ILM = 0.9529$

则 $ORC = BIC \times ILM = 219.3851$（亿元）

4.5　多种方法的对比

比较在巴塞尔协议框架下的基本指标法、标准法、替代标准法及新标准法的计量结果，可知：基本指标法下需计提 197.1415 亿元人民币，标准法下需计提 202.6824 亿元人民币，替代标准法下需计提 179.9006 亿元人民币或 191.134 亿元人民币,新标准法下需计提 219.3851 亿元人民币。

总体而言,巴塞尔协议框架下的几种方法计算结果相差不大,新标准法下的结果值最大,除风险敏感的高级度量法外,其他巴塞尔委员会提出的方法,A 银行在第 t 年需计提操作风险监管资本金大致在 180 亿 ~ 220 亿元人民币区间内,但具体哪个方法计算更为准确? 其实很难说清楚。

比较新标准法与学术界提出的方法,常用的损失分布法下参数模型下计量结果为 97.97 亿元人民币,常用极值理论方法下计量结果为 50.68 亿元人民币,混合极值模型法下计量结果为 106 亿 ~ 137 亿元人民币,显然,采用高级计量法下 A 银行第 t 年的操作风险监管资本金总体计提额较低,在 50 亿 ~ 137 亿元人民币之间,多数集中在 98 亿 ~ 137 亿元人民币。虽然最大值与最小值的差距较大,但不同的模型有不同的假设,这些结果都是可以接受的。李建平等(2013)采用多种方法,分析在 99.9% 的置信水平下一年期中国商业银行操作风险 VaR 的范围在 1000 亿 ~ 2500 亿元人民币(被中国银监会认可,有银监会批示),而本章考察的是 A 银行某年度操作风险,考虑 A 银行的规模及不同银行间操作风险可能存在较大的相关性,99.9% 的置信水平下一年期某家中国大型商业银行操作风险 VaR 的范围在 100 亿 ~ 220 亿元人民币,这样的结果是比较合理的。

4.6 本章小结

本章以国内某大型商业银行过去某十年的内部操作损失内部数据为基础,分别采用巴塞尔委员会提出的集中方法度量该银行的操作风险监管资本,结果表明:巴塞尔协议框架下的几种方法计算结果相差不大,新标准法下的结果值最大,在巴塞尔所提出的风险较不敏感方法下,A 银行在第 t 年需计提操作风险监管资本金总体在 180 亿 ~ 220 亿元人民币。这也在一定程度上验证了巴塞尔协议提出的几种方法的稳定性。

同时以学术界推荐损失分布法框架下的几种高级计量法方法度量 A 银行操作风险资本金:高级计量法下的方法其结果相对较低,在 50 亿 ~ 137 亿元人民币之间,多数集中在 98 亿 ~ 137 亿元人民币。因此可以认为采用高级计量法具有一定的降低银行操作风险监管资本的作用。

其中，笔者认为采用极值混合模型进行度量，从模型参数标准差及多种极值混合方法的比较来看，极值混合模型方法比较稳定，从一定程度上避免了普通极值法因阈值确定采用图形直观观察法导致阈值不够精确及超阈值数过少导致的参数敏感性太大，结果不稳定的不足。本算例中采用双层多备选阈值比较法选择阈值，阈值选择可以避免多峰问题，结果也更稳定些。

采用 A 银行内部数据用多种方法度量，比较结果及学术界采用外部数据度量中国银行业操作风险的结果①，笔者认为，在 99.9% 的置信水平下一年期某家中国大型商业银行操作风险 VaR 的范围在 100 亿 ~ 220 亿元人民币，结果比较合理。但具体哪种方法更有效，因为之前中国监管机构采用的度量方法是不敏感的，而学术界因内部数据难以获得，采用的多为外部数据，外部数据具有内生偏差，连"中国银行业操作风险究竟有多大"这个问题都难以回答，因此哪种方法更有效这个问题目前很难定论，需要新标准法具体实施后检验效果。

---

① 李建平等（2013）的结果获得中国银监会批示认可。

第5章　第二支柱下的操作风险管理

5.1　第二支柱概述

巴塞尔委员会认识到银行持有的资本金与其风险之间的关系，与银行风险管理和内部控制程序的力度和有效性之间的关系。然而，配置操作风险资本金不应被视为解决银行面临的操作风险的唯一途径。它只是风险监管中，在其他风险管理措施未能奏效的情况下的最后一道防线，还必须考虑其他应对风险的手段。

第二支柱的监管评估程序确保银行有足够的资本及流动资金，以应对业务上的所有风险，特别是第一支柱程序未能充分掌握的风险，并鼓励良好的风险管理。同时要鼓励银行开发运用更好的风险管理技巧，以监管风险。

第二支柱下主要处理三类范畴：

第一，第一支柱下考虑的风险未能完全纳入第一支柱的程序；

第二，第一支柱程序未能考虑的因素（例如：银行账簿、业务及策略性风险）；

第三，银行的外在因素（例如：业务周期效应）。

第二支柱的另一个重要方面是评估第一支柱中较先进方法是否有遵守最低标准和披露要求的执行情况。监督人员必须确保这些要求得到满足，无论是作为资格标准，还是作为持续运营的基础。虽然《巴塞尔资本协议Ⅲ最终改革方案》取消了高级计量法在监管机构的应用，以新标准法作为唯一的银行操作风险监管资本金度量方法，但这绝不意味着标准和披露要求被弱化，相反，巴塞尔委员会对标准和披露的要求在加强。

在第二支柱中，巴塞尔委员会明确了银行管理层及监管机构的责任。对银行而言是内部监管，制订内部资本评估程序，并根据银行自身的风险状况、监控环境制定相称的资本目标，以确保其有足够的资本来应对核心最低要求以外的风险。

监管机构的责任是作为外部监管方，要对银行在评估其资本需求与风险之间关系方面的表现进行评估，并在适当情况下进行干预，在发现不足之处时，迅速采取果断行动，减少风险或恢复资本。因此，建议中国银保监会及其派出机构要促进与银行的积极对话，及时采取干预措施，更多地关注那些有风险状况或操作风险经历、值得关注的银行。

5.2　第二支柱的四大原则

实施第二支柱的要求，需要遵循四大原则。

5.2.1　原则一

银行评估资本充足的程序。银行应建立一个评估其整体资本充足程度的程序，以及维持其资本水平的策略。银行必须提供充分依据来证明其所选择的内部资本目标是合理的，这些目标是符合其整体风险状况和当前经营环境的。在评估资本充足程度时，银行管理层需要留意银行经营所处的商业周期的特定阶段。为了能预见到可能会对银行造成不利影响的事件或市场环境的变化，银行应进行严格的、前瞻性的压力测试。

严格程序需满足五个特点。

1. 董事会和高级管理层监督

董事会和银行管理层应该了解银行产品、服务、活动和系统组合所固有的风险的性质和复杂性，这是良好风险管理的基本前提。这对操作风险来说尤其重要，因为操作风险是所有业务产品、活动、流程和系统所固有的。

董事会的职责要确保操作风险管理流程受到全面和动态的监督，并充分融入或协调整个企业的所有风险管理总体框架；向高层管理人员提供有关管理层实施基本原则的明确指导，并批准高层管理人员制定的符合这些原则的相应政策；定期检查及评估储备金的成效，并批准储备金，以确保银行已确定及正在管理因外围市场变化及其他环境因素而引致的操作风险，以及与新产品、活动、程序或系统有关的营运风险，包括风险简介及优先次序的改变（例如：业务量的改变）；确保银行的财务管理接受第三道防线（审计或其他经过适当培训的来自外部的独立第三方）的有效独立审查；确保管理层能充分利用最佳做法的改进。

强有力的内部控制是操作风险管理的一个重要方面。董事会应建立明确的管理责任和问责制，以实施强有力的控制环境。控制应定期检查、监测和测试，以确保持续有效性。控制环境应使操作风险管理、业务单位和支援职能之间有适当的独立性/职责分离。

2. 健全的风险管理体系

银行应制订、推行及维持一套完全融入银行整体风险管理程序的操作风险管理架构。个别银行所采用的标准或准则，会考虑一系列因素而定，包括银行的性质、规模、复杂程度及风险状况等。

透过第一道防线及第二道防线（包括第二道防线的独立性）检查操作风险管理制度及相关管治程序的设计及实施情况。

第一道防线应将操作风险管理框架的组成部分充分纳入银行的整体风险管理流程，第二道防线应对其进行充分审查和质疑，第三道防线应对其进行独立审查。操作风险管理框架应该嵌入组织的所有层次，包括团队和业务单位，以及新业务项目的产品、活动、流程和系统。此外，银行的操作风险评估结果应纳入其整体业务策略制定过程。

（1）健全的风险管理体系的基本要素。

①健全的风险管理体系的基本要素包括：

第一，旨在确保银行确定、衡量和报告所有重大风险的政策和程序。

第二，将资本与风险水平联系起来的程序。

第三，与风险资本充足目标有关的程序需要根据银行的战略重点和业务计划来制定。

第四，内部控制、审查和审计程序，以确保整个管理程序的完整性。尽管并非所有风险都能精确衡量，但应该制定一个程序来评估风险。

②健全的风险管理体系的主要特征：

第一，主动的董事会和高级管理层监督；公司管理层应在董事会批准的政策中全面、适当地记录公司管理层的责任，包括操作风险和经营亏损的定义。如果银行不对操作风险和损失风险敞口进行准确描述和分类，可能会大大降低其金融资产管理的有效性。

第二，适当的政策、程序和限制。

第三，全面及时地识别、衡量、减轻、控制、监测和报告风险。

第四，在业务和整个公司层面建立适当的管理信息系统。

第五，全面的内部控制。

（2）风险管理方案。

风险管理方案应包括详细的政策，对与银行活动有关的主要风险规定具体的公司范围的谨慎限度。与操作风险有关的包括：银行应根据严谨措施制定一个操作风险管理框架，评估其操作风险资本充足程度。这个框架应表明银行的风险承受能力和操作风险，包括操作风险转移到银行外的方式和程度。在这个框架中还应列明，如果银行未能妥善管理操作风险，可能会导致的错误描述进而使银行蒙受重大损失的情况。

3. 全面的风险评估

为加强对银行估值方法的监管评估，巴塞尔委员会于 2009 年 4 月发表了《评估银行金融工具公允价值方法的监管指引》①，这份指引适用于所有以公允价值计量的头寸，而且无论何时都适用。

作为有效的操作风险管理系统的基本特征的内容之一，风险识别和评估直接有助于提高业务复原能力。有效风险识别既考虑内部因素，也考虑外部因素。合理的风险评估可以使银行更好地了解其风险状况，并最有效地分配风险管理资源和战略。

由于复杂结构性产品的特点，其估值本身难以进行，估值必须依赖模型或代理定价方法，以及专家判断。这些模型的结果对输入及参数假设具有高度敏感性，专家判断要考虑专家选择及专家的主观性影响，假

---

① Basel Committee on Banking Supervision. Supervisory Guidance for Assessing Banks' Financial Instrument Fair Value Practices. Basel：Bank for International Settlements，April 2009.

设及输入要素本身可能有偏差，导致模型结果可能偏差很大。此外，估值方法的校准往往因缺乏现成的基准而变得复杂。因此，要求银行应有足够的估值治理结构和控制程序，治理结构和控制流程应嵌入银行的整体治理结构，并与风险管理和报告目的保持一致，对风险敞口进行公平估值。

治理结构和流程应明确涵盖董事会和高级管理层的作用。此外，高级管理层应及时向审计委员会提交高级管理层解决的估值监督和估值模式业绩问题的报告，以及估值政策的所有重大变化。应将批准估值方法的文件详细记录在案。

4. 监测和报告

操作风险报告应通过提供内部财务、运营和合规指标，以及与决策相关的外部市场或环境信息，描述银行的操作风险概况。

（1）改善风险数据汇总能力和风险报告程序。

巴塞尔委员会认为，改善风险数据汇总能力和风险报告程序所带来的长远利益，将超过银行的投资成本。加强银行的风险数据汇总能力（包括对银行风险管理至关重要的数据）和内部风险报告，有助于提高银行处置能力，可以增加银行的价值：

第一，加强汇报主要资料的基础设施，特别是董事会及高级管理层用以识别、监察及管理风险的基础设施；银行应该有一个强有力的管治框架、风险数据结构和信息技术基础设施。

第二，改善整个银行机构的决策程序。

第三，加强各法律实体的资料管理，同时促进综合风险评估。

第四，减低风险管理薄弱环节所引致损失的机会和严重程度。

第五，提高获取资料的速度。

第六，提高机构的策略规划质量和管理新产品及服务风险的能力。

这些原则不仅适用于操作风险，也适用于所有主要的内部风险管理模型，第一支柱的监管资本模型、第二支柱的资本模型和其他主要的风险管理模型均适用。风险管理报告的质量依赖于风险数据汇总能力，二者相互关联，不能孤立存在。健全的基础设施和治理确保信息流动。银行应同时满足所有风险数据汇总和风险报告原则。

然而在例外情况下，例如紧急/特别要求提供关于新的或未知风险领域的信息，可以在各项原则之间进行权衡取舍。银行应制定相关政策和程序权衡利弊，并通过定性报告或量化措施，解释这些权衡对其决策过程的影响。具体而言，高级管理层实施所有风险数据汇总和风险报告原则的所有权，银行董事会监督。

银行应具备风险预警能力，对可能超出银行风险承受能力的潜在风险提供前瞻性的风险预警报告。根据风险管理报告，进行前瞻性的风险评估及灵活有效的压力测试，提前预料到可能的问题，进行前瞻性的风险评估。

对于不完整的数据，可以利用专家判断促进汇总过程，以及解释风险报告过程中的结果。但只能在例外的基础上依赖专家判断代替完整和准确的数据，且其不应对银行所遵守的原则产生重大影响。在适用专家判断时，应对程序进行明确的记录和体现透明度，以便对所遵循的程序和决策过程中使用的标准进行独立审查，这包括整理、合并或分解数据集。

（2）有效的风险数据汇总和风险报告的原则①。

该原则涵盖四个密切相关的主题，概述如下：

①总体治理和基础设施（原则1~2）。

原则1：治理——银行的风险数据汇总能力和风险汇报做法，应在巴塞尔委员会制定的统一原则与指导方案基础下，遵守、执行一致的强有力的治理安排。

原则2：数据结构和基础设施——银行应设计、建设和维护数据结构和基础设施，充分支持其风险数据汇总能力和风险汇报做法，同时仍然符合其他原则。

②风险数据汇总能力（原则3~6）。

原则3：准确及完整——银行应能提供准确及可靠的风险数据，以符合正常及压力/危机报告的准确性要求。数据应尽可能在自动化的基础上进行汇总，尽量减少出错的可能性。

原则4：完整性——对整个银行集团的所有重大风险数据，银行应能够获取和聚合。数据应按业务类别、法律实体、资产类别、行业、区域和其他组别提供，以便确定和报告风险承担、集中程度和新出现的

---

① Basel Committee on Banking Supervision. Principles for Effective Risk Data Aggregation and Risk Roports. Basel：Bank for International Settlement，January 2013.

风险。

原则5：及时性——银行应能及时生成累计和最新的风险数据，同时满足有关准确性和完整性、完整性和适应性的原则。按照所度量的风险对银行整体风险状况的重要性、风险性质和潜在波动性来确定风险报告及汇总的准确时间。同时，根据银行在正常情况及压力/危机情况下对风险管理报告的特定频率要求，确定准确的时间，而报告频率须根据银行特性及整体风险状况来确定。

原则6：适应性——银行应能够收集整体风险数据，以应付各种即时及特别的风险管理报告要求，包括在紧张/危机情况下提出的要求、因内部需要改变而提出的要求，以及应付监管查询的要求。

③风险报告做法（原则7~11）。

原则7：准确性——风险管理报告应准确，准确地传达总体风险数据，并准确地反映风险，报告应核对并验证。

原则8：全面性——金融机构的风险管理报告应涵盖组织内的所有重大风险领域。应根据银行业务的规模和复杂程度、风险状况，以及报告接收者的要求来确定报告的深度和广度。

原则9：清晰、有用——风险管理报告应易于理解同时又足够全面，以清晰、简洁的方式传达信息，以利于报告阅读者作出知情的决策。报告应包括风险数据、分析和解释以及定性解释之间的适当平衡。报告应包含满足接收者需要的有意义的资料。

原则10：频率——风险管理报告的形成和发送频率是由银行董事会和高级管理层确定的。报告的频率要能体现出报告接收者的需要、符合风险报告的性质、体现风险变化的速度，反映出报告对健全银行风险管理和有效决策的重要性。在银行相对紧张或危机时期，应该增加报告的频率。

原则11：分发——制定程序，及时向有关各方发送报告。要有相应反馈机制，确认有关接收者及时收到报告，同时确保保密性。

风险数据汇总与风险报告的保障包括银行董事会和高级管理层应促进识别、评估和管理数据质量风险，将其作为整体风险管理框架的一部分。

银行董事会和高级管理层应审查和批准银行的集团风险数据汇总和风险报告框架，并确保分配足够的资源。董事会应明确考虑对风险数据汇总的影响，风险数据聚合能力应该独立于银行就其法律组织和地理存在所作的选择，集团结构不应妨碍风险数据在一个统一的水平或在组织内的任何相关水平的聚合能力。

银行的高级管理层应充分认识和了解阻碍全面风险数据汇总的局限性，包括覆盖范围、技术术语或法律术语。高级管理层应确保银行的信息技术战略包括改进风险数据汇总能力和风险报告做法的方法，并根据业务不断变化的需要，对照原则纠正缺陷。高级管理层还应通过其战略性信息技术规划进程，确定对风险数据汇总和信息技术基础设施举措至关重要的数据，并分配适当的财力和人力资源来支持这些举措。

风险管理报告应准确和精确，以确保银行董事会和高级管理人员依靠汇总信息就风险做出关键决定。为确保报告的准确性，银行应：首先，制定确定的要求和程序，以使报告与风险数据一致；其次，自动及人工编辑的合理性检查，包括适用于定量信息的验证规则清单；最后，设立综合程序，通过例外报告检查、通报及解释数据方面的错误或数据完整性方面的不足。实际上，数量模型、情景分析及压力测试都是尽可能地拟合近似值，它们为管理风险提供了关键信息。虽然对近似值的期望值可能不同于其他类型的风险报告，但银行应遵循原则，建立对近似值的可靠性（准确性、及时性等）的期望值，以确保管理层能够信心十足地依靠这些信息对风险做出关键决策。

风险管理报告应包括所有重大风险领域和这些风险领域的所有重要组成部分的风险敞口和位置信息。风险管理报告还应包括与风险有关的措施（如监管和经济资本）。报告应确定新出现的风险集中，提供有关限度和风险偏好/容忍度的信息，并酌情提出行动建议。

风险报告应包括董事会或高级管理层为减少风险或处理具体风险情况而商定的措施的现状。银行应厘定最切合其业务模式和风险状况的风险报告要求。银行需要满足监管者在风险覆盖范围、分析和解释、可伸缩性以及集团机构之间的可比性等方面所作选择的要求。这些报告应包括对主要市场变量的预测或设想，以及对银行的影响，以便董事会和高级管理层了解银行未来资本和风险状况的可能走向，进行健全的风险管理和决策。

报告应包括风险数据、分析和解释以及定性解释之间的适当平衡。定性和定量信息之间的平衡在组织内不同层次上会有所不同，还将取决于对报告适用的汇总程度。汇报政策和程序应顾及董事会、高级管理层和机构其他层面（例如风险委员会）的不同资料需要。作为风险管理报告的主要接收者之一，银行董事会负责制定自己的风险汇报要求，并履行对股东和其他利益相关者的义务。高级管理层也是风险报告的主要接收者，并负责确定自己的风险报告要求。高级管理层应确保收到相关信息，使其能够履行与银行相关的管理任务，并能够应对其所面临的风险。银行应编制风险数据项目清单和分类，其中应提及用于阐述报告的概念。报告应在详细数据、定性讨论、解释和建议的结论之间取得适当的平衡。

④监督审查（原则 12～13）。

原则 12：监管复核——监管机构应定期复核及评估银行是否符合上述原则。

原则 13：补救行动和监督措施——监管机构应能够使用适当的工具和资源，命令银行采取及时有效的补救行动，以解决其风险数据汇总能力和风险报告做法方面的不足之处，并在有需要时采取补救行动。

监管审查应纳入监管审查经常方案，并可辅之以涉及多家银行的单一或选定问题的专题审查。监管机构可透过不时要求银行在短时限内提供有关选定风险事项的资料，以测试银行是否遵守这些原则，从而测试银行迅速汇总风险数据和编制风险报告的能力。

监管机构在制定资本水平时，还应考虑银行为突发事件提供资本的程度。监管机构应考虑银行的管理资料报告和系统的质量、操作风险和活动的汇总方式，以及管理层应付新出现或不断变化的风险的记录。在所有情况下，应根据银行的风险状况及其风险管理程序和内部控制是否充分，厘定个别银行的资本水平。银行须符合多项规定，包括风险管理标准和披露资料。计算最低资本金所使用的内部方法及特点，银行必须披露。

监管机构应审查银行的程序，对最低标准和资格标准的审查是原则 2 规定的监督审查程序的一个组成部分。在这方面，特别需要确保各种可以减少第一支柱资本要求的工具得到使用和理解，成为健全、经过测试和记录得当的风险管理过程的一部分。

监管机构应确定银行是否具备健全的整体风险管理架构，以确定其风险承受能力，并识别所有重大风险，包括集中、证券化、资产负债表外风险承担、估值方法及其他风险承担所构成的风险。

建议银行采取以下措施：

第一，充分识别、计量、监测、控制和减轻这些风险；

第二，在向高层管理人员和董事会提交的报告中，以及在公布的财务报告中，以易于理解但准确的方式，清楚表明这些风险的程度和深度；

第三，持续进行压力测试，以确定在不利情况下可能出现的损失和流动资金需求；

第四，就损失、资本和应急资金的备抵或负债订立足够的最低内部资本。

内部控制审查应要求银行内部审计部门或聘请外部审计员进行审查，通报对遵守原则情况的评估结果。主管必须能查阅所有适当的文件，如内部验证和审计报告，并应能与外部审计员或银行的独立专家在适当时讨论风险数据汇总能力。测试银行在面临压力/危机及稳定环境时汇总数据和编制报告的能力。

补救行动和监管措施。对银行在风险数据汇总能力、风险报告做法和内部控制等方面的不足之处，监管机构应要求银行采取及时有效的补救行动。监管机构应订立合规补救行动的时间表，应订立升级程序，以便在银行未能充分处理已发现的不足之处，或在监管机构认为有必要采取进一步行动的情况下，要求采取更严格或更快的补救行动。监督人员可以要求银行采取补救行动，加强监督力度，要求第三方如外部审计师进行独立审查等，以解决银行风险数据汇总和报告能力方面的重大缺陷。

在第二支柱下可能使用资本附加项目作为风险缓解和激励措施时，监督者应能够对银行的风险或其活动的增长作出限制。对于新的业务举措，监管机构应要求银行在可能的新业务创业或收购进行之前，有能力进行强有力的风险数据汇总。监管者应当分析讨论银行在风险数据汇总能力和风险报告做法的质量方面的经验。这包括跨国界问题对风险数据汇总和风险报告可能造成的障碍，以及风险数据是否在整个集团内适当分配。这种交流有助于监督者及早发现重大问题，并迅速有效地作出反应。

从根本上而言，银行监管也属于管理学范畴，是科学，但不是一门精确的科学，因此在监管检查过程中的酌情考虑因素是不可避免的。监管要求透明、负责。监管机构应公布用于审查银行内部资本评估的标准。监管机构与业内人士须保持紧密及持续的沟通以有效监管大型银行机构。

笔者认为，运用监管层面的判断来决定个别银行的资产配置，已接近第二条支柱。但无论提高损失吸收能力的要求被视为第一支柱还是第二支柱的做法，它基本上是除了其他资本缓冲和最低资本要求之外的一项要求，对不符合要求的银行造成一系列预先确定的后果。它向市场参与者提供有关共同关键风险指标的有意义信息，是一个健全的银行体系的基本原则。它减少了信息不对称，并有助于提高各地区内外银行风险状况的可比性。

5.2.2 原则二

原则二：监管机构应当建立相应的程序和策略来检验及评估银行内部资本充足程度，监管银行并确保银行满足监管资本比率。

健全的风险管理程序是必要的，以支持监管和市场参与者对银行评估其风险状况和内部资本充足评估的信心。鉴于资产负债表内外风险承担日趋复杂，需要识别、衡量和汇总风险，因此这些程序尤为重要。

在评估银行拥有资本是否适当时，银行管理层应确保其采取适当的技术或方法识别和衡量银行所面对的风险。金融机构的内部资本充足程序应以综合方式进行，并在监管机构认为有需要时，在集团内每家银行的法律实体层面进行。通过压力测试等方式，银行还应仔细分析其资本工具及其在紧张时期的潜在表现，包括其吸收亏损和支持持续经营的能力。

银行的会计准则应兼顾短期和长期需要，并考虑在信贷周期良性时期建立过剩资本的审慎态度，以及承受严重和长期的市场低迷。当银行会计准则下的资本评估与第二支柱下的资本充足监管评估之间存在一定差异时，应引发与这些差异的深度和性质相称的对话。

5.2.3 原则三

原则三：银行的营运资本比率应超过最低监管资本比率，监管机构负责监督要求银行持有的资本超过最低限度。

银行的营运资本比率应高于最低监管资本比率，第一支柱的资本要求包括一个缓冲，以应对围绕第一支柱制度的不确定因素对整个银行业的影响。在第一支柱下设立这种缓冲机制，以提供合理保证，确保一家拥有良好的内部制度和控制、具有多样化的风险状况和业务状况、并在第一支柱制度下得到充分覆盖、资本相当于第一支柱所需资本的银行，将达到第一支柱所要求的最低健全目标。银行特有的不确定性将在第二支柱下处理。

不过对于监管机构而言，需要考虑的是他们所负责的市场的特点是否得到了充分的涵盖。监管机构通常会要求（或鼓励）银行在第一支柱标准之外建立缓冲机制。银行应维持这个缓冲，以应付下列情况：

①预期第一支柱设定的最低要求。例如，大多数国际银行倾向于得到国际公认的评级机构的高度评级。出于竞争原因，银行可能会选择在第一支柱最低限额之上运营。

②在正常的业务运营过程中，活动的种类及数量会有所改变，风险承担亦会有所不同，导致整体资本比率出现波动。

③银行筹集额外资金可能代价比较高昂，尤其是在市况不利的情况下，银行需要尽快筹集额外资金。

④当银行的资本金低于最低监管资本要求则问题很严重。银行可能违反有关法律，促使监管机构采取非酌情性的纠正行动。

⑤个别银行或整体经济体系可能会面对第一支柱未能顾及的风险。监管机构可采取多种方法，确保个别银行资本充足。例如，监管机构可以设定触发及目标资本比率，或界定高于最低比率的类别（例如资本充足）。

5.2.4　原则四

原则四：监管机构应设法在早期阶段进行干预，以防止资本低于支持特定银行风险特征所需的最低水平，并应要求在资本得不到维持或恢复的情况下迅速采取补救行动。

提早监管干预。监管机构应设法在早期阶段进行干预，以防止资本低于支持某一银行风险特征所需的最低水平，如果资本得不到维持或恢复，应要求迅速采取补救行动。监管机构如发现银行未能符合上述监管原则的要求，应考虑一系列方案。这些行动可包括加强对银行的监管、限制银行派发股息、要求银行制定并实施令人满意的资本充足率恢复计划，以及要求银行立即筹集额外资本以达到最低风险要求等。监管机构应根据银行本身及其经营环境行使酌情权，使用最适合的工具考虑行动方案。

银行面对困难的永久解决办法，并非总是增加资本金。不过，有些必要的措施（例如改善制度和管制）可能需要一段时间才能实施。因此，在改善银行状况的永久性措施正在落实的过程中，增加资本金可以作为一种临时措施，而一旦这些长期措施落实到位，并被监管机构视为有效，就可以取消临时提高资本金要求的做法。

5.3 学术界对第二支柱的探讨和尝试

5.3.1 风险指标思路

由于《巴塞尔资本协议Ⅱ》提出的高级计量法并未给出具体的方法，只是给出了原则性的计量思路，银行在满足高级计量法要求的标准后，可以报备监管机构，采用自己的风险度量方法核算操作风险资本金。在满足基本前提要求下，为学术界提供了广阔的发挥空间。学术界对银行操作风险的分析主要集中在对第一支柱中操作风险度量、资本金测算、高级度量法的应用上，提出了多种方法度量操作风险资本金，丰富了高级度量法的理论探讨。

实际上，巴塞尔委员会提出的基本指标法、标准法、新标准法有一定的相同性，即这几种方法都体现了"风险指标"思路，只不过将风险指标限定为总收入或业务指标。就第二支柱的内容，受限于银行内部信息不足，学术界仅从个别领域进行了探讨，实证分析主要集中在数据可获得性前提下的操作风险驱动因素的分析。

学术界探讨的风险驱动因素并不局限于总收入或业务指标，该思路考察的是同一时点或时段，影响操作风险的因素是什么及其对操作风险的影响程度。它不假设过去发生操作损失较多的银行未来发生的操作损失就较多，而是假设银行操作风险与银行内部因素乃至银行外界因素有一定的关系，将同时点的操作风险与风险驱动因素关联起来，避免了新标准法"前期风险高则后期风险多"的隐形"银行无应对措施"假设。

笔者认为这种思路具有一定的合理性，且度量角度多维，满足"全面的风险评估"的思路，符合第二支柱研究范畴，有助于识别、衡量、控制操作风险。

5.3.2　学术界操作风险驱动因素分析：理论探讨

巴塞尔委员会要求金融机构在内部度量框架下采用风险指标来获得操作风险驱动因素。但由于数据的可得性障碍及数量制约，帕克禅延（Pakhchanyan，2016）对国际刊物操作风险文章的统计分析表明，1998～2014 年仅有 26 篇文献涉及操作风险指标[①]。

相关文献可以分为两类，一部分文章理论探讨操作风险的原因及驱动因素，另一部分文章实证研究操作风险及特定的因素之间的关系。其中，理论或经验探讨操作风险的原因及驱动因素的文献居多，实证研究操作风险与特定因素间关系的文章较少，可见在这一领域，学术界及业界的进展相对比较滞后。

2017 年 12 月巴塞尔委员会要求自 2022 年 1 月 1 日起（后延后至2023 年 1 月 1 日），银行采用新标准法替代现行新资本协议要求的方法来度量操作风险监管资本金。可见，风险指标（或因素）是未来操作风险度量及管理的重要趋势之一，风险指标的思路避免了用历史损失估计未来风险，是操作风险度量因素多维化的体现。

理论探讨类文章如：费伊利（Fheili，2007）将员工流动率水平及病假日期数作为人力资源关键风险因素分析操作风险中的人员风险，尤其是留住核心员工的作用；巴塞尔委员会对业务环境和内部控制因素举了几个例子：员工流动率、增长率及新产品引入、系统停机时间，但不足在于没有给出相关结论的证据及实证证明。布雷登（Breden，2008）从风险环境的角度分析了海外付款业务很容易导致更高的损失；切赫（Cech，2009）认为操作风险驱动因素与企业特定因素如公司的执行活

[①] Pakhchanyan S. Operational Risk Management in Financial Institutions: A Literature Review. *Internaltional Journal of Financial Studies*, Vol. 20, No. 4, October 2016, pp. 1 – 21.

动相关,外部因素如高的市场波动率;佩尼亚等(Peña et al.,2018)认为可以采用支持向量机、贝叶斯方法或神经网络方法去探索原因、影响、关系,并模拟数据建立采用蒙特卡罗结构的综合逆自适应神经模糊系统,该思路拓展了因素模型的方法;阿扎尔等(Azar et al.,2019)基于专家的知识和经验,利用模糊认知图提高贝叶斯信任网络能力,提供了风险演化的因果机制。

5.3.3 学术界关于操作风险驱动因素的实证分析

对操作风险影响因素的分析最早为施等(Shih et al.,2000),其假设损失强度与银行规模(银行资产、总收入和员工数)相关,利用线性回归得出损失大小与这三者均有相关性,且与收入的相关性最强。卫(Wei,2006)扩展了解释变量,他认为传统精算模型假设损失分布服从一个已知的参数分布,其尺度参数与银行资产相关且比广义帕累托分布更合理,因此可以产生保守的资本配置。达亨等(Dahen et al.,2010)扩展了解释变量为银行规模的思路,增加了包括业务类别、风险类别等变量,将外部数据调整比例后纳入内部数据中,采用广义线性模型得出规模与其他系数相比是影响操作风险较小的因素。

中国学者杨青等(2012)采用类资本资产定价(CAPM)法把上述回归中的解释变量替换为 CAPM 多因子股票定价回归模型中的残差,或者也可以替换为收益的波动性。该思想还可以继续扩展解释变量,包括总资产或总收入,外部审计评级,员工离职率和培训,新技术投资和操作系统年龄等微观指标(Chernobai et al.,2011),也可以包括一些宏观经济指标(Moosa,2011;Cope et al.,2012)。切诺拜等(2011)探讨了内部控制薄弱环节、G - 指标和董事长报酬与操作风险事件发生频率高度相关的关系。

高丽君等(2011)从人员属性、机构属性、事件属性三方面探讨内部欺诈的影响因素,认为参与人数、人员职位是最重要的因素;汤凌霄等(2012)从人员、制度、过程与系统、外部四类因素,根据专家意见采用网络分析法对因素排序,认为最重要因素是人员因素;王大伟等(Wang et al.,2013)以线性模型为基础,探讨董事会组成与操作风险事件是否发生(0 ~ 1 变量)的关系,通过逐个增加解释变量来探讨各因素的影响大小，认为董事会规模与操作风险事件的发生的关系是反向的且非线性的，独立董事占比较高则较少发生"客户、产品及业务实践"和"欺诈类"事件，当董事会成员多样性较强时会对董事会监控职能产生不利影响。

布莱斯等（Bryce et al.，2013）通过计划行为理论认为"态度"和"感知行为控制"的影响严重影响了员工对风险事件的提升。汪东华等（2013）利用 14 家上市银行财务数据模拟生成操作风险敞口年度回报，丰吉闯等（Feng et al.，2012）、布莱彻曼等（Brechmann et al.，2013，2014）、费里亚—多明古兹等（Feria – Domínguez et al.，2015）从操作风险业务线及风险类别的角度分析风险大小。

巴拉卡特等（Barakat et al.，2013 & 2014）探讨了信息对称与操作风险的关系，认为银行外部董事比例较高、执行所有权较低、集中于非政府所有权、更活跃的审计委员会有利于操作风险管理。刘祥熙等（Liu et al.，2015）设置了 7 个假设来评估操作风险，认为巴塞尔资本协议的三大支柱与银行在业绩、稳健和弹性方面的效率有着积极和显著的关系。

米特拉等（Mitra et al.，2015）采用单一指数模型认为新兴市场和先进市场的操作风险有显著不同，其原因在某种程度上与当前有关新兴市场企业特定风险与管理的文献相一致。不同市场不同行业部门的操作风险变化很大。

坦登等（Tandon et al.，2017）探讨了印度各家银行的规模和所有权对操作风险的影响：银行规模小，妨碍了操作风险人员的深入参与、收集和使用外部损失数据以及数据收集和分析。此外，公营机构和旧有私营机构银行在使用主要报告部分（例如：风险及控制自我评估、主要风险指标、假设情况、收集和使用外部亏损数据、数据收集和分析，以及作业风险量化和建模）方面的表现落后于同业。

艾克特等（Eckert et al.，2017）采用回归方法分析年度操作风险平均损失的影响因素，得出欺诈类风险事件与总资产最相关，客户、产品及业务实践类型对预防措施最敏感的结论。王应辉等（Wang et al.，2018）将文本挖掘方法引入操作风险领域，根据 2011～2018 年期间 158 家美国银行 1264 例 36573 个风险因素标题，确定出导致操作风险的 24 个风险因素并构建了操作风险因素的层次体系。巴达维等（Badawi et al.，

2018）以印度尼西亚伊斯兰教法银行为例，面板数据多元线性回归分析得出只有公司规模变量代表总资产对操作风险披露有显著影响，而流动性变量代表罗斯福和生产性资产、质量变量代表不良融资（NPF）对银行操作风险披露没有影响。米尔考等（Milkau et al.，2018）认为启发式算法通常会为积极的操作风险管理在预测方面提供更好的结果。

利用实际数据进行操作风险影响因素实证研究的文章具体见表 5-1。

从表 5-1 可以看出，上述学者中多数分析的是总损失或年度平均损失与相关因素间的关系，王等分析的是损失是否发生（0~1 变量）与相关因素间的关系，结论是董事会构成是否会影响操作风险发生。仅个别学者分析了单件损失的影响因素，如切诺拜等。但中国学者与国际学者在数据可得性上有一定的区别：国际活跃银行的相关数据可以从行业数据库中获得，上市银行的企业运营数据可以从如标准普尔的康普斯坦（Compustat）数据库或彭博社（Bloomberg）数据库等获得，而中国尚无行业性操作风险数据库，银行内部数据的详细信息也较难获得，因此中国学者想获得同国外研究者同等详尽、同等数量级的数据难度非常大，这也在一定程度上阻碍了中国学者研究操作风险因素的进展。

尽管存在数据可获得性方面的障碍，从全面风险评估的角度，风险驱动因素也是未来中国银行业提升操作风险管理需要考虑的重要因素，尤其是未来只允许采用新标准法度量操作风险监管资本金，银行机构确定了，年份确定了，其操作风险资本金将唯一确定，要提高银行操作风险管理效果，需重点考虑第二支柱乃至第三支柱的内容，银行全面的风险评估体系的操作风险的识别、衡量、控制、监测，是学术界在信息可得情况下能为业界提供咨询建议的重要突破口。

随着网络技术和信息安全的演变，银行机构面临风险发生重大变化，风险情况更加复杂。在银行全面风险管理体系中，风险的复杂性加剧了对数据质量的要求。目前，中国银行机构的监管数据质量仍存在较大问题，2022 年 3 月 25 日，中国银保监会在进行全国性中资银行机构监管标准化数据（EAST）数据质量专项检查时[1]，处罚了 21 家银行机构监管数据质量违法违规行为，处罚金额合计 8760 万元人民币。其中，不乏操作风险监管数据质量方面的问题。

---

[1]　中国银行保险监督管理委员会：《银保监会依法查处 21 家银行机构监管数据质量违法违规行为》，银保监罚决字〔2022〕8 号~28 号，2022.03.25。

表 5-1　实证类影响因素模型文献分析

作者	发表年度	模型	自变量	因变量	结论	数据描述
Shih et al.	2000年	最小二乘回归	规模（银行资产、总收入和员工工数）	损失强度	损失大小与这三者均有相关性，且与收入的相关性最强	未描述、未注明
Dahen et al.	2010年	尺度模型、计数回归模型	银行规模、业务类别、风险类别	损失强度、损失频率	股票市值、总资产、外部数据库、平均总资产、平均工资、银行工资、实际GDP增长率	AlgoOpData 数据库，American BHC 1994～2003年，大于100万美元
Moosa	2011年	结构时间序列模型	金融危机、失业率	损失强度、损失频率	频率和强度都负相关 GDP 增长率、银行资产、总收入和总员工工数	Fitch Risk, U. S. 1990～2007年，3229个事例
Chernobai et al.	2011年	条件泊松回归	企业微观变量、宏观变量如：规模、股票市值、上市年限、复杂性、ROE、GDP 增长率、治理及董事会特征、CEO 薪酬	损失频率、损失强度	企业特征环境是操作风险的关键因素：规模、杠杆率、账面市值比、波动率、雇员人数相关；市场相关因素综合影响操作风险，但影响较弱	Algo FIRST 数据库超8000个事例，1998～2005年，Compustat 数据库
杨青等	2012年	Fama - French 三因子模型，OLS 回归	市场风险变量、信用风险变量、日相对交易量（流动性代理变量）	除市场、信用、流动风险外其他未做操作风险损失强度	中资银行整体对抗极端操作风险能力优于外资银行，但高频低危内部相关操作风险控制国际活跃银行优于中资银行	Bloomberg 数据、沪指交易日数据，3家中资银行 2002.1～2010.8，3家外资银行，1991.4～2010.8
Cope et al.	2012年	广义线性回归模型	环境因素、监管指标、风险指标、额外控制变量	损失强度	内部欺诈引起的操作损失与执行力限制及普遍存在的内部交易之间显著相关，在"雇佣实践与工作场所安全性"类别中，GDP 与地理区域显著相关	ORX 数据库，超 57000 条数据，130 个国家，大于 2 万欧元，2002.1～2010.6

91

续表

作者	发表年度	模型	自变量	因变量	结论	数据描述
Wang et al.	2013年	线性回归，预先确定两个变量并增加其他解释变量	董事会特征及宏观经济规模、业务线及风险类别、金融机构特征因素	操作风险事件是否发生（0~1变量）	频率相关的是金融机构的特征如规模因素，但影响较小；董事会规模与事件发生的目非线性的关系反向比较高原则较少性的；且独立董事占比非线性，当"客户、产品及业务实践"发生和"欺诈类"事件，当董事会成员多样性较强时会对董事会监控能产生不利影响	FIRST 数据库，RiskMetrics，Compustat，1996~2010年BEA
Moosa	2015年	线性回归	问责机制、政治稳定、政府效率、监管质量、法制、贪腐控制	平均损失强度	国家层面操作风险平均强度与GDP正相关，提高整理指标可降低损失强度	Fitch库，世界银行1975~2010年，涉53个国家，共4388例
Eckert	2017年	OLS回归；基于分布假设的平均CAR	股票市值、总资产、外部数据库总失资产、银行资产、平均工资、实际GDP增长率	纳入平均年度的平均年度操作损失	欺诈类操作风险事件与总资产最相关，客户、产品及业务实践类对预防措施最敏感	未描述注明
Neifar et al.	2018年	相关和多元回归分析	公司治理机制：独立董事、董事会、所有制结构、审计委员会、审计类型	操作风险披露指数	独立董事影响显著；监督机构的存在极大影响了自愿披露的信息	2008~2014年，34家伊斯兰银行年报
陈垍圻等	2020年	个体随机效应模型	地理位置、员工人数、存款总额、员工平均年龄、总—分行距离、分行距离	风险频率	倒"U"形现象：与总行距离"不近不远"的分支机构较容易出现操作风险，而较近或远分支机构中的操作风险频率相对较低	某中小型商业银行某省、22家基层分支机构，1000余条基层操作损失，2013.01~2015.03

注：笔者根据各文献分析整理。

5.4　本　章　小　结

本章主要分析了巴塞尔委员会第二支柱的内容、原则及具体要求，学术界对第二支柱的探讨和尝试，从风险指标、风险驱动因素的角度，具体分析了学术界对操作风险驱动因素的理论探讨及实证分析，比较了中国银行业与国际银行界在操作风险驱动因素方面研究的异同，并探讨了原因，指出尽管中国银行业存在操作风险数据可获得性方面的障碍，但未来第二支柱是业界及学术界提升操作风险管理的重要因素。

第6章　第三支柱下操作风险管理

第三支柱补充了基于风险的最低资本要求和其他量化要求（第一支柱）和监督审查程序（第二支柱），旨在通过在一致和可比的基础上向投资者和其他有关各方提供有意义的监管信息，促进市场纪律。

6.1　第三支柱报告披露

6.1.1　披露要求

银行的第三支柱报告必须以独立文件形式公布，以便使用者容易获取相关审慎监管措施的资料。第三支柱报告可以附加在银行财务报告后，或作为银行财务报告的一个独立组成部分，但都必须明确标示以易于被用户识别。银行或主管还必须在其网站上提供第三支柱报告的档案，并由相关主管确定合适的保留期。

对第三支柱报告披露频率和时间的要求：根据具体披露要求的性质，披露频率可以为季度、半年度和年度披露，但要求该报告必须与同期财务报告同时公布。每年、半年和季度披露的数据应分别为相应的12个月、6个月和3个月期间。如果规定要求第三支柱的披露需要在银行未提交任何财务报告的期间内公布，则必须在切实可行的情况下尽快公布披露规定，时间间隔不得超过银行在其正常财务报告期间结束时允许的时间间隔。

需要披露本报告期和以往报告期的数据点，如果首次报告新标准的指标，则不要求披露上一期的数据点，除非披露要求中明确说明这一点。银行应清楚说明所披露的数字是按过渡性计算还是按全数计算，除非披露模板另有规定。

第三支柱的保证时间是指银行必须保证在第三支柱下提供的内部审查和内部控制程序信息至少与银行财务报告的管理讨论和分析部分提供的信息相同。此处需要董事会和高级管理层参与制定相关制度与架构：建立和维持有效的内部控制结构，控制财务信息披露及第三支柱的披露，董事会层面或同层级人员必须确保对披露的内容进行适当审查；以书面的方式证明第三支柱的披露是根据董事会议定的内部控制程序拟定的。

某些信息是银行专有或机密信息，如果披露第三支柱所要求的某些项目可能暴露银行专有或机密性质的信息[1]，或违反其法律义务的情况下，银行应保证在有意义的披露与保护专有及机密资料之间取得适当的平衡。银行可以不披露这些具体项目，而是披露有关规定主题的更一般性的信息，但必须在关于披露要求的叙述性评注中解释未披露具体信息的事实及原因。

6.1.2　披露的五项指导原则

指导原则旨在为实现透明、高质量的第三支柱风险披露提供坚实的基础，使用户能够更好地理解和比较银行业务及其风险。

原则1：明确性

披露应以主要利益相关者（即投资者、分析员、金融客户和其他人）能够理解的形式提出，并通过一个可以理解的媒介进行沟通。应突出显示并使重要信息容易找到，用简单语言（易于理解）解释复杂的问题，并定义重要的术语。

原则2：全面性

披露应说明银行的主要活动和所有重大风险，并辅以相关的基础数据和信息。披露应提供关于银行识别、衡量和管理这些风险的流程和程序的足够的定性和定量信息。此类披露的详细程度应与银行的复杂程度相称。

---

[1]　巴曙松、尚航飞：《商业银行信息披露监管的国际框架与中国路径》，载于《金融监管研究》2018年第10期，第80~95页。

披露方法应足够灵活，以反映高级管理层和董事会内部如何评估和管理风险及策略，帮助用户更好地了解银行的风险承受能力及风险偏好。

原则 3：意义性

信息披露应突出银行当前最重要的和新出现的风险，以及如何管理这些风险，包括可能受到市场关注的信息。在保证有意义的前提下，必须将信息披露与资产负债表或损益表中的细列项目相关联。应避免披露那些不能增进用户理解或不能有效交流的信息，不再有意义的或与使用者无关的资料无须披露。

原则 4：时间一致性

披露应随着时间的推移保持一致，以使主要利益相关者能够查明银行业务所有重要方面的风险状况趋势。

原则 5：可比性

披露的详细程度和格式应使主要利益相关者能够对业务活动、审慎度量标准、银行之间和各司法管辖区之间的风险和风险管理进行有意义的比较。表格一般涉及定性要求，但在某些情况下也需要定量信息。鼓励银行与监管机构合作，以通用电子格式提供标准的量化披露要求，方便数据的使用。

6.1.3　基本和额外信息披露

除了第三支柱报告外，银行还可在独立文件如银行年度报告或已公布的监管报告中按照格式较灵活的模板/表格进行披露。此时，银行必须在其第三支柱报告中公布该独立文件信息披露的地点进行明确指示。

第三支柱报告中的这种路标必须包括：披露要求的标题和编号；已公布披露要求的单独文件的全称；相关的网站链接；可以找到披露要求的单独文件的页码和段号。各银行可以在第三支柱报告以外的单独文件中披露固定格式模板的披露要求，银行只有在对单独文件中的数据可靠性的保证程度不低于第三支柱报告所要求的内部保证程度时，才可使用另一文件的路标。

建议银行在除了固定的第三支柱报告和灵活模板中提供的量化信息外，对报告期间的任何重大变化或管理层认为市场参与者可能感兴趣的其他问题，提供一份解释性的叙述性评注。

额外的自愿性风险披露。披露额外的定量及定性资料，可让市场参与者更全面地了解银行的风险状况，并促进市场纪律。银行选择披露的额外量化资料，必须提供足够有意义的资料，让市场人士能够理解及分析其所提供的数据，同时还必须进行定性的讨论。任何额外披露必须符合上述五项指导原则。如果银行希望添加行以提供额外的监管或财务指标，它们必须提供这些指标的定义，并对如何计算这些指标提供充分解释（包括整合范围和相关的监管资本使用）。

这些额外的指标不能取代这一披露要求中的指标。附带说明：银行需要用一个叙述性的评论来补充模板，解释每个指标的价值与前几个季度相比的任何重大变化，包括这些变化的主要驱动因素（例如，这些变化是否是由于监管框架、集团结构或业务模式的变化而导致）。

6.1.4　披露的具体内容

银行风险管理方法和目的，是说明银行的战略，以及高级管理层和董事会如何评估和管理风险，使用户能够清楚了解银行在主要活动和所有重大风险方面的风险容忍度及偏好。银行必须说明其风险管理目标和政策，特别是：

①业务模式如何决定整体风险状况（例如：与业务模式有关的主要风险，以及每项风险如何在风险披露中反映和描述），以及银行的风险状况如何与董事局批准的风险容忍度互动。

②风险管治架构，包括整个银行的职责（例如：监督和授权；按风险类型、业务单位等细分的职责）；风险管理过程所涉及的架构之间的关系（如董事会、行政管理、单独的风险委员会、风险管理架构、合规职能、内部审计职能）。

③在银行内沟通、拒绝和执行风险文化的渠道（如行为守则，载有处理违规或违反风险阈值的操作限制或程序的手册，在业务部门和风险职能部门之间提出和分担风险问题的程序）。

④风险计量系统的范围及主要特点。

⑤向理事会和高级管理层提供的风险信息报告程序说明，特别是风险暴露报告的范围和主要内容。

⑥有关压力测试的定性资料（如进行压力测试的投资组合、所采用的情景和方法，以及在风险管理中使用压力测试）。

⑦管理、对冲和减轻银行业务模式所产生的风险的策略和程序，以及监察对冲和缓解措施的持续成效的程序。

6.2 操作风险计算的披露要求

在全球金融危机后，巴塞尔委员会对银行操作风险计算相关信息的披露要求大幅度地提升了，要求银行提高信息透明度、加大各项披露。巴塞尔委员会对业务规模子项目信息披露要求非常明细，具体内容可参照巴塞尔委员会网站及鲁政委等（2019），此处不再赘述。操作风险相关披露要求的变化见表 6-1。这样的披露要求加大了银行篡改数据的难度，使银行难以操纵指标计算，对银行操作风险的管理，提出了更高的要求。

表 6-1 操作风险相关披露要求变化

文件名称	披露要求
《巴Ⅱ》规定（现行规定）	计提的操作风险资本
《要求》（新规定）	1. 业务规模各子项目信息 2. 银行业务规模大于 10 亿欧元，过往 10 年操作风险年损失额

资料来源：巴塞尔委员会。

6.3 有效银行监管

6.3.1 有效银行监管的趋势

目前有效银行监管的几个主要趋势和发展：

①对具有系统重要性的银行，即巴塞尔委员会定义的第一类银行，需要加大力度和资源投入来进行风险监管；

②必须从宏观和全系统的角度，对银行进行微观审慎监管，以协助确定、分析和采取先发制人的行动，应对系统性风险；

③更加重视危机管理的有效性、研究相关复苏和解决措施，以减低银行倒闭的可能性和影响；

④良好的企业治理是有效管理风险及提高公众对个别银行及银行体系的信心的基础。

由于在金融危机中，银行机构暴露出了公司治理方面的根本缺陷，因此巴塞尔委员会要求增加一项关于公司治理的新核心原则。良好的内部治理是有效的公司治理的基础。操作风险管理与信贷或市场风险管理既有相似之处，也有不同之处。银行的操作风险管理应完全融入其整体风险管理结构。银行应确保每一道防线在预算、工具和人员方面有充足的资源，同时有明确界定的作用和责任；持续和充分的培训；在整个组织内促进健全的风险管理文化；以及与其他防线沟通以加强防线。

稳健的市场纪律在促进银行体系安全健全方面具有重要作用，把现行的核心原则扩展为两项新原则，分别致力于提高公开披露和透明度，以及加强财务报告和外部审计。各国监管机构可以根据自己国家的情况，选择是按核心原则的基本标准还是额外标准接受评估和分级。

6.3.2　核心原则

1. 修订的核心原则

巴塞尔委员会制定的核心原则，经过几度讨论和修订，确立了对银行和银行体系进行审慎监管和监督的最低标准。2011 年，经修订的核心原则及其评估准则①加强了相称性的概念，适用于不同类型的银行体系。巴塞尔委员会从监管权力、责任和职能及银行的监管期望入手，以更合理的架构推行这些原则，强调良好的企业管治和风险管理，以及遵守监管标准的重要性。

修订后的核心原则强化了对银行监管者的要求、监管方式和监管者

---

① Basel Committee on Banking Supervision. Principles for the sound management of operational risk. Basel：Bank for International Settlements，June 2011.

对银行的期望。要达到这个目标，必须更加注重有效的风险监管，以及及早介入和采取适时的监管行动。监管机构应评估银行的风险状况，包括所承受的风险、风险管理的成效，以及对银行及金融体系构成的风险。这个以风险为基础的程序以监管资源为目标，在这些资源可以发挥最佳效果的地方加以利用，重点放在结果和程序上，而不是被动地评估遵守规则的情况。

核心原则规定了监管人员为解决安全和健全问题所应拥有的权力，一旦发现不足或缺陷，监管机构就要行使这些权力。透过及早介入，采取前瞻性的监管方法，可以防止已知的弱点发展成为对安全和稳健产生威胁的大问题。尤其是对于极为复杂及与银行有关的问题，因为有效的监管措施必须根据银行的个别情况而定。

应考虑银行业支持和促进实体经济生产的作用，核心原则的实施不能违背这一基本思路。核心原则是健全监管措施的最低标准框架，被认为是普遍适用的。核心原则界定了监管制度有效运作所需的 29 项原则。这些原则大致分为两类：原则 1～原则 13 侧重于监管者的权力、职责和职能，原则 14～原则 29 侧重于审慎监管和银行要求。

鉴于本书讨论的是巴塞尔协议下的操作风险管理，而核心原则中很多内容是不涉及操作风险的，因此仅对核心原则做概要分析，不再一一分析此 29 项原则。本章后续会对核心原则中操作风险相关部分详细分析。

2. 监管的内容、法律框架

监管者方面的内容涉及设立责任、目标和权力。巴塞尔委员会建立了适当的银行监管法律框架，赋予每个层级的监管部门必要的法律权力，对银行进行持续监管，处理银行遵守法律的问题，并及时采取纠正行动，确保安全和健全。另外，需考虑独立性、问责制、资源配置和对监督人员的法律保护，监督机构具有业务独立性、程序透明性、管理健全性、不损害银行自主权的预算程序和充足的资源，并对其职责的履行和资源的使用承担相应的责任。

银行监管的法律框架包括：

对监管者的法律保护；法律、法规或其他安排为保护机密资料提供保障；对银行重大所有权的转让、重大收购或投资，监管机构有权根据规定进行审查、施加审慎的条件，批准或拒绝，以确保使银行不会面临不当风险或妨碍有效监管；监管者可以使用一系列适当的技术和工具来实施监管方法，识别、评级及处理来自银行及整个银行体系的风险，设立及早介入的架构，按比例分配监管资源，同时考虑到银行的风险状况和系统重要性；监管机构以单独和综合方式从银行收集、审查和分析审慎报告和统计报告并通过现场审查或聘用外聘专家独立核实这些报告；监管机构具有纠正和制裁权力，可在早期阶段采取行动，处理可能对银行或银行体系构成风险的不安全和不健全的做法或活动，以便及时采取纠正措施，包括撤销银行牌照或建议撤销其牌照；银行监管的一个重要元素是监管机构综合监管银行集团，充分监管全球银行集团业务的所有方面，并酌情适用审慎标准。

审慎监管和银行要求方面的内容包括：

企业管治方面，银行应有健全的公司治理政策及程序，须与银行的风险状况、系统重要性相匹配，制定银行的战略方向、厘定集团的组织架构、设定控制环境、确定银行董事会及高级管理层的职责、薪酬等。

在风险管理程序方面，银行应有一个全面的风险管理程序，包括有效的董事会和高级管理层的监督，以及时识别、衡量、评估、监测、报告和控制或减轻所有重大风险，并评估其资本和流动性与其风险状况以及市场和宏观经济状况的关系是否充分。应根据银行的具体情况，制订及检讨应变安排，风险管理过程与银行的风险状况和系统重要性相称。银行应满足审慎及适当的资本充足比率要求，以反映银行在其运作所处的市场及宏观经济环境下承担及提出的风险。银行应具备完备的政策和程序，通过这些政策及程序的实施，及早识别及管理问题资产，并持有充足的拨备和准备金；由监管机构根据银行的风险承受能力、风险状况，以及市场和宏观经济状况，厘定适当的操作风险管理架构。包括审慎的政策和程序，以及时识别、评估、监测、报告和控制或降低操作风险。

监管机构须确定银行有足够的内部控制架构，根据其风险状况，建立及维持适当的控制运作环境，以便进行业务。

银行应定期公布能公平地反映其财务状况、表现、风险承担、风险管理策略及企业管治政策及程序的资料；银行应有适当的政策和程序，包括严格的客户尽职调查规则，以促进金融部门形成较高的职业道德和专业标准,并防止有意或无意地利用银行从事犯罪活动①。

6.3.3 对核心原则的分析

1. 首要目标

第一项核心原则是以促进银行和银行体系的安全和稳健为银行监管的首要目标。银行监管的目标不应是防止银行倒闭,然而,监管目标应该能降低银行倒闭的可能性和影响,包括与处置机构合作,以便在倒闭发生时能够有秩序地进行。

为达到其目的,核心原则必须能够适用于多个地区,而这些地区的银行业必然包括广泛的银行。为配合这种广泛的应用,监管机构通常采用基于风险的方法,将更多的时间和资源用于规模更大、更复杂或风险更高的银行。就监管机构对银行实施的标准而言,相称性概念反映在那些侧重于监管机构对银行风险管理的评估的原则中,这些原则规定了与银行风险分布和系统重要性相称的监管期望水平。

2. 对系统性风险的思考

委员会要求银行每天必须满足根据风险价值计量和强调风险价值计量计算的资本要求。金融危机的发生凸显了系统性风险的重要性,有效监管需要重视宏观审慎和微观审慎因素之间的相互关系及其互补性。

监管机构在应用风险为本的监管方法时,需要从宏观视角,在比个别银行的资产负债表更广泛的范围内评估风险。举例来说,当前的宏观经济环境、业务趋势,以及整个银行体系乃至银行体系以外的风险累积和集中,不可避免会影响个别银行的风险承担。因此,专门针对银行的监管应考虑这一宏观视角。

要求监管机构应有能力采取先发制人的行动,应对系统性风险。监管机构应可查阅影响银行体系的其他监管机构进行的相关金融稳定性分析或评估。监管机构在履行其职能时,必须留意各种风险,包括来自个别银行内部、相关机构或当前宏观金融环境的风险。监管机构亦应保持

---

① 丁灿:《国际银行业金融犯罪监管:案例研究与经验启示》,载于《金融监管研究》2017年第4期,第46~57页。

警觉，留意受监管银行部门以外的金融活动（如"影子银行"）的变动或累积，以及这些活动可能带来的潜在风险。

3. 危机管理处置措施

虽然监管机构的职责不是防止银行倒闭，但监管机构的职责是减低银行倒闭的机会和影响。银行会不时地遇到困难，为了尽量降低问题银行对整体银行业和金融业的不良影响，需要采取有效的危机管理和有秩序的处置框架和措施，这些措施可以从两个角度来看：

一是监管机构和其他机构应采取的措施（包括制定处置计划，与其他机构在信息共享和合作方面进行协调，以有序地重组或处置陷入困境的银行）。

二是银行应采取的措施（包括应急资金计划和复苏计划），这些措施应由监管机构进行严格评估，作为其持续监管的一部分，减少市场对银行财务状况的不明朗因素。

6.3.4　核心原则的评估方法

核心原则的评估方法包括每项原则的基本和额外评估标准。

1. 基本标准

基本标准为健全的监督做法规定了最低基线要求，并且对所有国家都普遍适用。在缺省情况下，就评分而言，基本准则是衡量是否完全符合核心原则的唯一要素。评估必须考虑适用监管措施的背景。

相称性概念是所有评估标准的基础，即使评估标准并不总是直接参考。

2. 额外标准

提出了拥有先进银行的国家应力求实现的最佳做法的额外标准。有效的银行监管措施并非一成不变的，在吸取经验教训的同时也会调整监管措施，随着银行业务的持续发展和扩大，随着时间的推移而不断演变。

核心原则的额外准则订明的监管措施超越目前的基线期望，但有助于提高个别监管架构的稳健程度。随着监管措施的演变，预期在每次修订核心原则时，随着对基线标准的期望发生变化，一些额外标准将会转变为基本标准。在这个意义上，使用基本标准和其他标准将有助于核心原则随着时间的推移继续具有相关性。

3. 各地监管机构的选择原则

一是根据核心原则的这个版本，司法管辖区可以只根据基本标准或根据基本标准和其他标准来选择分级；

二是评估将不可避免地因国家而异，并在不同程度上取决于时间的差异。因此，应当审查为每项核心原则提供的说明以及每项核心原则的定级所附的定性评注，以便了解一个管辖区对所审议的具体方面采取的做法以及作出任何改进的必要性。

6.3.5 核心原则的先决条件

1. 银行监管的先决条件

从更广泛的角度来看，银行监管的有效性取决于若干外部因素或先决条件，而这些因素或许不在监管机构的直接管辖范围内。因此，在评级方面，对先决条件的评估仍然是定性的，有别于对核心原则遵守情况的评估（和评级）。

高度遵守核心原则应促进整个金融体系的稳定，但这不能保证金融体系的稳定，也不能防止银行倒闭。监管机构须能够有效地制定、执行监管政策，无论外部经济及金融环境是正常的还是紧张的，对可能产生负面影响的外部条件，监管机构应能够应对。

在实践中，有许多因素或前提条件直接影响到监督的有效性，这些前提条件大多数不在银行监管机构的直接或唯一管辖范围之内。如果担心这些条件可能影响银行监管及监督的效力，监管机构应使政府和有关当局了解这些条件及其对监管目标的实际或潜在负面影响，加强合作，采取措施解决这些因素对银行监管和监督的效率或有效性的影响。这些先决条件包括：

①健全和可持续的宏观经济政策；

②制定金融稳定政策的完善框架；

③完善的公共基础设施；

④危机管理、复苏和解决的明确框架；

⑤适当程度的系统保护（或公共安全网）；

⑥有效的市场纪律。

幸运的是，中国政府当局非常重视及支持相应建设，尽管某些方面仍未完善，但当局愿意并一直致力于完善相关先决条件，为银行监管提供了有力保障。

为了实现充分的客观性，核心原则的遵守情况最好由具备适当资格的外部各方进行评估，一般可由两名具有强大监督背景的人员组成，他们提出不同的观点，以提供制衡。评估 29 项核心原则中每一项的过程，需要对许多要素进行评判性权衡，而这些要素只有具备实际相关经验的合格评估员才能提供。评估所需法律和会计专门知识必须与国家的立法和会计结构有关。评估必须全面及有足够深度，并得到有效的执行和遵守。

2. 核心原则：操作风险及内部控制具体原则

具体针对操作风险所提出的原则为：监管机构须根据银行的风险承受能力、风险状况，以及市场和宏观经济状况，制定适当的操作风险管理框架。

（1）与操作风险相关的基本准则。

①法律、规章或监管机构要求银行制定适当的操作风险管理策略、政策和程序，以识别、评估、监测、报告和控制或缓释操作风险。

②监管机构要求银行董事会批准及定期检查银行管理操作风险的策略、政策及程序（包括银行对操作风险的风险承受能力），董事会对管理层负有监督职责，确保政策和流程的有效实施。

③监管机构须确定已获批准的策略及管理操作风险的重要政策及程序已由管理层有效执行，并全面纳入银行的整体风险管理程序。

④监管机构会检视银行的灾后恢复及业务持续运作计划的质素及全面性，以评估其在可能对银行造成严重影响的严重业务中断情况下的可行性。监管机构这样做，是为了确保银行能够继续经营，并在出现严重业务混乱时，尽量减少损失，包括支付及结算系统受到干扰而可能造成

的损失。

⑤监管机构确定银行已制订适当的资讯科技政策及程序，以识别、评估、监察及管理科技风险。监管机构还确定，银行应当健全信息技术基础设施，以应对正常情况及紧张时期的短期的及长远的业务需求，确保系统完整性、数据安全、可用，并支持综合和全面的风险管理。

⑥监管机构确定银行具备适当及有效的资讯系统，以便：监察操作风险；编制及分析操作风险数据；促进银行董事会、高层管理人员及业务层面的适当汇报机制，以积极支援管理操作风险。

⑦监管机构要求银行设有适当的汇报机制，随时向监管机构通报影响其辖下银行操作风险的事态发展。

⑧监管机构确定银行已制定适当的政策和程序，以评估、管理和监督外包活动。外包政策和流程要求银行签订全面的合同或服务水平协议，并在外包提供商和银行之间明确分配责任。

（2）操作风险相关的附加准则。

附加准则包括监管机构定期确定任何可能受操作风险或潜在风险影响的共同点（例如：许多银行将主要业务外包给共同服务供应商，或外包支付及结算活动中断）。

监管机构须确定银行有足够的内部控制架构，以建立及维持适当的控制运作环境，在考虑银行风险的情况下进行业务。

银行董事会、高层管理人员需明确下放权力和责任的安排，平衡协调组织架构、会计政策及程序间的关系，分离涉及银行承诺、支付资金以及核算其资产和负债的职能；保护银行的资产及投资（包括防止并及早发现和报告欺诈、贪污、未经授权的交易及电脑入侵等滥用资金的措施）；以及适当的独立内部审计和合规职能，以检验遵守这些控制措施以及适用的法律和条例的情况。

更具体地说，这些控制措施涉及：

组织结构——岗位职责的确定，包括明确的授权、决策政策和过程、关键职能的分离；

会计政策和过程——账目对账、控制清单、管理信息；

制衡——职责分离、交叉检查、资产双重控制、双重签名；

保护资产和投资——包括实物控制和计算机访问。

后勤及监管部门的职员在机构内具备足够的专业知识及权力（如属

监管职能,则有足够机会接触银行董事局),以有效地制衡业务发起单位;银行须设有常设及独立的人员充足的合规职能部门,以协助高层管理人员有效管理银行面对的合规风险。合规部门的员工受过适当培训并具备相关经验,在银行内有足够的权力有效地履行其职责。银行董事会行使监督合规职能的管理。

银行拥有独立、长期和有效的内部审计职能。内部审计人员可及时获悉银行风险管理战略、政策或程序的任何重大变化,在履行其职责时,可充分接触任何工作人员及银行及其附属机构的记录、档案或数据;内部审计人员可以根据其自身的风险评估,制定定期审查的审计计划,并相应分配资源以及有权评估任何外包职能。

6.4 中国银行业的应对建议

6.4.1 加强信息披露

1. 中国银行业操作风险信息披露现状

公开信息披露(public disclosure)制度是有效监管的三大支柱之一——市场约束的前提。公开信息披露,可以使问题及时暴露,避免风险堆积。我国基于市场信息供求的真正主体尚未形成(黄韬,2015)。中国银行业的操作风险信息披露,供需双方都存在缺陷。商业银行作为信息供给方,所提供的操作风险信息在全面、真实、规范性等方面都还存在一定的问题。鉴于操作风险信息的披露对银行市值的负面影响很大,且人们受中国传统观念影响有一定讳疾忌医的可能性,在中国各商业银行的年报中,操作风险信息披露多为一些描述性的、泛泛而谈、无关痛痒的描述性文字说明,对发生的操作风险事件避重就轻,缺乏实质性的披露;信息需求方涉及多方人员,如监管部门、债权人、投资者等,人员的多样性使信息需求的关注点各不一样,且对需要的信息数量、质量等也尚未形成统一。目前,商业银行信息披露尚缺乏有效的市场约束。

2. 中国商业银行信息披露原则

全面信息披露的理念，实际上给出了应遵循的一些基本原则，不仅要考虑强化市场约束，规范经营管理的因素，而且要考虑到信息披露的安全性和可行性。

中国商业银行信息披露的基本原则为：
①最大化信息披露原则；
②有限信息披露原则；
③静态与动态、定性与定量、核心与补充相结合的原则；
④真实、准确、完整、及时的原则；
⑤公开、公正原则。

3. 对加强信息披露的建议

（1）借鉴巴塞尔委员会的信息披露要求。

中国银行业操作风险量化管理尚不成熟，建议我国借鉴巴塞尔银行监管委员会《增强银行透明度》① 的规定，考虑中国银行业信息披露现状，以巴塞尔委员会建议的银行信息披露要求构建信披体系，以定性为主，定量为辅，同时加大对信息披露违规行为的处罚力度，采用市场约束的方式来促使商业银行提高操作风险管理水平。

银行的公开披露应使利益相关者能够评估其操作风险管理方法及其操作风险的风险敞口。银行向公众披露有关的操作风险管理资料，可透过市场纪律提高透明度，以及促进业界实务的发展。披露的数量和类别应与银行业务的规模、风险状况和复杂程度，以及业界不断发展的做法相称。银行应向其利益相关者披露相关的操作风险暴露信息，但不应通过这种披露制造操作风险（如描述未解决的控制漏洞）。银行应披露其控制操作风险的方式和手段、措施，以便利益相关者能据此判断银行是否能有效地识别、评估、监测、控制及缓释风险。银行应制定正式的披露政策，并由高级管理层和董事会定期进行独立审查和批准。这项政策应涉及银行决定披露操作风险的方法，以及对披露过程的内部控制。此外，银行应实施一套程序，评估其披露资料及披露政策是否适当。

---

① Basel Committee on Banking Supervision. Enhancing bank transparency. Basel：Bank for International Settlements，September 1998.

（2）建立健全信息披露配套制度。

中国商业银行经营权与所有权相分离，信息披露缺失惩罚力度过小，信息披露缺失的成本与潜在收益不匹配。缺乏问责机制是我国商业银行信息披露不足的主要原因。应建立健全银行信息披露的配套制度，制定有关商业银行信息披露违规行为处罚办法，从行政责任、民事责任和刑事责任，增加信息披露缺失的成本，从制度上减少商业银行规避惩罚的瞒报漏报。强化商业银行对信息披露准确性、完整性、及时性的责任，从制度上健全信息披露问责机制。

6.4.2　完善监管约束

1. 转变操作风险监管模式

（1）以直接监管为主转向以间接监管为主。

商业银行操作风险的监管方式主要有两种：直接监管和间接监管。早期，我国采用以直接监管为主的监管方式，由于我国各类银行机构众多，分支机构也很庞杂，一方面监管机构的人力资源难以监控所有；另一方面各家银行业务众多，仅外派的一两名监管人员也难以对业务层面信息掌握充分，监管效果并不佳。中国商业银行体系庞大、分支机构众多、经营活动复杂，直接监管难度很大，以间接监管为主的监管方式比较适合。西方发达国家均采用以间接监管为主的监管模式。通过监督和督促完善商业银行的操作风险管理活动，实现操作风险监管的目标。

（2）完善我国商业银行操作风险监管约束的基础制度。

继续推进我国商业银行产权制度改革。由于所有者与经营者利益的不一致，我国银行的产权"内部人控制"问题，一定程度上可能滋生监管套利，是商业银行操作风险的重要根源。应当改善银行产权结构、加大监督力度、规范公司治理，建立起公正、公平、公开的统一监管框架，减轻乃至消除"内部人控制"问题。

为进一步完善金融监管相关法律规范，银监会应进一步制定和修订与之相配套的制度和规则，敦请国家有关部门修订或重新解释关系到金融监管的相关法律。

要建立与完善银监会牵头的联合监管协调机制。中国商业银行具有多方监管主体：中国银保监会、中国人民银行、中国证监会，其多元化监管要求及中国商业银行综合经营和混业经营的发展现状决定了中国银行业的监管难度。应建立由中国银保监会主导的各监管部门之间的分业监管长效协调机制，协调和促进跨部门的联合监管、协同监管，消除监管真空、防止监管越位，完善联合监管的质量和全面性。

要加强外部审计约束。聘用外部审计，可以统一信息采集，降低对商业银行的压力，提高整体监管效率。外部审计的独立性可以为银行监管和市场利益相关者提供真实、公平的信息，有助于形成对商业银行强有力的外部约束。

2. 监管机构的监管评估

监管机构应定期评估银行与操作风险有关的政策、程序和制度，以评估银行的现金流量。监管机构应确保设立适当机制，让它们随时了解银行的操作风险发展。

操作风险的监管评估应包括健全管理操作风险原则所述的所有范畴。应确保建立适当的流程，以确保整个银行以适当和综合的方式管理操作风险。在评估银行资产时，可能需要与其他监管机构按照既定程序进行合作和信息交流。在某些情况下，可以在这些评估过程中选择使用外部审计师。采取措施，确保在对银行金融监管机制的监督审查下，解决已发现的银行的不足之处。与银行、外部审计共同建立报告机制，收取有关操作风险的最新信息。监管机构应监察、比较及评估银行最近的改善措施及未来发展计划，以鼓励银行持续进行内部发展工作。

在监管程序方面，监管人员在完成任何检查工作后，会向银行发出跟进信件或检查报告，解释有关不足之处。如果监管人员发现银行业务规范中有不足，应要求银行在指定时限内采取有效的补救行动。要求银行提供实施路线图，在回应这些信件或检查报告时，银行应在路线图中说明如何弥补这些执行差距。当监管机构发现银行的实施进度缓慢时应提醒银行进度不足的后果：可能会导致银行第二支柱增加资本，或采取其他措施如限制业务活动和资本分配，这是可供多个监管机构采取的跟进措施。

6.4.3 推进数据标准化工作

1. 宏观层面

建议加快推进自上而下的金融数据标准化工作。由中国银保监会牵头，联合银行业务部门制定操作风险数据标准化模板。这项任务，早在2008～2009年，中国银监会就设计了数据模板，但由于模板较为复杂，数据属性有20多个，需要填写的内容过多，且银行业务部门人员未经系统培训和指导，关键是银监会未采用监管命令强行要求，最终该操作风险数据标准化模板未能普及。因此，要把《最终方案》的实施时间压力转化为动力，由中国银保监会与银行业务部门及风险管理部门的人员共同设计易于业务人员理解、易于填报、相对简单的统一制式的操作风险数据标准化模板，并由银行高层组织员工培训学习数据标准化工作。

2. 中观层面

建议在监管机构倡议下建立银行间内部数据共享机制。中国银行业还没有业内的操作风险共享数据库。近年来随着监管机构对数据要求的逐步提高，中小商业银行也开始加强数据分析，但仅靠自身的内部操作风险数据积累，仍是不充分的。建议由中国银保监会或中国人民银行或中国银行业协会牵头，建立银行会员可以共享的操作风险数据库，所有银行会员有义务为共享数据库提供数据，数据应该去除银行专有信息和保密信息，银行会员在有需要时也可以使用共享数据。从而以行业数据的形式形成补充，解决困扰我国中小商业银行多年的操作风险数据不足的困难。

3. 微观层面

建议加强银行内部数据治理工作。建立一个董事会级别的委员会，负责数据治理、完整性和质量。要求高级管理层随时向董事会通报企业风险数据治理框架的发展情况。更新适当的政策，明确说明编制准确、全面和透明的风险报告的程序，建立一个经过改进的银行风险数据治理框架。通过信息技术，利用文本挖掘等技术手段，提高系统中风险数据收集的自动化程度。

此外，中国银行业应当借助大数据时代的契机，通过科学分析手段对海量数据进行分析和挖掘，利用大数据分析操作风险。

6.4.4　加强银行业协会自律约束

在实际工作中，中国银行业机构众多，以间接监管为主，多采取外部审计等都导致了信息发现的不及时性和局限性，还需要银行业自律约束对外部监管、市场约束进行有益的补充。

然而目前中国银行业协会在风险防范和监管协调上的作用还不明显。需要加强银行业协会的自身建设，健全制度，建立自律公约执行情况检查和披露制度，加强银行从业人员自律管理，打造职业化和专业化的高素质员工队伍，从源头上控制人致型操作风险。

6.5　本　章　小　结

鉴于操作风险的本质特征及中国长期以来形成的银行体制特点及文化特点，中国银行业在操作风险的第三支柱——风险披露方面做得不尽如人意。各银行的年报及其他公开披露的报告中关于操作风险的内容，早期均为字数简短的文字性描述，与信用风险和市场风险的披露相比，显得尤为不足。

本章主要根据巴塞尔委员会对第三支柱的说明，阐述第三支柱的内容、披露要求、核心原则及方法进行分析，从监管当局和银行两个层面对各自的责任、要求和应对进行阐述，并对中国银行业应该如何提高第三支柱的管理水平提出建议：要加强信息披露、完善监管约束、推进数据标准化工作、加强银行业协会自律等。因为无法得到某家银行具体的深层次的第三支柱相关因素的详细信息，本章无实证分析。

第7章 健全的操作风险管理框架

7.1 巴塞尔操作风险健全框架的演进发展

巴塞尔委员会在2003年提出了操作风险健全管理原则（简称"原则"），随后在2011年对其进行了修订，以吸取2007~2009年金融危机的教训。委员会在2014年检讨了原则的实施情况。

2014年审查发现，有几项原则没有得到充分执行，需要提供进一步指导。委员会认识到2011年的原则未能充分反映操作风险的重要来源，如通信科技风险，委员会认识到由于传染病、自然灾害、破坏性网络安全事故或技术故障对银行业务造成重大干扰的可能性有所增加，因此委员会做出了一些修订并制订了业务复原力原则，以确保与《巴塞尔资本协议Ⅱ》改革的新操作风险框架保持一致。

操作风险是所有银行产品、活动、程序和系统所固有的，操作风险管理涵盖内部控制、资讯及通信科技、风险管理环境、商业连续性，以及披露的角色等多种元素，不应孤立地看待这些元素，相反，它们是银行操作风险管理框架和整体风险管理框架（包括营运韧性）的组成部分。

良好的内部治理是有效的操作风险管理制度的基础。银行的操作风险管理职能应完全融入其整体风险管理治理结构。银行通常依赖三条防线：业务单元管理、独立的公司操作风险管理职能及独立性保证来防范操作风险。根据银行的性质、规模和复杂程度及银行业务的风险状况，这三道防线的具体实施形式也会有所不同。

银行应确保每一道防线：

①在预算、工具和人员方面有充足的资源；

②有明确界定的角色和职责；

③持续和充分的培训；

④在整个机构内促进健全的风险管理文化；

⑤防线之间相互沟通，以加强操作风险管理框架。

如果一个业务单元既有第一道防线的职能，又有第二道防线的职能，那么银行应在第一道防线和第二道防线中记录和区分这些职能的职责，强调第二道防线的独立性。

金融机构应适当及按比例地采用这个模式，以管理各类操作风险，包括通信科技风险。在行业实践中，第一道防线是业务单元管理。良好的操作风险管理确认业务单元管理负责识别和管理其负责的产品、活动、流程和系统所固有的风险。银行制定明确的政策，界定有关业务单位的角色和责任。

良好的操作风险管理反映了董事会和高级管理层在管理其产品、活动、流程和系统组合方面的有效性。由于操作风险管理一直在演变，商业环境也在不断变化，高级管理层应确保操作风险管理的政策、流程和系统保持足够健全，以管理和确保及时充分解决运营亏损问题。操作风险管理的改善在很大程度上取决于高级管理层是否积极主动，并迅速采取适当行动，解决操作风险管理者的关切问题。

透过第一及第二道防线（包括第二道防线的独立性）检讨操作风险管理制度及相关管治程序的设计及实施情况。

7.2　业务单元管理

有效的第一道防线在推广健全的操作风险管理文化方面可以：

①通过使用操作风险管理工具，确定及评估其业务单位所固有的操作风险的重要性。

②建立适当的控制措施以减轻固有的业务风险，并通过使用操作风险管理工具评估这些控制措施的设计和有效性。

③报告业务单位是否缺乏足够的资源、工具和培训，以确保识别和评估操作风险。

④监测和报告业务单位的操作风险概况，并确保其按照既定的操作风险和容忍度说明书进行。

⑤报告未经控制减轻的剩余操作风险，包括业务损失事件、控制缺陷、过程不足和不遵守操作风险容忍度。

7.3　功能独立的操作风险管理职能

有效的第二道防线的责任包括：

①就业务单元建立一个独立观点：确定的材料操作风险；关键控制措施的设计和有效性；就风险容忍度形成独立意见。

②检验业务单元实施操作风险管理工具、衡量活动和报告系统的相关性和一致性，并为这一有效挑战提供证据。

③制定和维护操作风险管理和衡量政策、标准和指南。

④审查和协助监测和报告操作风险概况。

⑤设计和提供操作风险培训，并提高风险意识。

各银行的独立程度可能有所不同。在小型银行，独立性可以通过职责分离和对流程和职能进行独立审查来实现。在大型银行中，银行应该有一个独立于风险产生业务单位的报告结构，并负责银行内部储备金的设计、维护和持续发展。该委员会通常会与相关的公司控制团体（例如：合规、法律、财务和 IT）合作，以支持其对操作风险和控制的评估。银行应该有一个明确的角色和责任的政策，反映组织的规模和复杂性。

7.4　独立性保证

第三道防线为董事会提供了银行金融服务合理性的独立保证。该职能的职员不应参与其他两道防线的操作风险管理程序的发展、实施和运作。第三条防御性审查通常由银行的内部及/或外部审计进行，但也可能涉及其他具备适当资格的独立第三方。审查的范围和频率应足以涵盖银行的所有活动和法律实体。有效的独立审查应该：

①通过第一道和第二道防线（包括第二道防线的独立性）审查操

作风险管理系统和相关治理流程的设计和实施情况。

②确保验证流程符合既定银行政策的方式实施，且是独立的；确保银行的量化系统足够健全，能保证投入、假设、流程和方法的完整性；使用该系统对操作风险进行评估能够可信地、有效地反映银行的操作风险状况。

③确保业务单元的管理层及时、准确和充分地回应所提出的问题，并定期向董事会或其相关委员会报告悬而未决的和已解决的问题。

④确保业务部门的管理层及时、准确和充分地回应所提出的问题，并定期向董事会或其相关委员会报告悬而未决的问题和已结束的问题。就整个银行的公司财务管理和相关治理流程的整体适当性和充分性发表意见。独立检讨除了检查公司是否遵守董事会通过的政策及程序外，亦应评估公司管理架构是否符合组织的需要及期望（例如：公司的风险承受能力及容忍度，以及因应不断转变的营运环境而调整架构），以及是否符合法规及法律条文、合约安排、内部规则及道德操守。

由于操作风险管理一直在演变，商业环境也在不断变化，高级管理层应确保操作风险管理的政策、流程和系统保持足够健全，以管理和确保及时充分解决运营亏损问题。操作风险管理的改善在很大程度上取决于高级管理层是否积极主动，并迅速采取适当行动，解决操作风险管理者的关切问题。

7.5 健全操作风险管理措施

7.5.1 强风险管理文化

董事会和高级管理层应建立以强有力的风险管理为指导的企业文化，制定标准和激励措施，促进专业和负责任的行为，并确保员工接受适当的风险管理和道德培训。

董事会和高级管理层的行为，以及银行的风险管理政策、程序和制度，为健全的风险管理奠定了基础。董事会应制定行为准则和道德守则以应对行为风险。这个准则或守则要应用于员工和董事会成员，对最高标准的诚信和道德价值设定明确的期望，确定可接受的业务做法，并禁止利益冲突或不适当地提供金融服务（不论是故意或疏忽）。董事会定期审查及批准相关准则或政策，并由雇员证明；其执行应该由一个高级监事会或与董事会级别相同的委员会监督，并应该公开（例如在银行的网站上）。对于银行的特定职位，如国库交易员、高级管理人员，可以单独为他们制定专门的行为准则。

为使员工清楚认识到其在风险管理方面的角色和责任，管理层应明确列明期望和责任，以及他们行事的权力。制定的薪酬政策应与银行的风险偏好和承受能力以及银行整体安全和稳健性保持一致，并适当平衡风险和回报间的关系。

高级管理层应确保在整个组织的各个层面，如业务部门负责人、内部控制主管和高级管理人员，都接受适当水平的操作风险管理培训。培训内容要针对培训对象的资历、作用和责任及时调整。只有在董事会和高级管理层对操作风险管理和道德行为的强大而持续的支持下，才能确保整个组织加强行为和道德守则、薪酬战略和培训计划。

7.5.2 操作风险管理框架

银行的操作风险管理框架应全面融入银行整体风险管理程序。

1. 健全风险管理的前提

董事会和银行管理层应了解银行产品、服务、活动和系统组合所固有的风险的性质和复杂性，这是健全风险管理的基本前提。这对操作风险来说尤其重要，因为操作风险是所有业务产品、活动、流程和系统所固有的。第一道防线将操作风险管理框架的组成部分充分纳入银行的整体风险管理进程，第二道防线对其进行充分审查和质疑，第三道防线对其进行独立审查。组织的各个层面，包括组织和业务单位，以及新业务项目的产品、活动、流程和系统，都应该设立组织管理体系。此外，银行的操作风险评估结果应纳入银行的整体业务战略发展过程。应在董事会批准的政策中全面、适当地记录操作风险管理框架，并包括操作风险和经营亏损的定义。对操作风险及损失风险进行充分地描述并分类，确保金融资产管理的成效。

117

2. 操作风险管理框架的内容

（1）确定用于管理操作风险的治理结构，包括报告关系和问责制，以及操作风险管理委员会的任务和成员。

（2）相关的操作风险管理政策和程序的参考。

（3）识别和评估风险及控制工具的描述，以及在使用这些工具时三道防线的作用和责任。

（4）描述银行可接受的操作风险偏好及容忍度，固有及剩余风险的门槛、实体活动触发点或限度，以及核准的风险缓释战略和工具，描述银行确保控制设计、实施和有效运作的方法。

（5）描述银行建立和监测固有和剩余风险暴露的阈值的方法。

（6）由所有业务单位实施的库存风险和控制。

（7）及时建立风险报告和管理信息系统，生成准确的数据。

（8）提供操作风险的通用分类法，以确保所有业务单位的风险识别、暴露评级和风险管理目标的一致性。分类法可以根据事件类型、原因、重要性和发生的业务单位区分操作风险；它还可以标记部分或全部代表法律、行为、模型和信息及通信技术（包括网络）风险以及信贷或市场风险边界风险的操作风险。

（9）对风险管理过程的结果进行适当的独立审查和质疑。

（10）对控制环境质量的持续评估，在银行操作风险概况发生重大变化时，对政策进行审查和酌情修订。

7.5.3　董事会

董事会应批准并定期审查操作风险管理框架，并确保高级管理层在所有决策层能够有效执行操作风险管理框架的政策、程序和系统。

董事会应带头建立强有力的风险管理文化，由高级管理层实施。确保银行有充分的程序来了解银行当前和计划中的战略和活动所固有的操作风险的性质和范围。确保操作风险管理流程受全面和动态的监督，并充分融入或与整个企业的全面风险管理框架相协调。

董事会应批核储备金并定期检查及评估储备金的成效，以确保银行能管理因外部市场变化及其他环境因素而引致的操作风险，以及与新产品、活动、程序或系统有关的营运风险，包括风险简介及优先次序的改变（例如业务量的改变）。

银行财务管理要接受第三道防线的有效独立审查（独立审计或其他外部独立第三方）；确保随着相关原则的推进，管理层能够利用这些进步。

操作风险管理的一个重要方面是强有力的内部控制。董事会应建立明确的管理责任和问责制，以实施强有力的控制环境。建立的控制环境应使操作风险管理、业务单位和辅助职能之间有适当的独立性/职责分离。并定期检查、监测和测试，以确保控制持续有效。

董事会应阐明银行愿意承担的操作风险的性质、类型和操作风险水平。

风险偏好和操作风险容忍度声明应在董事会授权下制定，并与该行的短期战略、长期战略和财务计划挂钩。考虑到银行客户和股东的利益以及监管机构的要求，一份有效的风险承受能力和容忍度报告应该：

①易于沟通，以便于所有利益攸关方理解；

②包括关键的背景资料和假设，这些资料和假设在银行的业务计划获得批准时就已经存在；

③包括明确说明承担或避免某些类型的风险的动机的声明，并建立边界或指标（可能是定量的或非定量的），以便能够监测这些风险。

确保业务部门和法律实体的战略和风险限制与银行全行的风险偏好声明相一致且是前瞻性的，在适用的情况下，接受情景分析和压力测试，以确保银行了解哪些事件的风险可能超出其风险偏好和容忍度。

董事会应当批准并定期审查限额的适当性以及总操作风险和容忍度的说明。

7.5.4　高级管理层

1. 高级管理层在操作风险管理框架构建中的职责

（1）高级管理层应制定清晰、有效和健全的管治架构，并明确界定、透明和一致的职责范围，以供董事会批准。

（2）高级管理层负责贯彻执行和维护整个组织的政策、流程和系统，以管理银行所有物质产品、活动、流程和系统的操作风险，使其与银行的风险承受能力和容忍度声明保持一致。

（3）高级管理层负责建立和维护强有力的挑战机制和有效的问题解决流程，以确保问题得到解决。

（4）能证明三条准则的运营令人满意，并向董事会解释如何确保这种准则得到适当执行和运作。

（5）高级管理人员应将董事会批准的公司财务报表转化为具体的政策和程序，确保有必要的资源按照银行的风险偏好和容忍度声明管理操作风险。此外，高级管理人员应确保管理监督过程适于业务单位活动中固有的风险。

（6）高级管理层应确保操作风险管理人员与其他风险人员以及银行负责外部服务（如保险风险转移和其他第三方安排（包括外包））人员进行协调和有效沟通。

2. 操作风险管理及督察人员的权力

企业操作风险管理人员必须在银行内具备足够的地位，能有效地履行职责，最理想的证据是拥有与信贷、市场及流动性风险等其他风险管理职能相称的头衔与权责。风险管理及监督人员应拥有独立于他们监督的单位的权力。

3. 高管设计操作风险治理结构考虑的因素

确保银行的治理结构应与其业务的性质、规模、复杂程度及风险状况相称。在设计操作风险治理结构时，银行应考虑以下因素：

①对于规模很大的银行，可以设置委员会结构。健全的行业惯例是，规模更大、更复杂的组织拥有中央集团职能和独立的业务部门，它们利用董事会创建的企业级风险委员会来监督所有风险，管理层可以向委员会报告操作风险。根据银行的性质、规模和复杂程度，企业级风险委员会可能会收到国家、业务或职能领域的操作风险委员会的意见。

②规模较小、复杂程度较低的机构可能会采用更为扁平的组织结构，直接监督董事会风险管理委员会内部的操作风险。

③委员会的组成：健全的行业惯例是由操作风险委员会（或小型银行的风险委员会）包括具有各种专门知识的成员组成，这些专门知识应

涵盖商业活动、金融活动、法律、技术和监管事项，以及独立的风险管理。

④委员会运营：定期召开委员会会议，准备充足的时间和资源进行富有成效的讨论和决策。记录充足的委员会运营信息以审查及评估委员会的有效性。

7.5.5　风险管理环境的确定及评估

1. 识别与评估操作风险需考虑的因素

高级管理人员应确保全面识别和评估所有物品、活动、过程和系统固有的操作风险，以确保充分理解固有风险和诱因。风险识别和评估是有效运营风险管理系统的基本特征，有助于提高运营复原力。用以识别及评估操作风险的工具例子如下：

①事件管理——预先确定一套用以识别、分析端到端管理和报告事件过程的良好的事件管理方法。当银行发生操作风险事件时，分析事件以确定新的操作风险，了解潜在的原因和缺陷，并制定适当的应对措施以防止类似事件再次发生。这些信息是对自我评估的投入，特别是对控制操作风险评估的投入。

②事件数据——银行需要保持一个全面的操作风险事件数据集，收集银行经历的所有重大事件，并作为操作风险评估的基础。事件数据集通常包括内部损失数据、近失损失数据，鼓励使用外部操作损失事件数据（提供了整个行业常见的风险信息）用于内部分析。事件数据要根据操作风险管理框架策略中定义的分类法进行分类，并在整个银行中始终如一地应用。事件数据通常包括事件发生的日期（发生日期、发现日期和结算日期），在损失事件中包括财务影响。当事件的其他根本原因信息可用时，理想情况下，它也可以包含在操作风险数据集中。

③自我评估——银行经常对其操作风险进行自我评估，并对不同层次的操作风险进行控制。评估通常评估固有风险（风险前控制）、控制环境的有效性和残余风险（控制后的风险暴露），并包含定量和定性因素。定性因素反映了在银行确定其固有和残余风险等级时，考虑了风险事件的可能性和后果。评估可利用业务流程图，识别业务流程、活动、

组织功能的关键步骤，以及相关的风险和控制不足的地方。应准备有关业务环境、运营风险、潜在原因、控制措施及控制成效评估的足够详细资料，以便独立审查人员能够确定银行评级。这些资料可用风险登记册记录、整理，从而形成有意义的观点，要了解控制措施的整体成效，以便高级管理层、风险委员会和董事会的监督。

④控制分析——确保控制是针对所识别的风险而设计的，并且有效地运作。分析还应考虑控制覆盖率的有效性，包括适当的预防、检测和应对策略。控制监控和测试应适用于不同的操作风险和跨业务领域的关键控制。

⑤衡量标准——银行经常制定衡量标准，以评估和监测其操作风险敞口。这些指标可以是简单的指标，比如事件计数，也可以是更复杂的模型。度量标准为银行提供早期预警信息，以监控业务和控制环境的持续性能，并报告操作风险概况。与相关的操作风险及控制建立有效的数据/电子联系。

⑥情景分析——情景分析是一种识别、分析和衡量一系列情景的方法，主要用于低频高损事件，其中一些可能导致非常严重的操作风险损失。情景分析通常包括由主题专家举行的研讨会，包括高级管理层、业务管理层和高级操作风险人员，以及其他职能领域，如合规、人力资源和IT风险管理，以开发和分析潜在事件的驱动因素和后果范围。输入通常包括相关的内部和外部损失数据、自我评估的信息、控制监测和保证框架、前瞻性指标、根本原因分析以及使用的过程框架。情景分析过程可用于制定一系列潜在事件的后果，包括用于风险管理的影响评估，以补充基于历史数据或当前风险评估的其他工具。它还可以与灾后恢复和业务连续性计划相结合，用于测试业务复原力。考虑到情景过程的主观性，自由管理框架和独立审查对于确保过程的完整性和一致性至关重要。

⑦基准与比较分析——基准与比较分析是对银行内部不同风险度量和管理工具的结果进行比较，以及对银行与业内其他银行的衡量标准进行比较。例如，将内部损失的频率和严重程度与自我评估进行比较，可以帮助银行确定其自我评估过程是否有效。情景数据可以与内部和外部损失数据相比较，以便更好地了解银行面对潜在风险事件的严重程度。

⑧输出工具——银行应确保操作风险评估工具的输出：强有力的治

理和健全的核实及验证程序确保准确的、完整的数据；在内部定价、业绩衡量机制、商业机会评估中充分考虑操作风险评估；应受到操作风险框架监测的行动计划或补救计划的制约。这些操作风险评估工具可以直接促进银行的操作复原力，特别是事件管理、自我评估和情景分析程序，让银行识别和监察其关键业务所面对的威胁和脆弱性。银行应该利用这些工具的产出来改进其业务复原力控制和程序。

2. 银行风险环境变化，变革管理

高级管理层应确保银行的变革管理过程是全面的、资源充足的、相关防线之间的衔接充分的。一般来说，银行的操作风险暴露随着银行的变化而变化，变更管理应该评估从开始到结束（例如在产品的整个生命周期中）的相关风险的演化。

银行应该有政策和程序，在商定的客观标准的基础上定义识别、管理、挑战、批准和监测变更的过程。变更的实施应该由特定的监督控制来监视。变更管理政策和程序应接受独立和定期的审查和更新，并根据三道防线模式明确分配角色和职责，特别是：

①第一道防线应对新产品、活动、过程和系统进行操作风险和控制评估，包括通过从决策和规划阶段到实施和实施后检查来确定和评估所需的变化。

②第二道防线应对第一道防线的操作风险和控制评估提出质疑，并监测适当控制或补救行动的实施情况。操作风险框架应该涵盖这个过程的所有阶段。此外，公司应确保所有相关控制组（如财务、合规、法律、业务、信息通信技术、风险管理）都适当地参与其中。

银行应制定政策及程序，以审核及批准新产品、活动、程序及系统：

①审批过程应考虑银行的内生风险——包括法律、信息通信技术（ICT）及模型风险。在不熟悉的市场推出新产品、服务、活动和业务，以及推行新程序、人员和系统（尤其是外包时）所存在的固有风险（包括法律、资讯及通信科技和模型风险）。

②要有必要的控制措施、风险管理程序和风险缓解策略，考虑剩余风险、考虑相关风险阈值或限值的变化。评估、监测和管理新产品、服务、活动、市场、司法管辖区、过程和系统的风险的程序和指标。

③改变应该在实施过程中和之后进行监测，以确定预期的操作风险

状况的任何实质性差异，并管理任何意外风险。银行应尽量保存其产品及服务（包括外包产品及服务）的中央记录，以便监察有关变动。

7.5.6 风险控制环境的检测及报告

高级管理层应实施一个程序，定期监测操作风险。董事会、高级管理层和业务单位各级应建立适当的报告机制，以支持、促进操作风险的管理。

银行应确保其报告是全面、准确、一致及跨业务单位和产品可行的。为此，第一道防线应确保报告任何剩余的操作风险，包括操作风险事件、控制缺陷、过程不足以及不符合操作风险容许的偏差。报告的范围和数量应该易于管理，应该展望操作风险概况，遵守操作风险的意愿和容忍的声明，报告应该及时，无论是正常市场还是紧急情况下，银行都应提出报告。操作风险报告的频率应该反映银行所涉及的风险，报告的内容应包含监测活动的结果、内部审计、外部审计和风险管理职能部门进行的外部财务评估等。操作风险报告应通过提供内部财务、运营和合规指标，以及与决策有关的事件和条件的外部市场或环境信息，描述银行的操作风险概况。

操作风险报告应包括：

①违反银行的风险偏好和容忍度报表，以及门槛，限制或定性要求。

②关键风险和新出现风险的讨论和评估。

③近期重大内部操作风险事件和损失的细节（包括根源因素分析）。

④相关的外部事件或监管变化以及对银行的任何潜在影响。

7.5.7 风险控制及转移

1. 风险控制

（1）控制环境。

银行应有一个强有力的控制环境，利用政策、程序和系统、适当的内部控制，以及适当的风险缓解或转移策略。内部控制的设计应提供合理的保证，确保银行有效率和有效运作，保护其资产，编制可靠的财务报告。

有效地控制环境也需要适当的职责分工。如果转让为个人或团队造成了相互冲突的职责，而没有双重控制（例如使用两个或两个以上独立实体（通常是人）一起保护敏感职能或信息的过程）或其他反措施，可能导致隐瞒损失、错误或其他不当行动。因此，应确定可能出现利益冲突的范畴，尽量减少，并加以审慎的独立监察和检讨。确保职责分离和双重控制。

（2）内部控制计划。

健全的内部控制计划包括四个组成部分：风险评估、控制活动、信息与沟通，以及监测活动，这四个部分是风险管理过程中不可或缺的。控制过程和程序应包括一个确保遵守政策、法规和法律的系统。

政策遵守情况评估的主要内容的例子有：对实现所述目标的进展情况进行最高级别的审查；核实遵守管理控制的情况；审查不遵守情况的处理和解决办法；评价所需的批准和授权，以确保问责制达到适当的管理水平；追踪关于已批准的门槛或限额例外情况的报告，以及管理层凌驾于其他政策、法规和法律之上的情况。

（3）控制流程和程序。

应该解决银行如何确保在正常情况下和一旦出现混乱时保持运营韧性的问题，并反映相关职能部门的尽职调查，以符合银行的运营韧性方法。

（4）健全的技术监管和基础设施风险管理方案。

技术的有效运用和合理实施有助于控制环境。例如，自动化流程比手工流程更不容易出错。然而，自动化过程也会带来风险，其风险必须通过健全的技术监管和基础设施风险管理方案加以解决。

使用与科技有关的产品、活动、程序及交付渠道，也会使银行面临操作风险，并可能造成重大经济损失。因此，银行应该采取一种综合方法，按照与操作风险管理相同的原则，识别、衡量、监测及管理技术风险。

（5）第三方风险控制。

董事会及高级管理层有责任了解外包操作风险，并确保外包活动的风险管理政策及措施到位。其中，风险的集中性和外包的复杂性应该被考虑在内。作为操作风险管理框架政策的一部分，第三方风险政策和风险管理活动应包括：

①确定是否以及如何将活动外包的程序；

②在选择潜在服务提供者时进行尽职调查的程序；

③外包安排结构合理，包括资料的拥有权和保密性，以及终止合约的权利；

④管理及监测与外包安排有关的风险，包括服务供应商的财务状况的计划；

⑤在银行和服务提供商建立一个有效的控制环境，登记外包活动及指标，并向服务提供商报告；

⑥制订可行的应变计划；

⑦执行综合合约及/或服务水平协议，明确分配银行与外包商之间的责任；

⑧银行监管及决议机构接触第三方的机会。

2. 风险转移

在内部控制不能充分解决风险、退出不是合理选择的情况下，管理层可以通过将风险转移给另一方来实现控制，例如保险。董事会应确定银行愿意承担并有财务能力承担的最大亏损额，并应对银行的风险和保险管理计划进行年度审查。银行的具体保险或风险转移需求应根据个别情况确定。

由于风险转移并不能完全取代健全的控制和风险管理计划，银行应将风险转移工具视为对全面内部操作风险控制的补充，而不是替代。还需要仔细考虑风险缓解工具，如保险，在多大程度上真正减少风险，将风险转移到另一个商业部门或领域，或创造一个新的风险（如平衡风险）。

银行应统一操作风险管理的分类、方法和程序。

7.5.8 信息及通信技术风险

1. 通信技术风险管理

银行应配合其操作风险管理架构，推行健全的 ICT 风险管理计划。

妥善使用及推行健全的信息和通信技术风险管理，有助于控制环境的有效运作，对银行达到策略目标至为重要。银行的信息和通信技术风险评估应确保充分支持、促进其业务运行。通信技术风险管理应根据银行的风险偏好和承受能力，减少其在直接损失、法律索赔、声誉损害、通信技术中断和技术滥用方面的操作风险。

信息和通信技术风险管理包括：

①信息和通信技术风险识别和评估；

②信息和通信技术风险缓解措施符合评估的风险水平（例如网络安全、响应及恢复方案、信息和通信技术变革管理流程、信息和通信技术事故管理流程，包括及时向用户传送相关信息）；

③监测缓解措施（包括定期测试）。

2. 相关补充程序

为确保数据和系统的保密性、完整性和可用性，董事会应定期监督银行通信技术风险管理的成效，高级管理层应定期评估银行通信技术风险管理的设计、实施和成效。这需要定期调整业务、风险管理和资讯及通信科技策略，以配合银行的风险承受能力和容忍度报表，以及私隐和其他适用的法律。银行应持续监察资讯及通信科技的发展，并定期向高级管理层汇报资讯及通信科技的风险、控制措施及事件。信息及通信技术风险管理以及银行制定的补充程序应：

①定期根据相关行业标准和最佳做法，以及不断变化的威胁（如网络）和不断变化的新技术，审查其完整性；

②作为项目的一部分，定期进行测试，以根据所述的风险容忍目标找出差距，促进改进信通技术风险识别、保护、检测和管理；

③利用可采取行动的情报，不断提高其对通信技术系统、网络和应用程序的脆弱性的情势察觉，并促进在风险或变更管理方面作出有效的决策。

3. 通信技术风险准备与安保

银行应当制定办法，以便为因外部干扰事件引起的紧张情况做好通信技术准备，例如需要促进实施大规模远程接入、快速部署有形资产或大幅度扩大带宽，以支持远程用户连接和客户数据保护。银行应确保：

①针对与通信技术系统、网络和应用程序的分离或破坏相关的潜在风险制定适当的风险缓解战略;

②银行应评估连同这些策略一并考虑的风险是否属于银行的风险承受能力及风险承受能力范围;

③有明确的程序管理特权用户及应用程式开发;以及资讯及通信科技定期更新,包括网络安全,以维持适当的安保态势。

7.5.9　业务连续性计划

银行应制定业务连续性计划,以确保其能够持续经营,并在严重业务中断的情况下控制损失。将业务连续性计划与银行操作风险管理框架联系起来。

银行业务连续性政策的健全和有效治理要求:由董事会批准并定期审查;高级管理层和业务单元领导人大力参与政策的执行;在第一道及第二道防线中对其设计的承诺及第三条防线的定期审查。

银行应拟备前瞻性的业务连续性计划,包括与相关影响评估和恢复程序相关的情景分析。

根据对潜在风险的情景分析来制定业务连续性政策,识别及分类关键的业务操作和关键的内部或外部依赖关系。银行应涵盖所有业务单位、关键提供者和主要第三方。对每一种情景进行定量和定性的影响评估或业务影响分析,考虑其在财务、运营、法律和声誉方面的后果。程序应考虑恢复方面,设定恢复时间目标和恢复点目标,制定通知管理层、雇员、监管机构、客户、供应商和适当情况下的民事主体的沟通指南。

银行应定期检查其业务连续性计划及政策,以确保应变策略与当前操作风险及威胁保持一致。对员工的培训和提高认识方案应根据具体情况定制,以确保工作人员能够有效执行应急计划。应定期测试业务连续性程序,以确保恢复的目标和时间框架得以实现。银行应尽可能与主要服务供应商一起参与业务连续性测试,向高级管理层和董事会汇报正式测试和评审活动的结果。

7.5.10　监管的作用

监管机构应定期评估银行与操作风险有关的政策、程序和制度,以评估银行的金融稳定设施。监管机构应确保设立适当机制，让他们随时了解银行操作风险进展。

对操作风险的监管评估应包括健全管理操作风险原则所述的所有领域。如果银行是金融集团的一部分，监管机构应确保有适当的程序，确保整个集团以适当和综合的方式管理操作风险。在评估银行的资产负债表时，可能需要与其他监管机构按照既定程序进行合作及交换资料。

在某些情况下，监管机构可选聘外部审计进行评估。为确保监管人员能够获得有关操作风险的最新资料，监管人员可以直接与银行和外聘审计师建立报告机制。监管机构应监察、比较及评估银行最近的改善措施及未来发展计划，以鼓励银行持续进行内部发展工作。

管理层应设定明确的期望和问责制，以确保银行员工了解他们在风险管理方面的角色和责任，以及他们采取行动的权力。监管政策应与银行的风险偏好和容忍度声明、整体安全和稳健性相一致，并适当地平衡风险和回报。高级管理层应确保在整个组织的各个层面，如业务部门负责人、内部控制主管和高级经理，都有适当水平的操作风险管理培训。所提供的培训应反映受培训者的资历、角色和责任。强有力和一贯的董事会和高级管理层对操作风险管理和道德行为的支持，令人信服地加强了行为和道德守则、薪酬战略和培训方案。

7.6　本章小结

本章从巴塞尔委员会操作风险管理原则的进展分析银行操作风险的三条防线及其关系，加强操作风险管理框架，从 9 个方面具体细分了框架的具体实施的各主体及各环节的职责和注意事项，从构建统一框架的角度为操作风险管理提供思路。

第8章 银行操作风险驱动因素可能的应用技术

8.1 中国实施新标准法进行操作风险管理的挑战

虽然中国银保监会已于 2013 年开始为中国银行业度量操作风险加权资本，但这是按照标准法的思路计提的，而标准法是风险不敏感的。未来要采用的新标准法的主要目的是提高稳健性和风险敏感性，而其风险敏感程度主要是依赖于以前年度操作损失及内部损失乘数来体现的。也就是说，其假设前提是"过去操作风险大的银行，未来的操作损失也大"，这实际上是认为操作损失多的银行不会采取措施提高风险管理水平，这与现实并不相符。

在新标准法中，内部损失乘数设定的决定权在监管机构。相对于各家银行，监管机构是外部监督机构，管理着辖区内的众多银行，从精力、信息掌握的有限性上来说，对各家银行操作风险管理差异程度的考虑实际上是有限的或不能全面体现的。

此外，巴塞尔委员会的操作风险文件，仅有 2 份专门涉及管理实践，其他均致力于计量方法的规范，对银行操作风险管理实践的规范性要求及稳健做法的梳理推广较少，对银行操作风险管理的实践指导明显不足。

那么，即使未来采用有一定风险计量敏感性的新标准法，也仅是确定了操作风险管理的最后一道防线：监管资本金的配置，抵御极端损失的影响，这不意味着银行的操作风险管理水平有所提高。

新标准法是从监管的角度为银行提供规范的、统一的计量方法及其要求，内部损失乘数由各监管机构自行设定，但监管机构很难对各家银行设定各不相同的内部损失乘数，真正要提高银行的操作风险管理水平，还需要各家银行遵守巴塞尔委员会及银行监管机构要求的各项定性及定量规范要求，同时，考虑自身的经营状况及操作风险状况，有针对性地度量自身操作风险，提高操作风险管理实践水平，需要从第二支柱及第三支柱的角度考虑。相关内容要求已在第 5、6、7 章中予以阐述。

8.2　制约中国银行业操作风险管理的因素

即使中国学者已经对中国银行业操作风险进行了多种方法的度量，但从实证度量结果可以看出主要存在两大问题：数据问题和模型问题，以及由此产生的结果验证问题。

8.2.1　数据问题

巴塞尔委员会于 2001 年开始要求一些国际活跃银行向其报告操作风险损失信息。因此可以看出，银行收集操作风险损失数据，年限最长的也仅有二十余年。中国银监会自 2005 年才出台第一份关于操作风险的文件[1]，在中国，最早开始收集操作风险数据的银行是中国工商银行，其数据收集年限也仅将近 20 年[2]。而对银行操作风险影响重大的极端损失，单家银行的内部数据量很少。

中国商业银行操作风险内部损失数据收集起步较晚导致数据不足，没有统一的规范性指导文件导致数据一致性较差，操作损失事件公布可能会对市值产生更严重的影响导致银行有掩饰事件的动机，操作损失事件上报缺乏恰当的奖惩机制导致数据收集不积极，总体而言，即使个别

---

　　[1]　中国银行业监督管理委员会：《关于加大防范操作风险工作力度的通知》，银监发〔2005〕17 号，2005.03.22。

　　[2]　信息源自笔者 2004 年 8 月在进行一项有关中国工商银行风险分析的横向课题时与中国工商银行总部专职风险管理的处级员工的口头沟通，因无书面证据导致信息不够权威，但能说明问题。

银行已经开始建立操作风险数据库，但操作风险数据管理并不成熟，仍没有开发出完善的系统投入使用。

银行业人士于晨等（2014）认为中国商业银行操作风险的数据问题在于：第一，数据量少难以支撑模型；第二，数据失真难以令人信服。巴曙松等（2017）认为"操作风险内部数据库系统普遍上未在我国银行业形成"，可以说大部分中国商业银行仍处于操作风险数据搜集的初期阶段，很难在 2023 年初达到巴塞尔委员会提出的操作风险内部损失数据收集达 10 年的要求。

损失数据收集量的不足及质的失真是困扰操作风险管理的最重要因素之一。幸运的是，巴塞尔委员会《最终方案》的硬性要求，有助于督促银行提高信息收集及披露水平。

由于缺乏可靠的内部风险数据，中国学者主要通过外部数据度量操作风险。但中国商业银行操作风险外部数据的收集渠道也比较单一，外部数据的来源主要是公共数据。中国目前没有操作风险行业数据库，一行三会和中国审计署会定期整理少量操作风险案件对外发布，但与实际操作风险损失相比，数量基本可称为九牛一毛，中国银监会在行业经济资本测算时构建的历史数据库依然保密，不对外公布。这导致学术界与业界操作风险数据交流基本上难以进行，而业界对操作风险的度量并没有进行风险敏感性模型方面的探讨。

没有权威的主体来系统地主导操作风险数据的收集工作。我国没有相关的非营利性组织推动公共数据库的建立。中国银行业、保险业等行业协会也没有启动同业金融机构间的操作风险数据的共享机制。学者们研究中国商业银行的操作风险主要基于学者自行收集公开渠道披露的损失数据。因此，中国学者采用外部操作风险数据分析中国银行业操作风险，存在以下质疑：

第一，学者各自搜集的外部数据多为小样本的，是否能体现总体特征？很少有人研究这个课题，尚无定论。

第二，外部数据有内生偏差：报告偏差、尺度偏差和控制偏差，公共媒体报导的外部数据多为高损数据，外部数据未进行修正直接纳入度量容易导致高估最终结果（高丽君，2011）。

第三，选择的样本量及样本时期各不相同，采用的模型方法各异，导致中国学者度量的中国银行业操作风险资本金大相径庭，资本金从 5

亿元到 10000 多亿元。

以上种种，导致中国学者度量中国银行业操作风险的结果可信性较差[①]，说服力不足，业界也难以采用研究者们所提出的模型。

表 8－1 是中国学者操作风险外部数据收集情况及采用的模型，如果数据收集方法、途径基本一致且采用的方法模型也基本一致，则仅列示先发表的文献。表 8－2 是不同学者估算的中国银行业操作风险资本金情况，两表有不一致的地方，表 8－1 中部分学者仅进行了统计分析，未进行操作风险资本金的计算。表 8－2 中部分学者采用了多种方法进行估算。

表 8－1　　中国银行业操作风险外部数据收集情况及采用的模型

作者	发表年	样本量	样本年份	数据收集手段	模型
樊欣、杨晓光	2003	71	1994～2002	媒体报道	仅基本统计分析
樊欣、杨晓光	2004	未列明	1996～2001	上市银行年报	收入模型、证券因素模型
樊欣、杨晓光	2005	71	1994～2002	媒体报道	LDA＋MC 模拟
周好文、杨旭等	2006	96	2001～2004	据《福克斯》整理	极值理论
高丽君、李建平等	2006	193	1994～2005	媒体报道	HKKP 估计极值
袁德磊、赵定涛	2007	307	2000～2006	媒体报道	仅统计分析
詹原瑞、刘睿	2007	102	1994～2005	媒体报道	极值＋贝叶斯估计
费伦苏、邓明然	2007	578	2000～2006	媒体报道	蒙特卡罗（MC）模拟
司马则茜、蔡晨等	2008	860	1995～2006	媒体报道	分形理论
张宏毅、陆静	2008	161	1990～2005	媒体报道	损失分布法（LDA）
司马则茜、蔡晨等	2009	868	1995～2006	媒体报道	POT 幂率
卢安文、任玉珑等	2009	227	2003～2007	媒体报道	贝叶斯推断
钱艺平、林祥等	2010	220	1994～2008	媒体报道	分块极大值（BMM）模型

---

① 高丽君、宋汉鲲：《外部数据度量中国商业银行操作风险的样本量研究》，载于《山东财经大学学报》2015 年第 7 期，第 68～75 页。

续表

作者	发表年	样本量	样本年份	数据收集手段	模型
司马则茜、蔡晨等	2011	868	1995～2006	媒体报道	g－h 分布
宋坤、宋鹏	2011	343	1987～2010	媒体报道	变点分析阈值法
吴恒煜、赵平等	2011	202	1994～2007	媒体报道	极值＋Copula
丰吉闯、李建平等	2011	860	1995～2006	媒体报道	LDA＋随机和模型、广义误差模型
施武江、丰吉闯	2011	860	1995～2006	内体报道	最大熵、压力测试
周艳菊、彭俊等	2012	409	1994～2009	媒体报道	Bayesian－Copula
陆静	2012	439	1990～2009	媒体报道	分块极大值（BMM）模型
宋坤、刘天伦	2012	344	1987～2011	媒体报道	贝叶斯估计
王宗润、汪武超等	2012	426	1994～2010	媒体报道	BS－PSD－LDA 模型
高丽君、丰吉闯	2012	1469	1994～2008	媒体报道	变位置参数贝叶斯预测
陆静、张佳	2013	213	1990～2010	媒体报道	信度理论
陆静、张佳	2013	238	1990～2010	媒体报道	极值＋多元 Copula
宋加山、张鹏飞等	2015	330	2000～2013	媒体报道	对数正态＋完全独立 EVT＋t Copula
汪冬华、徐驰	2015	935	1994～2010	媒体报道	非参数，正态近似法、经验近然法、数据倾斜法
李达、陈颖等	2016	2959	1978～2012	媒体报道	新标准法、收入法、信度法
戴丽娜	2017	577	1994～2008	媒体报道	非参数 Champernowne 法＋参数法
徐驰、汪冬华	2018	1093	1994～2012	媒体报道	系数序列法＋动态 Levy Copula＋极值
高翔、郭雪梅	2019	3336	1987～2012	媒体报道	统计分析
陈情	2019	549	1994～2013	媒体报道	双截尾＋POT
谢俊明、胡炳惠等	2019	267	1997～2016	媒体报道	损失分布法＋左截断＋保险缓释

注：若方法基本相同，数据收集手段也相同，则仅列先发表者文献。

资料来源：表格数据根据各研究文献统计整理。

单位：亿元

表 8 - 2　　学者估算中国银行业操作风险资本金的研究结果对比

方法录属框架	计量方法	样本区间	样本数	估计资本金	置信度	作者	发表年度	结果验证
损失分布法（LDA）	LDA + MC 模拟	1990～2003	71	1900	99.9%	樊欣、杨晓光	2005	—
极值理论	HKKP 估计	1994～2005	193	13624	99.9%	高丽君、李建平等	2006	占银行业总资产比
极值理论	POT 极值	1994～2005	193	13089	99.9%	高丽君、李建平等	2007	占银行业总资产比
模拟	蒙特卡罗模拟	2000～2006	578	3163	99.9%	费伦苏、邓明然	2007	—
模拟	灰色动态残差模拟	1994～2005	219	1733.87	99.9%	金婷、秦学志	2007	—
LDA	LDA	1990～2005	365	107	99.9%	张宏毅、陆静	2008	—
极值、贝叶斯	贝叶斯推断法	2003～2008	227	697.9	99.9%	卢安文、任玉珑等	2009	—
极值理论	POT 幂率	1995～2006	868	9700	99.9%	司马则茜、蔡晨等	2009	与 HKKP 法比误差
极值理论	BMM 模型	1994～2008	220	31.91	99.9%	钱艺平、林祥等	2010	—
极值理论	POT 极值	1995～2006	860	1236	99.9%	丰吉闯、李建平等	2011	与 GED、SGED 比
LDA	GED	1995～2006	860	1201	99.9%	丰吉闯、李建平等	2011	与 POT、SGED 比
LDA	SGED	1995～2006	860	1057	99.9%	丰吉闯、李建平等	2011	与 POT、GED 比
LDA	LDA + 估计阈值	2000～2006	280	1930	99.9%	丰吉闯、李建平等	2011	压力测试
LDA	LDA	1994～2009	409	39	99%	周艳菊、彭俊等	2011	与 MLE 法比较

方法隶属框架	计量方法	样本区间	样本数	估计资本金	置信度	作者	发表年度	结果验证
LDA	LDA + 相关性	1994~2009	409	32	99%	周艳菊、彭俊等	2011	与不相关法比较
极值理论	变点分析阈值法	1987~2010	343	749.4	99.9%	宋坤、宋鹏	2011	—
极值理论	g－h 分布	1995~2006	868	8780	99.9%	司马则茜、蔡晨等	2011	与 POT 幂率法比
极值理论	POT + Copula	1994~2007	202	4.99	99.9%	吴恒煜、赵平等	2011	与不相关法比
极值 + 模拟	贝叶斯参数估计	1987~2011	344	1080.1	99%	宋坤、刘天伦	2012	与 MLE 法比标准差
极值理论	BMM	1990~2009	439	11.95	99.9%	陆静	2012	KS 及 AD 检验
极值 + LDA + 模拟	BS－PSD－LDA 模型	1994~2010	426	16.91	99%	王宗润、汪武超等	2012	Kupiec 返回检验
极值 + 相关性	极值 + Copula 多元	1990~2010	238	1097.9	99.9%	陆静、张佳	2013	与简单极值、LDA 比
极值 + 相关性	尾相关 Copula	不明	200	883.22	99.9%	明瑞星、谢铨	2013	与不考虑尾相关性比
极值 + 相关性	极值 + Copula	2000~2013	330	272.00	99.9%	宋加山、张鹏飞等	2015	与对数正态 + 完全独立比
非参数法	正态近似、经验似然、数据倾斜	1994~2010	935	94.03	99.9%	汪冬华、徐驰	2015	与参数法比
损失分布	广义 Champernowne 核密度估计	1994~2008	国: 310;非国: 267	国: 2711;非国: 6248	99.9%	戴丽娜	2017	与参数法比

续表

方法隶属框架	计量方法	样本区间	样本数	估计资本金	置信度	作者	发表年度	结果验证
损失分布法	系数序列法、动态 Levy Copula + 极值	1994～2012	1093	504.46	99.9%	徐驰、汪冬华	2018	与同单调模型、传统 Copula 模型比
损失分布法	左截断 + 保险缓释	1997～2016	267	645.7	99.9%	谢俊明、胡炳惠等	2019	与不考虑左截断比
损失分布法	双截尾分布 + POT	1994～2013	549	102.69	99.9%	陈倩	2019	与单一损失及未截尾比

注:"国"代表国有商业银行;"非国"代表非国有商业银行。限于篇幅,简写。
本表与表 8-1 略有区别,本表仅体现实证度量中国商业银行操作风险资本金的文章。
资料来源:表格数据根据各研究文献统计整理。

137

可以看出，由于选择的样本不一致，样本容量不一样，采用的度量方法不一致，度量结果相差很大。

这其中既有样本无法体现总体特征的缘故，因为媒体报道的操作风险损失，一般为损失额较大或影响非常恶劣的，因此会出现与实际情况相比高额损失频率增大的情况；也有度量模型选择的缘故，模型能否很好地刻画样本分布特征，很多模型都没有进行充分的验证；还存在小样本数据与模型的适配性问题。但不可否认的是，虽然结果相差很大，但在无法获得银行操作风险内部损失数据的情况下，这些学术探讨仍然是有较高的学术价值和一定的实践意义的。

可以这么说，目前大部分商业银行对本机构的操作风险究竟有多大，该如何有重点、有针对性地进行管理，并没有非常清楚的认识。而要达到巴塞尔委员会对大型银行的监管管理要求，中国商业银行操作损失数据库建设还任重道远。巴曙松等（2017）建议加强银行操作风险内部数据的建设。

8.2.2 模型选择问题

上述中国学者度量中国银行业操作风险资本金存在较大差异的问题，原因主要在于两点：第一，媒体公开报道的外部数据多为高损数据，且样本规模为小样本[1]，参数估计稳定性较差，容易导致度量结果偏大；第二，鉴于操作风险损失分布为中、厚尾分布，常用的统计分布难以拟合中国银行业操作风险的损失强度分布，中国学者度量银行操作风险多采用高级度量法，如果采用具有超越样本的估计能力的极值理论方法或对其进行修正的各种调整的极值理论方法[2]，又因为超阈样本为小样本，参数估计存在稳定性问题，其阈值及形状参数的估计对结果的估计影响很大，即存在模型选择方面的问题。

随着对银行操作风险的重视度的逐渐加强，小样本问题已逐步改善，学者们自行建立的操作风险损失外部数据库的记录条数从最初的

---

[1] 中国学者收集的外部数据基本上都是媒体公开报道这一来源。
[2] 此类方法在度量银行操作风险过程中较为常用，国际活跃银行中采用高级计量法的银行中有超半数采用了此类方法。

71 条记录、100 多条记录，现在记录数最多的达到了 3000 多条记录[①]，小样本情况下采用极值理论，阈值选择图形化导致的结果鲁棒性问题一定程度上得到缓解，2010 年以后的相关度量说明中国银行业操作风险资本金在千亿元级别比较合理[②]。但到 2023 年，外部数据的使用将受到限制，至少在度量操作风险监管资本金方面受到限制。

如前所述，采用一般的统计模型度量银行操作风险强度分布，多数情况下并不适用。操作风险的衡量需要借助模型的力量，但模型一般对输入和参数假设高度敏感，如果最初的假设"采用某模型度量中国银行业操作风险适合"本身就是错误的，那度量结果可想而知与实际是有较大偏差的。

因为结果差异性较大，同时可获得的信息也较少，中国学者对中国银行业操作风险度量的模型验证方法相对比较单一（见表 8-2），多数采用同一数据集与其他一两种方法度量结果相比，个别采用与银行业总资产的比值进行分析。总体而言，模型验证方法单一，所用的对比参照方法也未获得广泛认可，模型被业界接受的可能性较低。

8.3　机器学习法

为避免模型假设的错误，也为规避新标准法对过去操作损失大则现在操作损失大的假设，笔者考虑规避因果关系的分析思路，考虑相关关系思路。机器学习的处理过程是通过归纳思想得出相关性结论，且在多个领域被证明具有较强的归纳、学习能力。

因此，笔者考虑采用机器学习方法，最初不对模型方法及参数进行假设，把所有的自变量和因变量输入，把建立模型的过程交给计算机，通过计算机利用数据而不是指令来进行各种计算，通过机器学习逐步训练优化得出规律，把规律拟合出模型再预测。

---

① 高翔、郭雪梅：《我国金融机构操作风险的特征分析与防控——基于 1978～2012 年媒体公开报道事件数据》，载于《上海商学院学报》2019 年第 1 期，第 21～39 页。

② 李建平、丰吉闯、高丽君：《商业银行操作风险度量与监管资本测定——理论、方法与实证》，科学出版社 2013 年版，第 191～192 页。

8.3.1　单一机器学习算法简介

实际机器学习项目中，通过训练集训练模型，然后用该模型计算测试数据集的测试误差，最后以测试集的测试误差近似为模型的泛化能力，根据泛化能力来评价模型的优劣。机器学习模型的数据越多，机器学习的预测效率就越好。

机器学习工作的核心概念是相关而不是因果。应用于操作风险管理中，就是通过分析同时期可能影响操作风险的相关因素/数据，得出操作风险的影响因素，进而度量操作风险。

这个思路与基本指标法、标准法、新标准法本质上是相同的，都隶属于因子法思路，区别只在于确定关键风险因子的方法不同：基本指标法、标准法及新标准法是根据统计模型的思路寻找风险因子，是因果关系，而机器学习法是通过训练数据、归纳经验的思路寻找风险因子，是相关关系，殊途同归。

机器学习方法的种类很多，按照训练的数据有无标签，可以将算法分为监督学习算法和无监督学习算法及推荐算法。其中，推荐算法较为特殊，是单独的一类。监督学习算法主要包括回归算法、神经网络、支持向量机等；无监督学习算法包括聚类算法、降维算法等。

8.3.2　回归算法

回归算法是机器学习方法最首要、最基础的算法。它相对简单，且是后面若干强大算法的基石，回归算法主要分为两类，线性回归和逻辑回归。

1. 线性回归

线性回归实质上就是采用一条直线去拟合所有的数据。常用极大似然估计和最小二乘法求线性回归的最优参数，将最优问题转化为求函数极值问题。但由于线性回归表达式没有正则化项，因此模型的复杂度等同于模型参数的个数，参数个数过多模型容易产生高方差（过拟合），参数个数过低模型容易产生高偏差。

2. 逻辑回归

线性回归处理的是数值问题，而逻辑回归属于分类算法。逻辑回归的不足在于当数据量较大时处理效率很低，而且当数据之间的界线不是线性时，逻辑回归分类效果不佳。

3. 添加正则项的回归

若模型的复杂度较高，可以考虑降低模型复杂度的方法，减少模型参数的个数或降低模型参数的值。通过在损失函数项中增加正则项降低模型复杂度，体现了这两类思路：套索（Lasso）回归（L1）是通过稀疏参数（减少参数的数量，即参数的系数为0）来降低复杂度，岭回归（Ridge 回归，L2）是通过减小参数值的大小来降低复杂度。最小化损失函数 E(w) 得到的参数 w 即是模型的最优解，如式（8 - 1）所示。

$$E(w) = \frac{1}{2} \sum_{n=1}^{\tilde{N}} (t_n - \overline{w}^T \phi(\overline{x}_n))^2 + \frac{\lambda}{2} \sum_{j=1}^{M} |w_j|^q \qquad (8-1)$$

若 q = 1 时，则正则化项为 L1 范数，构建的回归模型为 Lasso 回归。若 q = 2 时，则正则化项为 L2 范数，为岭回归。

141

8.3.3　神经网络

1. 神经网络

神经网络的学习机理简单来说，就是分解与整合。在神经网络中，每个处理单元事实上就是一个逻辑回归模型，接收上层的输入，把模型的预测结果作为输出传输到下一个层次。通过这样的过程，神经网络可以完成非常复杂的非线性分类。

机器学习模型训练的目的，就是使参数尽可能的与真实的模型逼近。表现为函数形式就是损失值 $loss = (y_p - y)^2$，最小化所有训练数据的损失和，使其转化为一个优化问题。

BP 神经网络（Back - Propagation Network，BP）方法具有一定的自适应与自组织能力以及非线性映射能力，不足之处在于其性能受样本数据及拓扑结构影响较大。

批量标准化算法（Batch Normalization，BN）是 2015 年伊奥夫等

（Ioffe et al. ，2015）提出的一种方法，已经被广泛证明其有效性和重要性，其作用是可缓解梯度弥散问题。

2. 深度学习

深度学习理念非常简单，就是将传统的神经网络发展到多隐藏层。相较于传统神经网络，深度学习模型层数更多，具有更强的特征提取能力，不需要进行特征选择是深度学习的一大优势。人工智能是机器学习的父类，深度学习则是机器学习的子类。

深度学习的不足在于它需要大量数据支持，硬件要求高，训练时间长；"黑箱操作"导致可解释性差，结果难以进行经济学理论解释，这些限制了深度学习的应用。

8.3.4　支持向量机（SVM）

支持向量机是最重要的机器学习算法之一，支持向量机的分类思想：感知机的损失函数为所有误分类点到超平面的距离之和。支持向量机结合了感知机和逻辑回归分类思想，假设训练样本点（x_i，y_i）到超平面 H 的几何间隔（点到超平面最短的距离）为 $\gamma(\gamma > 0)$，当 γ 越大时，损失函数越小，结果为正样本的概率也越大。因此，感知机的分类思想是最大化点到超平面的几何间隔，最优超平面到正负样本的几何间隔相等。支持向量机，既可以保持计算效率，又可以获得非常好的分类效果，应用很广泛。

8.3.5　无监督算法

无监督算法，训练数据不含标签，算法的目的则是通过训练，推测出这些数据的标签。

1. 聚类算法

聚类算法中最典型的代表就是 K-means 算法。K-means 聚类算法步骤实质是最大期望（EM）算法的模型优化过程，在数据各向同性时，K-means 算法效果较好。而当样本数据各向异性、非凸数据集时、训练数据集各个簇类的标准差不相等时、样本数相差比较大时，K-means 聚类性能、效果不好。

另外还有层次聚类算法和谱聚类也比较常用，谱聚类属于优化聚类模型，当样本数据集较小时，应用广泛。

2. 降维算法

降维算法的主要特征是将数据从高维降低到低维层次。主成分分析是一种无监督学习的降维算法，在降维过程中没有考虑类别的影响，只需要计算样本数据的协方差矩阵就能实现降维的目的，其算法较易实现，主成分降维后的样本集最大程度地保留了初始样本信息，常用投影距离来描述投影前后样本的差异信息。缺点是降维后特征的可解释性减弱及造成部分信息丢失。

3. 与有监督算法的对比

K-means 是最简单的无监督分类算法，k-最近邻算法（kNN）是最简单的监督分类算法，都是用距离作为评价样本间的相似度。和主成分分析相对的是线性判别分析（Linear Discriminant Analysis，LDA），是有监督的降维方法。

主成分分析是基于最大投影方差或最小投影距离的降维方法，线性判别分析是基于最佳分类方案的降维方法。若训练样本集两类的均值有明显的差异，线性判别分析降维的效果较优，线性判别分析降维后的二分类样本集具有明显差异的样本分布。若训练样本集两类的均值无明显的差异，但协方差差异很大，主成分分析降维的效果较优。在实际应用中也常结合线性判别分析和主成分分析一起使用，先用主成分分析降维去消除噪声，再用线性判别分析降维。

除了以上算法之外，还有其他的方法如朴素贝叶斯、决策树等多种算法，此处不再讨论。

8.4　集成学习法

与单一机器学习算法相比，集成学习法精度高、可解释性强，易于理解。

8.4.1 简单并行式和串行式集成学习方法

集成学习（Ensemble Learning）是指结合多个学习器进行学习的机器学习方法，能较好地避免单一学习模型带来的过拟合问题。较传统学习方法而言，集成学习具有准确度高、稳定性高、对参数设置敏感性相对较小以及学习效率高等优点。集成学习能够通过训练数据集产生多个学习模型，然后通过一定的结合策略生成强学习模型，其中，应用最多且应用范围最广的为套袋算法（Bagging）与可提升算法（Boosting）。

1. 套袋算法

套袋法是并行式集成学习方法的代表。套袋法假设训练样本集服从均匀分布，即 $1/n$。套袋法均值不变，但方差降为原来的 $1/n^2$，套袋法是通过显著地减小学习器的方差来提高学习性能。

2. 可提升算法

可提升算法是常用的串行式集成学习算法。Boosting 算法串行生成多个弱学习器并按一定的结合策略生成强学习器，从而加强对精度较低个体的学习，与 Bagging 法不同，Boosting 法主要是降低模型的偏差。可提升算法中最具代表性的为自适应增强算法（AdaBoost）。

自适应增强算法（AdaBoost）的训练误差界如式（8-2）所示：

$$\frac{1}{N} \sum_{i=1}^{N} I(G(x_i) \neq y_i) \leqslant \exp(-2M\gamma^2) \qquad (8-2)$$

其中 $\gamma > 0$，M 表示弱分类器的个数，N 表示训练样本集的个数。

AdaBoost 算法不容易出现过拟合问题，但不是绝对的。AdaBoost 在减小方差的同时还可以减小偏差，Bagging 法的方差减小程度、稳定性和鲁棒性都强于 AdaBoost 法，但 AdaBoost 在降低错误率的程度上强于套袋法。

8.4.2 决策树法与简单算法框架的集合

在实践中也常把决策树与这些算法框架进行结合得到的新的算法。

1. Bagging + 决策树 = 随机森林

随机森林是基于套袋法框架的决策树模型，其主要作用是降低模型的复杂度，解决模型的过拟合问题（杨帆等，2012；王宇燕等，2017；王淑燕等，2016）。随机森林的参数择优包括两部分：①随机森林框架的参数择优；②随机森林决策树的参数择优。

2. AdaBoost + 决策树 = 提升树

提升树是利用加法模型和前向分布算法实现学习的优化过程，它有一些高效的实现，如梯度提升树（GBDT），极端梯度提升（XGBoost）和基于最小二乘（残差）梯度回归树（pGBRT）等。

（1）梯度提升树。

梯度提升树使用分类与回归决策树作为弱学习器，提升法（boosting）框架参数。当训练数据含有较大的噪声或异常值时，建议选择损失函数是胡伯（Huber）的梯度提升回归模型，此时均方差最小。参数择优一般采用交叉验证的方法，重点是理解交叉验证的算法思想。

（2）极端梯度提升树。

极端梯度提升 XGBoost（eXtreme Gradient Boosting）是一个高性能的学习模型算法，是集成学习方法的王牌，可以有效提高模型的泛化能力。相比梯度提升，极端梯度提升的准确性更高，迭代次数更少。

①极端梯度提升的优点：

第一，切分节点时考虑了正则化项，减少了过拟合。实际上，极端梯度提升也称为"正则化提升"技术；

第二，并行处理：虽然极端梯度提升是串行迭代生成各决策树，但在切分节点时可以做到并行处理，因此极端梯度提升支持 Hadoop（一个分布式系统基础架构）实现；

第三，高度灵活性：极端梯度提升支持自定义目标函数和评价函数，只要知道了损失函数，然后求其一阶导和二阶导，就能确定节点的切分规则；

第四，缺失值处理：极端梯度提升内置了处理缺失值的节点切分规则；

第五，内置交叉验证：内置交叉验证，并不需要传统的网格搜索法来获取最优迭代次数；

第六，可以在已有的模型基础上继续，从而节省了运行时间。

②不足：

当面对大量数据集和高维特征时，多数提升算法分裂树一般采用的是深度方向或者水平明智，其扩展性和效率很难令人满意，过程非常耗时。

（3）Gradient Boosting + 决策树 = GBDT。

基于直方图的切分点算法（LightGBM）是 GBDT 的另一种形式。它能很好地解决极端梯度提升树的不足。LightGBM 采用按分裂增益最大的叶节点（Leaf-wise）分裂。优点是效率高，在分裂次数相同的情况下，Leaf-wise 可以得到更高的准确率。缺点是可能会产生过拟合，可通过设置树的最大生长深度避免。

8.5 机器学习在金融领域的应用

8.5.1 股票预测领域

股票预测领域采用了很多种机器学习方法，如支持向量机、神经网络、决策树等。学者们证明了机器学习方法较传统的方法极大地提高了预测的准确率。学者们在股票预测领域采用的方法如成本敏感的微调朴素贝叶斯分类器（Alsubaie et al.，2019），多元自适应回归（MARS）及使用核技巧的岭回归（Tsai et al.，2018），主成分分析（于卓熙等，2018），去噪自动编码器（DAE）结合 BPNN（邓烜堃等，2018），支持向量机（Kim，2003；Mei et al.，2018；Gowthul et al.，2019）可以结合 ARIMA 模型或果蝇优化算法（FFO）等进行股市预测。基于非线性回归技术的支持向量回归机（SVR）解决股价预测问题中的回归问题应用也较多（如 Huang，2012；Vilela et al.，2019；黄润鹏等，2015；Shynkevich et al.，2016）。

神经网络在金融时间序列的应用比较广泛。目前，深度学习方法在该领域也得到了应用。金太宇等（Kim et al.，2019）认为集成学习法比普通方法预测效果更佳，卷积神经网络在特征选择上具有更好表现，而长短期记忆模型则更加关注时间序列之间的相关性。冉杨帆等（2018）、戴德宝等（2019）则比较了神经网络和支持向量机方法在股票文本数据预测方面的效果的精度。

集成机器学习方法也广泛应用于股市分析与预测中，套袋算法集成长短时记忆模型（Bagging – LSTM）（谢琪等，2019）、基于经验模态分解的套袋算法（EMD – HW Bagging）（Awajan et al.，2018）、随机森林模型（Lohrmann et al.，2019）、自适应增强算法（AdaBoost）（Zhang et al.，2017）以及自适应增强算法结合概率支持向量机（PSVM）、遗传算法（GA）等（Zhang et al.，2016）、XGBoost 模型（王燕等，2019）、梯度增强决策树（GBDT）（Zhou et al.，2019）模型等。

8.5.2　信用风险领域

仅考虑金融领域，国际金融学会（IIF）于 2018 年 3 月和 2019 年 8 月对全球 52 家及 60 家金融机构的调查发布了两份机器学习在金融服务部门领域应用和实施的综合报告（IIF，2019）[1]，指出机器学习在信用风险建模和管理方面的应用显著增加。

国际金融学会认为使用机器学习技术有很多益处，两次调查发现，机器学习可以提高模型的准确性达 67%；在克服数据缺陷和不一致方面也有较好的进展（37%）；采用机器学习技术可以发现新的风险部分或模式（56%）；对不同数据源进行整体分析的能力提高达 31%，可以降低成本约 24%，在模型开发效率方面能提高 50%。

从表 8 – 3 可以看出，应用及其学习方法的金融机构显著增加，机器学习在信用风险建模和管理的应用显著增加，应用的范围领域越来越倾向于较综合性的决策分析。机器学习方法从多个角度对信用风险建模及管理的发展做出了探讨及贡献。

---

[1]　Institute of International Finance. Machine Learning in Credit Risk. IIF, 2019. 08.

表 8 – 3　　　　　　机器学习在金融服务部门信用风险应用的调查

调查		2018.03	2019.08
应用范围		少量大型公司信贷监测 零售投资组合信贷决策	零售投资组合信贷决策 大型公司信贷监测 中小企业投资组合
调查对象		全球 52 家不同的公司	全球 60 家不同的公司，含前 52 家
应用数		正在：23；试点：12；计划：18；无计划：8	正在：25；试点：27；计划：6；无计划：2
项目	监管资本	15%	10%
	压力测试	10%	8%
	经济资本	10%	7%
	供应	15%	7%
	信用评分及决策	23%	37%
	信用监测、预警系统	9%	25%
	收款、重组、恢复	8%	22%

148

8.5.3　反洗钱领域的机器学习应用

　　国际金融学会（IIF）于 2018 年 10 月发布了机器学习在反洗钱中的应用调查（IIF，2018）①。防止洗钱和资助恐怖主义是整个金融部门的一个关键议题，在各种规模和业务模式的金融机构眼中，它的重要性呈指数级增长，国际金融学会对 59 家金融机构进行调查，研究他们如何应用机器学习技术打击洗钱。这些机构由 54 家银行和 5 家保险公司组成，代表了来自各大洲不同业务模式和公司规模的机构。

　　59 家参与机构中有 33 家机构都认为机器学习的主要重点领域是事务监控的各个阶段，机器学习的使用范围很广，从应用增强分析作为现有监测系统的额外过滤器以减少误报，到结合传统方法、图论和监督式学习进行监测本身。机器学习方法以一种全面的方式进行监控，可以描

---

　　①　Institute of International Finance. Machine Learning in Anti-money Laundering——Summary Report. IIF，2018.10.

述为客户行为监控。图 8 - 1 体现了机器学习在反洗钱中的应用的调查结果。

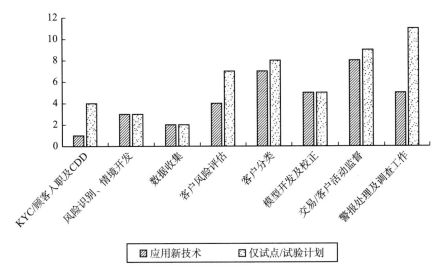

图 8 - 1 反洗钱机器学习分析技术

机器学习技术可以致力于客户细分和风险建模，建立考虑到各种风险因素的模型，并通过克服数据差距（如使用图论）提供更大的灵活性，最终对客户和整个机构进行更准确的风险评估。在反洗钱领域，机器学习技术运用数量最少的项目是克服数据差距和处理非结构化客户数据。

在反洗钱活动中运用机器学习具有如下好处：发现新的风险部门及洗钱模式；提高对新冲击的分析—反应速度；减少误报数；不同数据源的整体分析。

最显著的好处是提高了分析的速度、自动化程度，使之能够响应洗钱分析方法的最新发展。关键流程步骤自动化程度和速度的提高，有利于围绕这些步骤建立的所有其他流程步骤。机器学习方法还可以具有指向洗钱或其他类型非法活动的全新风险部分和模式的预期能力。机构可以利用增强的分析能力来加强防御系统。这种新知识可用于在现有风险模型中建立新的类型，用于风险评估和监测目的。

在客户细分能力方面也有显著进步。通过使用非监督式学习方法分析整个客户群的相似性，公司能够识别出异常值，并调查是否需要采取进一步行动，从而获得对他们可能面临的风险的更精确的看法。误报数也发生了可观数量的减少。值得调查的警报有所增加（即使这些警报最终证明不是非法活动）。提高生成警报的质量，从而提高流程步骤的自动化程度，确实可以让人工专家集中精力处理最相关的案例。

国际金融学会认为，那些已经应用机器学习的机构，确实实现了预期的好处，随着未来这个领域的进步，预计会有更多的好处。

当然，平衡金融犯罪预防措施和隐私规则是一件棘手的事情。作为充分的风险缓解框架的一部分，监管机构对这一技术的支持仍存在一些不确定性。建议加强国际合作，处理支付系统和标准技术的演变问题，以及如何从反洗钱的角度处理这些问题。

解决洗钱问题的最大挑战与数据有关。客户的财务数据必须保持安全和私密，监管机构应该协调处理不一致的数据保护法律框架、隐私和银行保密等问题。必须克服在国内一级实施的限制，这些限制导致监管支离破碎，削弱有效的反洗钱风险缓解。

国际金融学会建议，应在适用的打击洗钱/恐怖分子筹资活动法例中清楚订明，即使对客户没有任何怀疑，亦可在同一银行或保险集团成员之间分享及处理有关资料，以防止金融罪行。同样，必须能够根据可获得的数据来源集中生成数据特征，并处理这类共享信息，以及警报和其他调查的流动。如果金融部门能够更加明确地接受在这方面共享信息，将受益匪浅。

金融机构意识到这些风险，并正在采取行动开始投入大量资金升级和维护其信息技术系统，从而从不断发展的技术中充分受益。数据集的现代化和更高程度的数据完整性也是为日益注重数据的经济作准备的一项重要措施。除了历史数据和记录之外，确保未来数据集中强大的数据完整性是至关重要的，后者将得益于 IT 基础设施的投资。

使用新的分析技术，如机器学习，需要高质量的数据，以及更新它的能力和基础设施。低质量的数据是金融机构需要解决的一个主要风险来源。解决了这一点，持续的高质量数据将形成更有效的内部程序，在使用机器学习技术开发风险模型时，它还将形成更好的培训能力。数据挖掘过程和使用机器学习等技术的一个关键步骤是"探索和清理数据"，从而将典型的"数据挖掘过程"整合到企业业务中。相当数量的公司正在研究如何适当地使用云计算和集中的数据聚合，以便建立一个有效的基础来利用这些技术。这些潜在举措正变得越来越重要，再次证明了克服数据共享障碍的重要性。

银行的操作风险与洗钱风险的数据特征具有一定的相似性，也是金融领域的一个难点，它因素众多，信息多且很多为非结构化数据，数据存在缺陷，如不完整、不一致，且属性间可能存在相互影响，其风险复杂性很大。这些数据的相似性意味着可以用于反洗钱方面的机器学习技术，也可能用于银行操作风险管理的研究。笔者认为机器学习方法的模型开发能力可以提高操作风险模型精确度、在多个变量中筛选出重要的预测，发现新的风险因素或模式。

8.6　对应用机器学习方法的监管思考

虽然人工智能、机器学习技术在银行业多个范畴的应用越来越普及，带来不少商机，但这些技术亦带来风险和挑战。需要探讨机器学习在可解释性、治理、弹性和金融稳定性等方面的使用。巴塞尔委员会正在分析银行使用人工智能及机器学习的情况及其对银行监管的潜在影响，并确定了几个需要监管机构继续分析的领域。

在某些情况下，人工智能或机器学习模型可能比传统模型更难管理，因为它们可能更复杂。一般要求银行在模型设计、运作及可解释性方面，保持一定程度的透明度，以应付所支持的银行活动的风险。如何选择机器学习模型并提高模型的可解释性及透明度，是监管机构及银行需要深思的问题。

另外，当银行将机器学习模型设计工作外包给专业机构时，也存在类似的挑战，因为银行仍然应保持适当的尽职调查和监督的责任和问责制。由于机器学习部署通常涉及大型数据集的使用、与第三方的互联以及云技术的使用，因此它也可能产生多个可能的网络风险点。

除此之外，由于通常用以支援人工智能或机器学习模型的数据来源的数量和复杂性，这些数据来源可能会在确保数据质量、相关性、安全性和保密性方面带来更大的数据管治挑战。此外，机器学习模型与传统模型一样，可以反映培训数据中的偏差和不准确性，如果管理不当，可能导致不道德的结果。

鉴于与人工智能及机器学习相关的挑战，监管者和银行都在评估现有的风险管理和治理实践，以确定识别和管理风险的角色和责任是否足够。与其他复杂的操作和技术一样，银行拥有适当技能的员工非常重要，这些员工可以包括模型开发人员、模型验证人员、模型用户和独立审计师。我们相信，随着机器学习技术在银行的迅速发展和应用，以及监管机构、业界和专题专家之间的不断交流，将有助于进一步讨论机器学习方法的监管影响。

8.7　本章小结

本章分析了中国制约银行操作风险度量与管理的因素：数据问题、模型选择及由此产生的模型验证问题。针对这些问题，笔者提出机器学习方法可能是应对模型选择问题的一大利器：分析了机器学习方法的基本思路，其与标准法、基本指标法及新标准法都体现了风险因子的思路，只不过巴塞尔委员会提出的方法是从统计逻辑提出的，而机器学习方法是从数据驱动、归纳总结的方法提出的。从基本逻辑来看，机器学习方法和巴塞尔委员会提出的思路是殊途同归的。

分析了常见的多种机器学习方法及其优劣，包括简单的机器学习法及集成机器学习法。并分析了各种机器学习方法在股票预测（市场风险）、信用风险及金融机构反洗钱方面的应用，从多种金融领域的应用看，机器学习方法应用越来越广、越来越综合，效果也比传统方法有显著提高。金融机构操作风险的数据特征与洗钱风险的数据特征有一定的相似性，因此可以认为，如果能较好地选择机器学习方法，其也有较大可能在金融机构操作风险分析中有较好效果。

但机器学习方法也有不足，其主要弊端在于可解释性方面，这阻碍了机器学习法银行实践中的应用。同时，机器学习法会带来新的风险，会产生新的监管问题，如何应用，有待探讨。

第9章 机器学习法实证分析操作风险驱动因素

以 A 银行的操作风险内部损失数据为基础，分析 A 银行操作风险的风险因素。如前所述，数据是操作风险的度量及管理的基本要素，数据不充足及质量缺陷一直是制约操作风险管理的重要桎梏之一。然而，中国的商业银行目前仍有部分银行仍未系统地收集操作风险内部数据，各银行的内部数据收集标准各不相同，且均不对外公布，这阻碍了中国商业银行管理操作风险、业界及学术界研究操作风险的进程。

9.1 原始内部数据描述

A 银行早期的内部数据，该数据覆盖时间段达十几年，覆盖地域为 A 银行全行地域范围，原始数据总量超过 7300 条记录，原始数据属性分类达 20 多项。

该数据的不足在于：

事件发生时间覆盖时段略早，但考虑笔者曾用外部数据对中国商业银行内部欺诈进行因素分析，得出结论：事件发生的时间因素并非损失的重要影响因素（高丽君等，2011），且获得银行内部操作风险数据本身难度就很大，银行内部近期操作风险损失数据确实难以获得，因此，采用较早期银行内部操作风险损失数据是在数据可得性前提下的权宜之策。

由于相关数据是各地、市层层上报的，且对上报数据的某些属性没有完全符合规范标准，员工的理解不同，总部层面汇总缺乏规范化，导致部分数据属性缺失，部分数据无效，如"发生地点"属性，填报为

"分行""分理处"或"高新区"等，在地、市层面，填报人清楚发生地点在哪里，但总行层面复制粘贴式简单汇总，这样的描述并不能指明具体在哪个地区，该记录该属性就是无效数据了。

尽管该银行内部操作风险数据存在数据质量方面的问题，但在数据可得性条件下，这已是最佳数据：涵盖全行各地市，覆盖十余年时间跨度，数据总量较大，属性较多，且缺失值较少。因此，以本数据为基础对商业银行操作风险进行风险因子分析。

9.2　数据预处理

9.2.1　原始记录的剔除

考虑到数据库中较早期数据很少，按年度考虑在进行风险属性或业务线属性划分后会有当年零值的情况，且根据《巴塞尔资本协议最终框架》的要求，需要考虑某银行十年的操作风险损失数据（至少需 5 年），因此，笔者选择损失数据量最多的十年作为时间范围，不在该时间范围内的记录暂不考虑。

部分记录有损失金额为零值的情况，原始数据中有"损失回收"属性分类，经过对整条记录的分析，较多情况下零值并非经过追讨回收后的零值，而是经营过程中员工发现了风险点并有效规避，所以此类损失零值记录被剔除，此类零值记录有 40 多条。

9.2.2　缺失值较多属性的剔除

在"损失回收"属性中，有"回收金额""回收方式"及"回收时间"三项特征，其中"回收方式"项、"回收时间"项数据缺失都比较严重，这两项有数据的记录不足全部记录的 1/5，因此，该属性特征被剔除。

"备注"属性，有数据的记录不足全部记录的 1/3，且该属性的具体内容的文字描述各不相同，有的是对地点的补充，有的是对涉及的机构层级的补充，有的是对风险类别的描述，进行类别归类则种类繁多，因此，在利用该属性对其他特征项的缺失值进行填补后，剔除该属性。

"损失事件描述"属性，部分记录有缺失值，它是为理解损失事件进行辅助的，该属性为文字描述，描述文字从几个字到二十几个字不等，对各事件的描述用词虽然有部分相同的，但多数是不同的文字描述，涉及的内容也不尽相同：有关于"设备故障"的，有关于"迁址"的，等等。对其进行分类会产生众多类别，因此，在利用该属性对其他特征项的缺失值进行填补及为其他特征项进行补充后，剔除该属性。

"账务处理"属性包括"处理方式"和"核销时间"两个特征项，其中，"核销时间"有数据的记录不到全部记录的 1/2，且其中部分记录是"买断""已开除""批评教育"等无关文字，因此，在为其他特征项补充理解后，此项特征剔除。

原始数据中有"序号"属性，作为唯一标识某记录的属性。但在分析特征选择时，此属性无用，因此剔除。

"损失机构"属性，部分记录有缺失值，涉及的内容不尽相同，有关于"分理处"或"支行"的层级分类，有关于"城市地点"的，对其进行分类会产生同一属性多标准分类问题，因此，借助"损失事件描述"和"备注""序号""跟踪机构"等属性描述对缺失值进行补充后，将其统一为按地理大区划分的"地理区域"属性替换原属性。

"管理层处理"属性中的"跟踪机构"特征项，约有 1/3 记录缺失，且部分文字描述与"损失机构"有一定的重合，综合考虑，将其作为"地理区域"的缺失补充信息项，与"损失机构"属性融合为"地理区域"一项特征项。

9.2.3 近零及近零方差、近似线性相关特征变量的剔除

在原始数据中，部分属性有分层级的情况，如损失事件风险分类，是按照巴塞尔委员会的规定进行三层分类的，业务线分类，是按照巴塞尔委员会的规定二层分类的。很显然，这种层次分类，每一属性各层次特征项之间必然存在线性关系，因此，每一属性仅能选择其中的一层分类。综合考虑分类数目及每个类别记录数的平衡性，选择业务线第一层分类及损失事件第二层分类。

近零方差变量的剔除是数据预处理过程中必备的一个阶段。经过近零及近零方差变量的分析后，由于绝大多数"回收金额"特征变量的取值都为零，剔除"损失回收"中的"回收金额"特征；由于大部分"与其他风险的关系"特征变量的取值为"与信用风险有关"，因此，剔除该特征变量。

经过近似线性相关分析，"损失金额"与"总损失金额"具备较强的线性相关关系（上述"回收金额"中多数为0），二中取一，保留"损失金融"特征项。"发生时间"与"发现时间"二中取一，保留"发现时间"特征项。

9.3　数据因变量、自变量描述

9.3.1　数据因变量描述

原始数据的因变量取值范围较广，采用左截断数据，最小值100元，最大值达2亿多元。损失均值达180.4万元，损失分布的偏度和峰度值都非常大，偏度大于15、峰度大于350，右偏厚尾现象非常严重，见表9-1。

表9-1　　　　　　　　原始数据因变量统计　　　　　　　单位：万元

最小值	最大值	均值	中位数	标准差	偏度	峰度
0.01	23163	180.4	9.23	792.39	15.46	354.97

9.3.2　数据自变量描述

原始数据的自变量，除 GDP 指数及 CPI 指数、比值外，其他均为类别变量。GDP 指数确定为：以 $t-10$ 年为基数 1.0，根据每年的 GDP 增长率依次计算第 $t-9$，$t-8$，…，t 年的 GDP 指数，同理，CPI 指数也以相同方法计算。比值为调整的 GDP 与 CPI 的比值。

9.4　机器学习方法选择

9.4.1　机器学习方法初选

本实证分析的因变量为数值型损失，自变量既包含数值型变量，也包含类别变量。因此，考虑的机器学习方法应既可分析数值型也可分析类别变量。因此，备选机器学习方法见表 9 - 2。本文选择了 30 多种机器学习方法进行初选，常见的可分析数值型及类别变量的机器学习方法基本都被考虑在内，因此，初选的机器学习方法的完备性基本达到。

表 9 - 2　　　　　　　备选机器学习方法预选

方法	简称	模型拟合	均方误差
线性回归	lm	成功	1044032
广义线性回归	glm	出错	—
贝叶斯加性回归树	bartMachine	出错	—
贝叶斯树状高斯过程	btgp	出错	—
极限线性模型贝叶斯树状高斯过程	btgpllm	出错	—
主成分回归	pcr	成功	6. 35e + 21
贝叶斯 CART	bcart	出错	—
前馈神经网络的贝叶斯正则化	brnn	出错	—
贝叶斯树状线性模型	btlm	成功	626292
条件推理树随机森林	cforest	成功	587662
回归样条	crs	成功	706626
条件推理树	ctree	成功	614189
Quinlan 面向预测的回归模型	cubist	成功	642276
正则化广义线性模型	glmnet	成功	603481
交叉验证正则化广义线性模型	cvglmnet	成功	627471
多元自适应回归样条	earth	成功	606930

续表

方法	简称	模型拟合	均方误差
全局最优树进化学习	evtree	出错	—
无特征回归	featureless	成功	627453
可加模型梯度提升	gamboost	出错	—
回归和分类的高斯过程	gausspr	出错	—
广义增强回归模型	gbm	成功	603561
梯度提升分量线性模型	glmboost	出错	—
前馈多层人工神经网络	deeplearning	成功	606827
K-最近邻回归	kknn	成功	661173
多种支持向量机	ksvm	成功	610636
基于模型的递归划分树	mob	出错	—
神经网络	nnet	成功	624620
节点收获回归	nodeHarvest	出错	—
L1 和 L2 罚函数法广义线性模型	penalized	出错	—
偏最小二乘回归	plsr	成功	$1.88e+11$
随机森林	randomForest	成功	595230
快速随机森林	ranger	成功	597565
决策树	rpart	成功	642587
均匀随机森林	RRF	成功	594008
相关向量机	rvm	出错	—
支持向量机	svm	成功	623913

采用交叉验证的方式抽取样本，多种备选机器学习方法，采用各方法参数均按缺省值开始预选，不调整控制超参数的方法进行方法预选。虽然交叉验证抽取样本也具有一定的随机性，但 5 次交叉验证均方误差的均值还是能够体现样本采用该机器学习方法的均方误差取值大致范围的，选择均方误差最小的几种机器学习方法，再进行深入分析。

从表 9-2 可知，采用主成分回归法、偏最小二乘回归，均方误差平均值非常大，该方法排除。另外，线性回归、回归样条的均方误差均值也比较大，优选方法暂不予考虑。其他方法的均方误差均值差别不大，均在 60 万上下，但相对而言，四种随机森林类方法的均方误差比其他方法都略低一点，因此选择随机森林类方法进行深入分析。

9.4.2　优化过程

初选方法时采用交叉验证的方式抽取样本，但各方法参数设置均为缺省值，不调整控制超参数，选择的方法参数设置可能并非最佳值，通过参数优化设置，可能获得更优结果。选择初始分析中均方误差最小的四种随机森林方法来进行深入分析。表 9 - 3 为四种随机森林法采用四种常见的超参数调参方法，获得超参数最佳比例，并计算得出各方法在各超参数调优法下的均方误差。

表 9 - 3　　　　　　　　随机森林法超参数调优法分析

方法	快速随机森林	均匀随机森林	cforest	随机森林
调参方法	Chi. squared	Chi. squared	Chi. squared	Chi. squared
最佳比例	0.968	0.827	0.706	0.488
优选特征数	10	8	7	5
均方误差	599514.6	614959.5	605191.7	605781.2
调参方法	CMIM	CMIM	CMIM	CMIM
最佳比例	—	—	—	0.887
优选特征数	—	—	—	9
均方误差	—	—	—	591919.9
调参方法	MRMR	MRMR	MRMR	MRMR
最佳比例	—	—	0.968	0.824
均方误差	—	—	588538.2	590077.0
优选特征数	—	—	10	8
调参方法	univariate	univariate	univariate	univariate
最佳比例	0.885	0.956	—	0.372
均方误差	605688.3	603774.7	—	606853.4
优选特征数	9	10	—	4

注："—"代表该超参数调参方法过程中出错，不适用。

其中，MRMR 为最小冗余最大相关性滤波器超参数调参法；CMIM 为最小条件互信息最大滤波器超参数调参法。Chi. squared 为卡方检验确定离散属性权重法。

因此，可得表9－4，几种随机森林方法超参数调参后最优均方误差。

表9－4　　　　　　　随机森林法超参数调参后最佳均方误差

MSE	FS_chi. squared	CMIM	MRMR	UNI. model. score
ranger	599515	591868	596852	605688
RRF	614960	595963	606309	603775
cforest	605192	592325	588538	589921
RF	605781	591920	590077	606853

对这几种方法而言，超参数估计法择优，采用 praznik_CMIM 法总体而言能达到比较低的均方误差，praznik_MRMR 法也能得到相对略低的均方误差。

采用不同的随机森林法结合超参数择优方法，得出各随机森林法最终选择的因变量特征，见表9－5。考虑了超参数调优后，这几种随机森林法得出的最重要的特征变量数为 8 个或 10 个，均方误差在 58.85 万~59.6 万之间，所选择的特征变量基本一致，因此可以认为这几种方法的结果有较好的一致性。

表9－5　　　　　　　各随机森林法最终选择的特征变量

方法	特征选择	MSE	选择的特征变量				
cforest	10 个	588538	PLACE	LOSSTYPE	SECDLOSS	BUSITYPE	CAUSE
			LOSSPOINT	DEALMANNER	CONTROL	GDP	CPI
RF	8 个	590077	PLACE	—	SECDLOSS	BUSITYPE	CAUSE
			LOSSPOINT	DEALMANNER	CONTROL	GDP	—
ranger	8 个	591868	PLACE	—	SECDLOSS	BUSITYPE	CAUSE
			LOSSPOINT	DEALMANNER	CONTROL	GDP	—
RRF	8 个	595963	PLACE		SECDLOSS	BUSITYPE	CAUSE
			LOSSPOINT	DEALMANNER	CONTROL	GDP	—

9.4.3　特征选择

因此，可以确定，无论采用哪种机器学习方法，会对操作风险产生比较重要影响的因素必有表9－5列示的8个因素：地区、二项损失、业务线类别、原因、风险点、控制方式、处理方式及国内生产总值指标，可能会产生影响的因素有：损失类别及CPI指标。

图9－1为采用随机森林法误差与树的关系图。

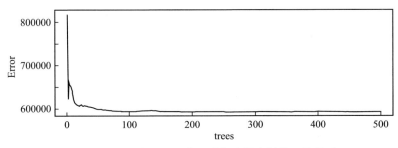

图9－1　随机森林法均方误差与森林中树数目的关系

图9－1为均方误差随着随机森林中树的增加而降低的情况。可以看出，当树的数量在60~70左右，均方误差相对就比较稳定了，降低到60万以下。

图9－2为均方误差与特征选择数量的关系。

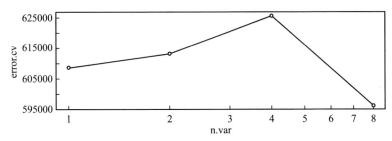

图9－2　均方误差与纳入的自变量数目的关系

图9－2为5次交叉验证后均方误差与自变量数目的关系，可以看出，均方误差随着纳入变量的增加先缓慢增加后快速增加，至4个变量

时达到峰值；然后急速降低至 7~8 个变量时降至 60 万以下。

9.4.4 仅考虑选择的特征变量的优化预测

在仅考虑表 9－5 列示的 8 个或 10 个特征变量后，为每个输入功能单独重设一个学习器，重新采样作为过滤评分，缺省值为 rpart，设置前述计算得出的最佳超参数调优进行优化预测。选择这四种方法进行预测，并与实际值进行比较，得表 9－6。

表 9－6　　　　　　　　仅考虑选择的特征变量优化的效果

方法	条件推理随机森林	快速随机森林	随机森林	正则化随机森林
均方误差	507163	371358	345679	342672
解释方差	0.0872	0.1508	0.1726	0.1712

因此，分析表 9－6 中采用这四种方法进行预测的结果，从均方误差一个性能评判标准而言，经过特征选择超参数优化后的均方误差与之前的均方误差相比明显降低了；采用均方误差和解释方差来择优选择最佳方法，可知，基于条件推理树的随机森林和套袋集成算法，其均方误差及解释方差都逊于其他三种方法，快速随机森林法明显优于条件推理随机森林法，而随机森林法和正则化随机森林法又略优于快速随机森林法。然而，根据随机森林法和正则化随机森林法这两种方法来判断，孰优孰劣难以确定，但这两种方法得出的评判指标差别不大，因此可以认为，采用随机森林法或正则化随机森林法都是比较有效的。

同时，必须指出，基于条件推理树的随机森林和套袋集成算法，自变量特征选择为 10 个，其他 3 种方法，自变量特征选择为 8 个，且根据之前的分析，尽管超参数优化方法略有不同，但特征选择的特征是一致的。

需要说明的是，无论按均方误差还是解释方差做标准来分析绩效，仅看均方误差值或解释方差值，其结果均不太理想，原因在于：一是因变量范围从百元人民币至几亿元人民币，取值范围非常大；二是绝大多数自变量都是类别变量，仅有一两个为数值变量。相比最初的众多机器学习方法的结果，经过优化的方法已得到了较显著的效果提升。

9.4.5　特征重要性分析

根据前述分析，笔者认为最佳方法中可以剔除条件推理随机森林法，因此，采用剩余 3 种随机森林法分析特征重要性，见表 9 - 7。

表 9 - 7　　　　　　　　　3 种随机森林法特征重要性分析

重要性	快速随机森林法	随机森林法	均匀随机森林法
PLACE	101881	106380	126385
SECDLOSS	80782	48778	50473
BUSINESSTYPE	333023	185873	190862
CAUSE	158639	91894	104296
LOSSPOINT	251859	185620	195995
DEALMANNER	84900	52081	46514
CONTROL	213630	50152	63757
GDP	136484	123714	113139

根据表 9 - 7 可知，相对比较重要的特征依次为：业务类别、损失点、GDP、地理区域、原因、控制、第二级别损失及处理方式。因此可知，在对操作风险的损失程度影响因素中，风险的事后措施：控制因素、处理方法是相对比较弱的影响因素，更重要的仍是控制事中因素。可能引起操作风险的关键点很多，最重要的仍是风险点的把控，业务类别也会对风险程度产生较大影响。宏观因素中 GDP 的总体状况也会影响操作风险。

9.4.6　特征单项分析

对自变量取值的具体分析。

1. 业务类型

（1）各业务类型的均值损失情况。

图 9 - 3 为特征"业务类型"各业务类型的均值损失情况。

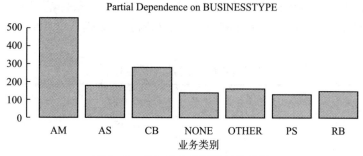

图 9 - 3　特征业务类别的具体分析

AM 代表资产管理业务对应的操作风险均值，为 550 万～560 万元，是最严重的一个业务类别；

AS 代表代理服务相对应的操作风险均值，为 180 万～190 万元；

CB 代表商业银行业务对应的操作风险均值比较严重，为 280 万～290 万元；

PS 代表支付与结算业务对应的风险均值，为 140 万～150 万元；

RB 代表零售银行业务对应的操作风险均值，为 150 万～160 万元；

NONE 代表无业务类型信息；OTHER 代表其他业务。

由于中国的商业银行其业务范畴相对国际活跃银行略少，其他类型的业务数目相对较少，因此合并称为"其他业务"，其他业务对应的操作风险均值约在 170 万元；

而没有响应业务条线信息的业务，定义为"空"，它对应的操作风险均值约在 150 万元。

（2）对重要业务类型的建议。

因此，需要银行重点关注的是资产管理业务及商业银行业务。

2018 年 4 月 27 日，经国务院同意，四家主管机构联合出台了《关于规范金融机构资产管理业务的指导意见》（简称《资管新规》）[1]。它

---

[1]　中国人民银行、银行业监督管理委员会、中国证券监督管理委员会、国家外汇管理局：《关于规范金融机构资产管理业务的指导意见》，银发〔2018〕106 号，2018.04.27。

统一了资产管理的标准和规范及分类，资产管理统一规制、回归本源、竞合深化、有序发展。

商业银行的资产管理业务其本质是受人之托，代客理财，与商业银行自营业务风险隔离。但资产管理业务对商业银行而言是新兴业务，管理制度和机制都处于边开展边探索的阶段，不够完善；可能存在员工对资产管理业务的理解不健全的情况，且员工专业业务经验及能力缺乏，对资产管理业务的特点和风险把握不够全面、不够充分；资产管理业务主要以业务流程为向导开展风险管理工作，强化对业务整体风险的监测和跟踪，做到对整体业务风险进行透明、完整、清晰的了解。

商业银行业务相关的影响因素众多，涉及的岗位、业务复杂，风险头寸较大。岗位职责界定不清晰，容易出现风险管理真空地带。建议风险管理由业务主管部门按照"谁经营、谁受益、谁承担风险、谁负责化解处置"的原则，根据所开展的业务的特点，制定有针对性的风险管理制度和流程。

缺乏全面的风险管理文化体系，风险文化和过程控制没有落实到各个工作环节。应加强业务培训和操作风险的文化建设，强化主动防控的风险管理意识及风险识别和管理能力。重塑风险文化，做好主动的风险选择和安排。

强化重大风险事项的报告机制。这需要从薪酬奖励机制的角度，奖励勇于主动报告的个人，一经核实，给予一定的专项奖励。同时也要考虑专人专项负责制，确保责任、权力和利益的对等。加强信息披露，加强信息披露频率，丰富信息披露的内容。使监管机构、银行机构、员工整体共同组成主动监督的联合体，加强岗位制衡（文慧，2019），在此基础上，可以加强相应的数据管理质量，减少偏差，按照相关标准对产品进行及时、充分地计提减值准备，各业务根据审批要求落实各项风险缓释措施。

2. 风险点

（1）各风险点的均值损失情况。

图 9 - 4 为特征"风险点"各风险点的均值损失情况。

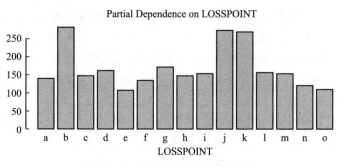

图9-4　风险点特征的具体分析

　　a 代表与数据库、硬件设施相关的风险点，产生的操作风险损失均值约为 145 万元；

　　b 代表与主管决策有关的风险点，产生的操作风险均值是最大的，达 280 万~290 万元；

　　c 代表与单证、档案管理有关的风险点，产生的操作风险均值约为 150 万左右；

　　d 代表与法律法规调整、政策调整有关的风险点，产生的操作风险均值约为 170 万元；

　　e 代表与工作场所安全，保卫等相关的风险点，产生的操作风险均值约为 110 万元；

　　f 代表与程序维护相关的风险点，产生的操作风险均值约为 140 万元；

　　g 代表与工作人员有关的风险点，产生的操作风险均值约为 175 万元；

　　h 代表与调查评价不客观有关的风险点，产生的操作风险均值约为 145 万元；

　　i 代表与核销制度、规定等有关的风险点，产生的操作风险均值约为 150 万元；

　　j 代表与产品缺陷，未授权相关的风险点，产生的操作风险均值约为 260 万~270 万元；

　　k 代表与贷款有关的风险点，数量较多且产生的操作风险均值比较大，为 250 万~270 万元；

　　l 代表与市场风险有关的风险点，产生的操作风险均值为 150 万~160 万元；

m 代表原数据库此项信息空缺，对应的操作风险均值为 150 万元；

n 代表与过程有关的风险点，产生的操作风险均值相对较小，为 130 万元；

o 代表与追责、惩罚相关的风险点，一般对应的操作风险均值也比较小，为 110 万元。

（2）对重要风险点的建议。

因此，重点关注与决策相关的及与贷款有关的风险点，其单项对应的风险很可能是其他类别的风险的两倍。

①与决策相关的风险点。

具体而言，与决策相关的风险点，有以下建议：

第一，银行高层设立风险偏好机制，根据监管要求、银行的业务状况、管理现状，及董事会和股东的风险偏好，确定银行的操作风险偏好，设定风险偏好的阈值点，并将阈值分解到各业务，制定一系列限额指标体系，设定红色预警线，监控各指标的情况并及时调控。

第二，风险限额具有一票暂停机制。超过风险限额的业务，需要先中止业务运营，溯源操作风险发生的根源，重新思考投入、可能的产出和风险的关系，调整程序、制度，直至降低到限额以下再重新启动。

第三，制定相关政策、风险责任制、绩效考核等制度，信息有效、及时地传播至全行各业务部门、各员工，使全银行统一操作风险偏好。

第四，健全风险管理政策体系，简化风险组织流程，及时更新、完善政策制度，保持政策制度的适用性。

②与贷款有关的风险点的建议。

与贷款有关的风险点，一般与信用风险有关，因在贷款过程中由于主观故意或客观疏忽、不作为等原因被划分为操作风险，该风险点频率较大且损失较大。建议：

第一，仍然是要加强操作风险文化建设，通过定期培训、时时宣传等方式使风险文化融入银行的组织文化之中，影响员工的工作作风、行为规范及思维方式。

第二，要将岗位责任制贯彻落实到底，加大因客观疏忽、不作为导致操作风险的惩罚力度，从源头上降低员工疏忽、不认真的情况。定期轮岗换岗，降低内部勾结联合欺诈的可能性。

第三，设定标准化的风险控制程序，加强内部员工的监督。

第四，充分研究历史信贷信息，利用计算机、信息技术等加强风险数据的挖掘和分析，建模分析找出隐藏的规律性，以指导信用评估。

第五，设立涵盖制度、系统、流程等方面的一整套标准化应对策略。人员与场所管理、监测排查、监督检查、责任追究等方面多策并举。

第六，对于外部欺诈风险，建立全行业的数据、信息共享平台，同时连接相关机构的信息：法院失信被执行人信息、法院未结案信息、涉嫌经济犯罪信息、银行不良业务记录、证件被冒用开户信息等五类风险信息，构建反欺诈风险控制平台，行业内欺诈信息共享。同时，加强系统安全性，抵御黑客攻击，引入最先进的防伪辨别设施，辨别各种票据伪造变造，对盗窃、窃取信息等加强防范意识，共享风险防控策略。

第七，增强信息化管理水平，提高自动化识别风险的能力。充分利用技术手段对操作风险进行监测、预警和管理，实现操作风险信息的收集、保存、共享和传递。

3. 调整的 GDP

如图 9 - 5 所示调整的 GDP，是指 GDP 根据当年居民消费价格指数进行调整后的 GDP。具体这十年中，调整的 GDP 在 1.1～2.3 之间，但相对应的操作风险均值变化较大：调整的 GDP 在 1.5 以下时，对应的操作风险均值从 190 万元左右下降至 170 万元左右，随后急剧上升，当调整的 GDP 在 1.6 以上时，操作风险均值超过 200 万元；经过约 0.1 的调整的 GDP 增幅的略平缓增加后，操作风险均值又快速增加，在调整的 GDP 为 2.0 左右达到峰值点，超过 230 万元，之后稳定不变直到调整的 GDP 在 2.15 后，快速下降至 215 万元左右。

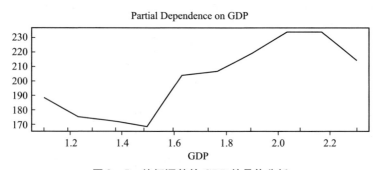

图 9 - 5　特征调整的 GDP 的具体分析

　　因此，根据调整的 GDP 可知，调整的 GDP 增速在 1.6 以下，对应的操作风险均值较低，在 190 万元以下，尤其是在 1.5 左右，降至 170 万元左右；之后对应的操作风险均值会快速提升，在调整的 GDP 增速为 2.0～2.15 时达到峰值 233 万元左右。因此，宏观经济因素会对操作风险产生影响，GDP 增速过快，操作风险也会增大。

　　调整的 GDP 增速是社会宏观经济因素，非一两家金融机构可以改变的，属于对银行而言的不可控因素。因此，银行能做的就是根据调整的 GDP 增速，预测并判断可能的操作风险情况，针对不同调整的 GDP 增速区间，对操作风险管理调整控制程度：当调整的 GDP 增速在 1.9～2.2 区间内时，银行需要加大对辖内操作风险的监管控制程度，加强对业务人员风险管理文化的教育和培训，加强内部控制、合规管理的力度，加强信息披露，防患于未然，降低操作风险发生的概率。

　　监管机构也可以根据宏观经济走势来微调对银行机构的监管力度。

4. 地理区域

　　如图 9－6 所示，按照中国行政区划的划分把中国划分为七大区域。其中，东北地区（图 9－6 中简称 DB，下同）发生的操作风险损失均值在 180 万元左右；华北地区（HB）出现的频次是最高的，操作损失均值约在 175 万～180 万元；华东地区（HD）的操作风险损失均值约在 150 万元；华南地区（HN）的操作风险均值最高，约在 240 万元，这大约源于该地区经济较发达，且经济发展迅速，经济业务频繁，风险额度相对较高，而同时监管力度与其他地区相比并没有显著区别；华中地区（HZ）和西北地区（XB）的操作风险损失均值约在 180 万～190 万元，西南地区（XN）的操作风险损失均值约在 205 万元。

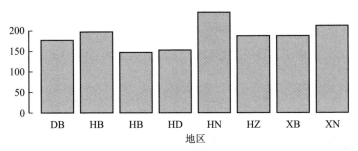

图 9－6　特征地理区域的具体分析

因此，应重点关注华南和西南地区的操作风险管理，加强风险监控和管理；同时，华北地区操作损失发生频率较高，也需重点关注。图9-6中，华北地区被分为两块进行处理。

总体而言，地域也属于宏观一般环境因素。对银行是不可控因素。当某一地区经济发展迅速而相应的监管控制体系还未完善时，其操作风险损失均值较高，如华南地区，经济发展非常迅速，而相应的监管控制并未同步迅速发展。这需要银行监管机构对当地分支机构加强人力资源的配置，同时设置更为具体有针对性的监管规则和程序，并要求当地银行加强操作风险防控，双管齐下，共同监督控制风险。

当某一区域的地域文化影响较为普遍时，对操作风险损失均值也有较大影响，如西南地区和东北地区。因此，银行机构需针对不同的地理区域，给予不同的操作风险管理重视程度，结合当地的地域文化，采用不同的监管对策。

5. 原因

图9-7显示了按原因类型分类的均值损失情况：

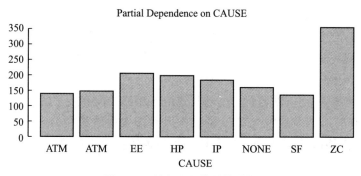

图9-7 特征原因的具体分析

ATM代表由于ATM机故障等原因产生的操作风险均值，在140万~150万元之间；

EE代表外部事件或外部原因导致的操作风险均值，在200万~210万元之间；

HP代表人员因素导致的操作风险均值，为200万元左右；

IP代表由于内部程序方面的原因一般导致均值为180万元左右的

损失；

NONE 代表该项信息缺省为空，操作风险均值为 160 万左右；

SF 代表由于系统故障等原因导致的操作风险均值略低，为 130 万元左右；

ZC 代表与资产管理有关的原因导致的操作风险很大，均值略高于 350 万元。

因此，资产管理、人员因素及外部因素是银行需要重点关注、加强管理的部分。ATM 机故障等原因产生的操作风险被分为两块进行处理。

对于因资产管理导致的操作损失，已在前文讨论过。对于因人员因素、外部因素导致的操作损失，关键在于加强银行的风险管理文化建设，强化"谁负责、谁承担，主管连带"的责任机制，将薪酬激励机制与企业的责、权、利对等观念统一起来，加强风险防范业务培训，建立操作风险事件的举报奖励机制，同时对举报人信息予以合理的保护。避免侥幸心理和消极怠工事件导致的操作风险事件的发生。具体建议可参见对风险点的建议。

6. 控制措施

（1）各控制措施的均值损失情况。

如图 9 - 8 所示，控制措施是发现了操作中可能产生损失的风险，所采取的应对措施。

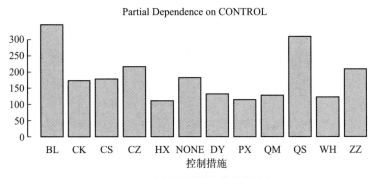

图 9 - 8　特征控制措施的具体分析

其中，BL 代表最为严重的是对相应资产的剥离，其对应的操作风险均值约为 350 万元左右；

CK 代表贷款审查、对账的控制措施，需要进行查库等操作，其对应的操作风险均值约为 175 万元左右；

CS 代表需要采用催收等方式，一般与信贷风险是相关的，对应 180 万元左右的操作损失均值；

CZ 代表需要对资产进行处置措施的，对应 220 万元左右的操作损失均值；

HX 代表需要对相应资产进行核销处理的，对应于 110 万元左右的操作损失均值；

NONE 代表该项特征空缺未有信息的，对应的操作损失均值为 190 万元左右；

DY 代表需要抵押资产的，对应的操作风险均值约为 145 万元；

PX 代表需要对员工业务能力进行培训或进行思想教育等措施的，对应于 130 万元左右的操作损失均值；

QM 代表采用加强风险管理等措施的，对应于 140 万元左右的操作损失均值；

QS 代表对需要对相关人员或机构进行追责或起诉的方式所对应的操作，损失均值为 300 万元左右；

WH 代表软、硬件设备维护等措施对应于 130 万元的操作损失均值；

ZZ 代表追究相关责任等措施对应于约 210 万元左右的操作损失均值。

（2）对重要控制措施的建议。

如图 9-8 所示，资产剥离、处置、相关人员追责等应对措施意味着所对应的操作风险损失比较大，应重视。

对于资产剥离和资产处置，首先要构建专门的资产处置机制，这需要合理地对资产进行评估，银行内部负责资产处置的管理人员，对资产剥离和处置方法进行相应的创新，处理好资产的确认、处置过程中的债务减免问题、售让交易时定价问题等方面。

在这一过程中，银行在进行资产处置过程中应该提升执法力度，合理定价，运用资本运营的相关理念和方法处置不良资产，保护交易双方的合法权益，增加对资产处置的综合治理力度。

对审计稽查工作进行强化，根据实际情况来开展审计核查工作，使得风险防控机制变得更加灵活，同时也要做好风险转化工作，建立风险转化机制，利用债务重组、资产证券化、资产业务外包等方式，实现对风险的有效转化。

7. 第二级的风险类别

（1）各二级风险类别的均值损失情况。

需要说明的是，采用第二级而不是第一级的风险类别，在于第一层级的损失类别分类较少，且占比很不均衡，部分类别很少而某一类别占比近 60%。因此，采用第二级别的损失类别，使大类别分类为几个小类别，相对均衡一些。而不采用第三级的损失类别的原因在于第三级损失类别分类太细会导致某些类别操作损失数量太少。

a 代表与客户/企业客户账户管理有关的风险，一般对应 120 ~ 130 万元的操作风险均值；

b 代表不适当的交易或市场行为对应的操作损失均值为 160 万元左右；

c 代表与外部盗窃相关的对应操作损失均值为 260 万元左右；

d 代表由于外部欺诈的操作风险均值一般为 140 万元左右；

e 代表内部欺诈对应的操作损失均值一般为 220 万元左右；

f 代表由于监控和报告导致的操作损失均值一般为 140 万元左右；

g 代表由于交易对手方而产生的操作损失均值一般为 300 万元左右；

h 代表由于交易认定、执行和维护方面的缺陷产生的操作损失均值一般在 140 ~ 150 万元；

i 代表该项特征空缺时，操作损失均值为 140 万元左右；

j 代表产品缺陷方面的问题一般导致操作损失均值为 170 万元左右；

k 代表劳动合同、劳资关系一般对应 110 ~ 120 万元左右的风险均值；

l 代表适当性、披露和诚信责任类别一般对应 160 ~ 170 万元左右的操作风险均值；

m 代表客户审查与风险限额管理不到位方面（此与信用风险相关）一般对应 220 万元左右的操作风险均值；

n 代表外部销售商和供应商方面一般对应于 225 万元左右的操作风险均值；

o 代表工作环境安全性方面的纠纷一般导致 120 ~ 130 万元左右的风

险均值；

　　p 代表失职或疏忽一般对应 160 万元左右的操作风险均值；

　　q 代表跟系统故障或维护有关，一般对应 120 万元左右的操作风险均值；

　　r 代表违约泄密、隐瞒不报等（人员有关），一般对应 150 万元左右的操作风险均值；

　　s 代表其他经营中断类别一般对应在 150～160 万元的操作风险均值；

　　t 代表越程序或逆程序、越权操作等，一般对应 200 万左右的操作风险均值；

　　u 代表灾害和其他事件导致的操作风险，均值一般在 120～130 万元。

　　（2）对重要的二级风险类别的建议。

　　如图 9-9，可以看出，与信贷、信用风险相关的一般会产生较大的操作风险损失，如交易对手、交易认定、客户审查等，与外部人员有关的一般会产生较大的操作风险损失，如盗窃或欺诈；与内部人员有关所产生的损失均值略低于与外部人员有关的，如内部欺诈、越权、失职等。

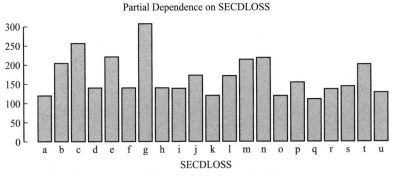

图 9-9　特征第二级风险类别的具体分析

　　因此，加强对信贷风险的管理，包括贷前、贷中及贷后的各项信用管理，能降低操作风险，因为很多操作风险是与信用风险关联的。

　　对于外部和内部欺诈风险，首先应建立统一全面的欺诈风险管理战略、组织结构和流程，将其纳入全面风险管理框架。明确职责分工，逐步完善风险管理制度。管理流程应包括风险识别、风险评估、风险监测和度量、控制和管理、风险报告[①]。

全行范围内建立统一的风险管理平台和风险信息系统。信息系统的作用是支持风险识别、风险评估、风险监测和度量、控制和管理以及风险报告。

建议行业相关部门如行业协会建立庞大的反欺诈知识库，银行可以建立与相关欺诈知识库的链接和联系，在发现新的未能判断、难以辨别的事件时参考该库，更加有效地预防欺诈，防止欺诈的发生。同时运用多种现代化分析技术有效识别欺诈，不断提高欺诈识别能力。

结合银行对信用风险评级、评分的知识对客户进行欺诈风险评级，引进先进的反欺诈技术，弱化权重确定中的人为因素，提高对噪声数据的有效处理能力，提高欺诈风险控制技术的能力。

与外部事件相关的操作风险损失，建议健全完善防范长效机制（桂香玉等，2014）。一是实行领导责任制，分行成立外部欺诈风险管理领导小组，由分管行领导任组长，相关部室负责人为成员；二是各级机构及业务部门负责人对辖区及本专业外部欺诈风险管理工作负总责，并纳入支行行长绩效考核范围，与业务工作同部署、同落实、同检查、同考核。

严格外部欺诈风险信息管理制度。加强风险管理文化建设，认真学习机构内的外部欺诈风险相关管理办法等规定，通过晨会、晚会、定期组织员工开展系统应用学习培训，并结合实际，制定并组织实施外部欺诈风险管理相关政策、制度及操作规程；定期召开案件防范分析会，剖析典型案例，分析发案特点，研究应对措施；组织开展针对员工、客户的外部欺诈风险安全教育和风险提示、应急演练、风险评估等安全防范工作，进一步提高全员防范意识和应急处置能力。

充分发挥专业部门职能作用。对在临柜面办理业务过程中发现防堵的假存单、假票据、假证件及其他各类欺诈风险事件中，认真记录并及时报告；加强账户管理，严把开户资料审查关；严格客户预留印鉴管理；加强对账管理；加强银行承兑汇票、支票等票据受理的审核工作，积极组织新业务知识学习和培训，有效防范新型外部欺诈风险。

---

① 王燕、康滨：《商业银行欺诈风险管理的问题与对策》，载于《新金融》2008 年第 11 期，第 35～38 页。

扎实有效开展防范打击外部欺诈风险专项活动。保卫部门对检测、收集到的外部欺诈风险信息及时进行汇总、分析和研判后，对已确认或潜在的风险通过发送案情通报、召开案件分析会、录入风险管控平台等形式和途径进行预警；积极与司法部门建立密切合作关系，实现信息共享，将防范和打击外部欺诈风险和电信诈骗犯罪活动常态化，全力维护客户合法权益和银行良好社会形象。

对于内部欺诈，要严格按照《商业银行内部控制指引》①，在体制建设中要保证内部监督部门的独立性和权威性，内部审计可以优化欺诈风险的控制环境，提高内部人员对欺诈风险的警惕性，化解一部分员工的欺诈风险倾向。

建议有关部门牵头建立银行业反欺诈联动机制。建立和加强切实有效的银行业反欺诈联动机制和具体的应对措施，搭建反欺诈工作交流平台，建立黑名单机制，信息通报机制及不安全事件联动协查机制，加强反欺诈技术交流，实现信息共享、资源共享、协同调查，促进整个银行业反欺诈管理水平有效提升。

8. 处理方式

如图 9 - 10 所示，GZ 代表采用挂账方式的，对应的操作风险均值为 200 万元左右；HX 代表采用核销或剥离方式的，对应的操作风险均值为 255 万元左右；KONG 代表不采取任何措施的，对应的操作风险均值为 200 万元左右；NONE 代表该项特征无信息的，对应的操作风险均值为 180 万元左右；RZ 代表采用入账处理方式的，纳入频率较高，对应的操作风险均值在 170 ~ 190 万元。其中，入账方式被分为两块进行处理。

因此，处理方式中，核销、剥离、销包等对应的操作风险损失较大。

在处理方式上，核销、剥离、销包等方式对操作风险影响较大，这些主要是不良资产的处置，前述内容涉及了资产的剥离和处置，这里不再累述。

---

① 中国银行业监督管理委员会：《商业银行内部控制指引》，银监会令第 6 号，2007. 7. 3。

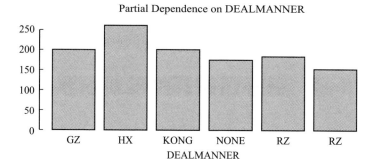

图 9 – 10　特征处理方式的具体分析

9.5　本章小结

　　本章的总体思路是针对数据特征采用多种机器学习方法进行模型初选，在进行了数据预处理后，采用 30 多种机器学习方法：从备选模型方法的完备性而言，基本囊括了大部分机器学习方法。在不预设模型参数的初选后，选择几种最佳的方法进行超参数优化，超参数优化也有多种方法，选择最佳的四种，对预测结果进行分析，选择最佳的机器学习方法，采用超参数择优法结合机器学习方法再优中选优，进行特征选择及特征重要性排序，分析每种特征对因变量的影响，最终找到最佳方法及重要的风险因子，并对类别变量风险因子进行分析，对重要的 8 项因素，尤其是最重要的事中因素提出了相应的对策建议。

第10章 基于可解释性的机器学习分析

从第8.5节的机器学习方法在金融市场股票分析及预测、信用风险分析、反洗钱分析等方面的概述分析可知，机器学习方法表现良好，对提高模型准确率、降低成本等方面都有很大的提高。在第9章的实证分析可知，机器学习算法的效果明显比传统方法显著。但机器学习方法目前的最大弊病在可解释性上，大多数机器学习算法都比较复杂，缺乏一定的透明度，这阻碍了机器学习法在银行实践中的应用。因此，如何提高机器学习方法的可解释性，是学者努力探讨的方向，也是提高方法、建议被决策者采纳的关键。

10.1 可 解 释 性

10.1.1 什么是可解释性

可解释性是以一种人类可理解的方式将特征值与模型预测联系起来，使人们能够认可模型预测结果。通俗一点说，就是把原本黑盒的模型变得透明化，使有经验水平的用户都可以明白模型的含义，可解释性是指人类能够理解决策原因的程度。模型的可解释性就是黑盒在模型之上增加了一层，便于人们更好地理解、预测过程。

10.1.2 为什么要可解释性

对于一个运行良好的机器学习模型，除了知道模型的预测是什么，还会涉及模型为什么做出这样的预测。

对于模型的可解释性分析可以在一定程度上帮助人们更好地理解模型行为，有时候为了解释预测结果甚至可以牺牲预测性能。

进行可解释性分析，在建模阶段，可以辅助开发人员理解模型，进行模型的对比选择，必要时优化调整模型；在投入运行阶段，可以向业务方解释模型的内部机制，对模型结果进行解释。比如银行信用评分模型，需要向未通过的申请者解释为何拒绝他们的申请。

对于可解释性的需求，可以大致归结于如下两个方面：

渴望获取知识（学习能力）：如果模型仅给出预测而没有解释，那么我们无法捕获到模型从数据中获取的知识。

渴望找到事物不一致的原因（好奇心）：如果机器学习模型拒绝了贷款申请，对于申请者来说，他们需要知道为什么结果与预期不一致。

当然，并非所有情况下模型都需要可解释性：在低风险的环境中使用的模型不需要，因为即使结果错误也不会造成严重后果；已经被广泛研究和评估的方法也不需要。

10.1.3 如何进行可解释性分析

在进行可解释性分析之前，需要了解一个很有干扰性的概念：算法透明度。这一概念指算法如何从数据中学习模型，以及它可以学习到什么样的关系，是对算法如何工作的理解。

如线性模型的最小二乘法等算法已被深入地研究和理解，它们的特点是透明度高。深度学习方法（通过具有数百万权重的网络推动梯度）不太容易理解，对其内部工作机制的探究是当前的研究重点，它们被认为是低透明度的。

模型可解释性：是对最终学习的特定模型的理解，是对数据和学习模型的理解。

了解了两者的区别后，进行可解释性分析时，需要着重关注如下两点：

全局层面：对于训练好的模型，哪些特征是最重要的或者是不重要的，即特征重要性。全局的模型可解释性有助于基于特征理解目标结果的分布。

模块层面：特征是如何影响该模型的预测过程。对于线性模型，可以通过特征的权重来定量地衡量每个特征对最终预测结果的影响程度，对于树来说，可以借助分裂节点和叶节点预测。

对于一组实例预测的解释，可以将其视为一个完整的数据集，使用全局方法分析；也可以对每个实例使用单独的局部解释方法，然后为整个组列出其结果或对结果进行聚合。所以在上面不单独列出。

10.1.4　机器学习模型的可解释性

机器学习模型的可解释性越高，人就越容易理解为什么做出某些决策或预测。如果一个模型的决策比另一个模型的决策能让人更容易理解，那么它就比另一个模型有更高的解释性。

机器学习模型的可解释程度通常与响应函数（response function）的两个属性相关。模型的响应函数 f(x) 定义模型的输入（特征 x）和输出（目标函数 f(x)）之间的输入—输出对应关系，而这主要取决于机器学习模型，该函数具有以下特征：

线性：在线性响应函数中，特征与目标之间呈线性关系。如果一个特征线性变化，那么期望中目标将以相似的速率线性变化。

单调性：在单调响应函数中，特征与目标对于之间的关系始终在一个方向上变化（增大或减小）。更重要的是，这种关系适用于整个特征域，且与其他的特征变量无关。

然而，由于白盒模型响应函数的线性和单调约束，通常容易忽略其变化趋势的重要部分。通过探索更复杂的机器学习模型能够更好地拟合观测数据，而这些复杂模型的响应函数只是在局部呈单调线性变化。因此，为了解释模型的行为，研究模型局部变化情况是很有必要的。

模型可解释性的范围，如全局或局部层面，都与模型的复杂性紧密相关。线性模型在整个特征空间中将表现出相同的行为，因此它们具有全局可解释性。而输入和输出之间的关系通常受到复杂性和局部解释的限制，将其默认为全局性解释。

对于那些更复杂的模型，模型的全局行为就更难定义了，而且还需要对其响应函数的小区域进行局部解释。这些小区域可能表现出线性和单调，以便得到更准确的解释。

机器学习业务应用以输出决策判断为目标。模型可解释性指对模型内部机制的理解以及对模型结果的理解。其重要性体现在：建模阶段，辅助开发人员理解模型，进行模型的对比选择，必要时优化调整模型；在投入运行阶段，向业务方解释模型的内部机制，对模型结果进行解释。

10.1.5　理解模型可解释性

模型解释试图理解和解释响应函数所做出的这些决定，即 what，why 以及 how。模型解释的关键是透明度、质疑能力以及人类理解模型决策的难易程度。模型解释的三个最重要的方面解释如下。

是什么驱动了模型的预测？应该能够查询模型并找出潜在的特征交互，以了解哪些特征在模型的决策策略中可能是重要的。这确保了模型的公平性。

为什么模型会做出某个决定？应该能够验证并证明为什么某些关键特征在预测期间驱动模型所做出的某些决策时负有责任。这确保了模型的可靠性。

如何信任模型预测？应该能够评估和验证任何数据点以及模型如何对其进行决策。对于模型按预期工作的关键利益相关者而言，这应该是可证明且易于理解的。这确保了模型的透明度。

在比较模型时，除了模型性能之外，如果模型的决策比其他模型的决策更容易理解，那么模型被认为比其他模型具有更好的可解释性。

构建可解释决策系统的主要挑战是保持复杂模型的可解释性和预测能力，这一点非常重要。

10.2　监督辅助特征提取方法

在第 9 章已经采用超过 30 种机器学习方法对操作风险驱动因子进行了初选分析，备选的初选方法囊括了绝大多数机器学习算法，具备完备性；同时超参数优选方法，优中选优选择了几种准确性最高的机器学习方法来择优选择操作风险驱动因子。但不幸的是，这几种方法均为随机森林类算法，属于机器学习算法中集成算法中较为复杂的算法，其可解释性均较差。

10.2.1 监督辅助特征提取方法基本思想及步骤

采用机器学习框架的监督辅助特征提取方法[①]，其主要思想是使用复杂的模型来生成新特征，监督模型是可以为任何复杂性的高准确度模型，可以缺乏可解释性；然后用这些特征训练一个简单的可解释模型（透明白盒），该模型通常保持复杂模型的性能。这个模型反映了复杂模型标识的非线性，并将它们传播到线性模型中。任何类别的模型可用作黑盒模型和白盒模型。因此，可以选择尽可能适合数据的黑盒监督模型，而白盒模型可以根据最终用户解释模型的特定任务或能力进行选择。

理论上，透明白盒模型可以采用任意类别的模型，常用的如决策树和线性模型。但是，即使是线性模型，如果有数百个系数和相互作用，也可能变得不透明。构建可解释决策系统的主要挑战是保持复杂模型的可解释性和预测能力，这一点非常重要。

这种框架的主要优势是特征工程的自动化。与事后解释相反，该模型具有已知的先验结构，对预测的理解来自于这种众所周知的易于解释的参数和估计的算法的构建。双层加性风险模型的转换是使用领域知识完成的，最后建立一个可以负担得起的手动功能模型，使其在区域中高价值地转换。它不仅是一个提供可解释决策的框架，而且能够保持复杂、不透明模型的性能。

其步骤有六步：

①提供原始表格数据。

②用复杂机器学习模型进行训练；这样的模型不需要是可解释的，被视为黑盒模型。此模型的目的是提取有关数据中特征的知识。原始数据用于训练监督复杂的机器学习模型。这样的模型不需要是可解释的，因此，它应该具备高性能提取特征和预测变量之间的可靠关系的能力。

---

① Gosiewska A, Kozak A, Biecek P. Simpler is better: Lifting interpretability-performance trade-off via automated feature engineering. *Decision Support Systems*, Vol. 150, March 2021, 113556.

③使用监督辅助特征提取方法查找变量转换方法。对于连续模型（A），使用期望预测作为函数的一个变量，以找到改变点，对感兴趣的变量进行最佳的分类。对分类变量（B），使用聚类来合并一些级别。对训练数据进行转换，然后应用于训练和测试数据。

④新的要素集包括来自使用监督辅助特征提取方法转换的原始数据和变量。数据的特征增加了一倍，因此，可能值得执行特征选择（但不一定）。可以采用任何特征选择方法，如 AIC、BIC 或其他。

⑤在所选要素上拟合完全可解释的模型。如对分类问题使用逻辑回归模型或对回归问题使用线性模型。与监督黑盒模型相比，对由辅助特征提取方法转换的变量进行训练增加了可解释模型不会损失性能的机会。线性模型性能的改善是对连续变量进行分组的结果，从而导致考虑自变量和目标变量间的非线性关系。此外，类别变量的层次很少。辅助特征提取方法转换变量可以简化特征建模之间的相互作用。

⑥简单模型估计的系数提供了每个变量对最终预测的贡献的直接解释。因此，终端用户可以使用预测对模型的解释来支持决策。

10.2.2　变量转换过程

监督辅助特征提取方法的总目标就是把最初的原始变量转换成新的可以解释的特征。

让我们考虑一个真实的数据生成过程，例如 m(x)，它是一个真实的底层，创建数据（x，y）的现象。其中 X 是 n 行观察值和 p 列自变量的矩阵，Y 是一个有 n 个响应值的潜在随机向量。我们认为 X 是一个子空间 $X \subseteq R^p$。有时我们将 X 称为笛卡尔积 $X \subseteq X_1 \times X_2 \times \cdots \times X_p$ 的一个子集，其中 $X_i \subseteq R$，$i = 1，2，\cdots，p$。现在，设 $f: X \rightarrow R$ 是一个黑盒模型。

空间 X 被分为单独编码的多个子空间。令 X' 是编码方面之一。设 $X_{K'}$ 是相对于某个 q_K 的 R^{q_K} 的子集，可以考虑向量 $x \in X$ 和 $x_{K'} \in X_{K'}$。

由于函数 f 代表一个潜在的复杂模型，我们的目标是在从 f 获得的知识的基础上获得一个简单的模型训练。为了实现这一点，我们使用变量和模型响应之间的关系来创建变量的转换。转换后的变量可以用来训练一个新的简单模型。

定义转换函数，设 $h_j(x) = x_{K'_j}$，其中 $h_j: X \to X_{K_j}$ 是空间 X 到空间 X_{K_j} 的变换函数。

设 X' 是集合 X_{K_j} 的笛卡尔积：$X' = X_{K'_1} \times X_{K'_2} \times \cdots \times X_{K'_j}$。可以定义特征变换函数 $h: X \to X' = X_{K'_1} \times X_{K'_2} \times \cdots \times X_{K'_j}$，其中 $h(x) = (h_1(x), h_2(x), \cdots, h_J(x))$。

注意 h_i 可以定义在 X 的子集上，因为 h_i 不是必须包含所有的 p 个变量。然而，我们仍设置了函数 h_i 的定义域在 X 上，以使符号尽可能简单。函数 h 为从空间 X 变换到空间 X' 中的向量。

定义一个白盒模型 $g: x' \in X' \to y \in R$，$g \in G$，其中 G 是一类可解释模型。H 是一类定义好的变换。最佳白盒模型由以下公式得到式：

$$g = \underset{g \in G}{\operatorname{argmin}} \underset{h \in H}{\min} L(g(h(x),), y) \tag{10-1}$$

其中 L 是某个损失函数，例如，精度、交叉熵或均方根误差。转换函数 h_i 可以是特征工程的任何工具。

我们使用部分依赖和分层聚类来获得易于解释的二进制特征。特别是当用于拟合线性模型时，为模型预测提供了易于理解的附加解释。

数据驱动的特征转换：

考虑转换函数 $h_i^S: X \to \{0, 1\}^{q_i}$，$h_i^S$ 可以是将第 i 个变量的值转换为长度为 q_i 的二进制向量。

如果 x_i 是一个分类变量，函数 h_i^S 通过分层聚类合并 x_i 的一些级别，并找到新的连接级别。如果 x_i 是一个数值变量，函数 h_i^S 会根据部分依赖剖面或累积的局部效应图的改变点对 x_i 进行回收。

部分依赖情况：设 x_1，x_2，$\cdots$，x_p 是监督模型 f 中的特征。除 x_i 之外的所有特征的子集，我们称其为 x_{-i}，部分依赖剖面为 $f_i(x_i) = E_{x_{-i}}[f(x_i, x_{-i})]$。

部分依赖剖面的估计为 $\hat{f_i(x_i)} = \dfrac{1}{n} \sum\limits_{j=1}^{n} f(x_i, x_{-i}^j)$。

其中，n 为观察次数，x_i^j 为第 j 个实例的第 i 个特征的值。部分依赖图描述了选定变量的预期输出条件。

监督辅助特征提取转换的结果是一个空间 X 中变量的可解释二进制表示的新空间。也可以考虑比部分依赖更复杂的方法，例如累积局部效应图。

10.3　基于监督辅助特征提取方法的操作风险特征实证分析

10.3.1　监督模型的选择

根据第 9 章采用的超过 30 种机器学习方法的初选分析，监督模型的选择可在随机森林算法（Random Forest）、快速随机森林（ranger）及均匀随机森林（RRF）中选择，鉴于这几种方法均属于随机森林类算法，且模型判别指标结果相差较小，因此，任选其中某一方法作为黑盒监督模型都是合理的。这里，本文选择了随机森林算法。

10.3.2　转换特征

经过 10.2.2 所述变量转换后，因变量 LOSS 被转换为类别变量：$(-\text{Inf}, 0.5]$，$(0.5, 25.5]$，$(25.5, 295.3682]$，$(295.3682, \text{Inf})$。

自变量经过变量转换后，产生新的特征。可以得出数据集中所有变量的转换命题，也可以看到哪些点被选为特定变量的断点：如图 10 – 1 为变量"调整的 GDP"的断点。对变量"调整的 GDP"，转换后被分为

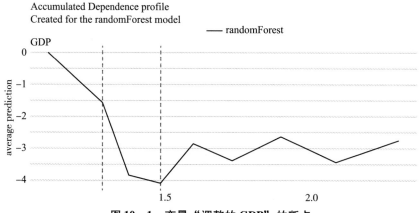

图 10 – 1　变量"调整的 GDP"的断点

3 个间区区间隔，分别为：（ – Inf，1.096]，（1.096，1.894]，（1.894，Inf），断点为 1.894，自变量"调整的 GDP"转换后对因变量的影响如表 10 – 1 所示。

表 10 – 1　　　变量"调整的 GDP"转换后特征对因变量的影响

调整的 GDP	1.096	1.285	1.376	1.486	1.597	1.730
新因变量	0.0000	– 2.0068	– 2.9341	– 3.9960	– 1.9111	– 1.2345

图 10 – 2 为变量"比值"的断点，断点在 1.5842。自变量"比值"转换后对因变量的影响见表 10 – 2。

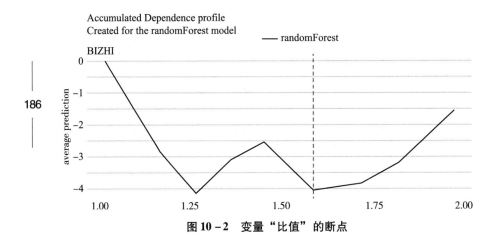

图 10 – 2　变量"比值"的断点

表 10 – 2　　　变量"比值"转换后特征对因变量的影响

比值	1.0120	1.1639	1.2635	1.3596	1.4505	1.5842
新因变量	0.0000	– 1.8392	– 2.9803	– 3.4164	– 1.3697	– 0.0392

对于因子变量，可以观察合并了哪些阶位水平以及什么是最佳聚类：如图 10 – 3 为变量"地区"的阶位水平及最佳聚类情况；图 10 – 4 为变量"损失类别"的阶位水平及最佳聚类情况；图 10 – 5 为变量"二级损失"的阶位水平及最佳聚类情况；图 10 – 6 为变量"业务类

别"的阶位水平及最佳聚类情况；图 10 - 7 为变量"原因"的阶位水平及最佳聚类情况；图 10 - 8 为变量"损失点"的阶位水平及最佳聚类情况；图 10 - 9 为变量"处理方式"的；图 10 - 10 为变量"控制手段"的阶位水平及最佳聚类情况。

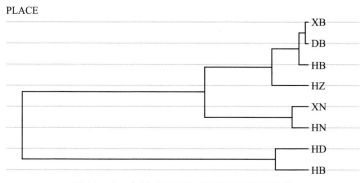

图 10 - 3　变量"地区"的阶位及最佳聚类

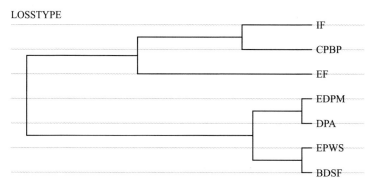

图 10 - 4　变量"损失类别"的阶位及最佳聚类

对变量"地区"，各类别等级对因变量的影响，断点在"华北地区"，产生了以下几个等级的新特征：东北地区，华北地区，华北地区，华东地区，华南地区，华中地区，西北地区及西南地区。其中，西北地区、东北地区进行了最佳聚类，西南地区、华南地区进行了最终聚类。对新因变量的影响如表 10 - 3 所示。可知，华东地区、华南地区发生的操作风险是比较显著的。

SECDLOSS

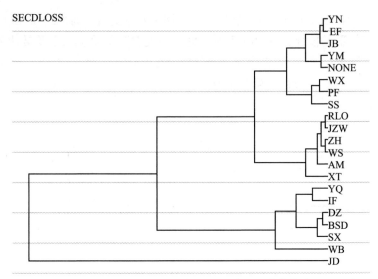

图 10 - 5　变量"二级损失"的阶位及最佳聚类

BUSINESSTYPE

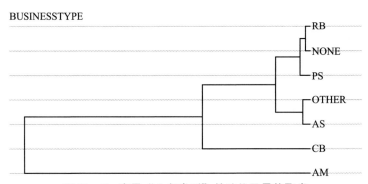

图 10 - 6　变量"业务类别"的阶位及最佳聚类

CAUSE

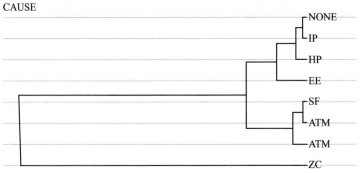

图 10 - 7　变量"原因"的阶位及最佳聚类

LOSSPOINT

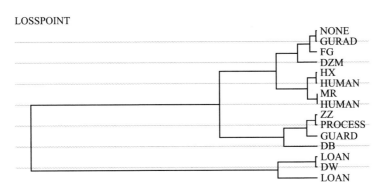

图 10 - 8 变量"损失点"的阶位及最佳聚类

DEALMANNER

图 10 - 9 变量"处理方式"的阶位及最佳聚类

CONTROL

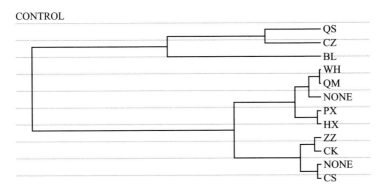

图 10 - 10 变量"控制"的阶位及最佳聚类

表 10－3　　　　变量"地区"转换后特征对新因变量的影响

地区	东北	华北	华东	华南	华中
新因变量	0.0000	15.1230	24.7557	25.3315	18.4614

　　注：西北和东北进行了最佳聚类，在新变量中，东北也体现了西北，华南也体现或代表了西南。

　　对变量"损失类别"，各类别等级对因变量的影响，断点在"执行、交割和流程管理"，产生了以下几个级别的新特征：经营中断和系统失灵（简称 BDSF），客户、产品以及业务运作（简称 CPBP），有形资产的损失（简称 DPA），执行、交割和流程管理（简称 EDPM），外部欺诈（简称 EF），就业制度和工作场所安全性（简称 EPWS），内部欺诈（简称 IF）。其中，内部欺诈类别与客户、产品以及业务运作类别进行了最佳聚类，执行、交割和流程管理类别与有形资产的损失类别进行了最佳聚类，就业制度和工作场所安全性类别与经营中断和系统失灵类别进行了最佳聚类。对新因变量的影响如表 10－4 所示。可知，外部欺诈、就业制度和工作场所安全性影响很显著。

190

表 10－4　　　　变量"损失类别"转换后特征对新因变量的影响

损失类别	BDSF	CPBP	DPA	EDPM	EF	EPWS
新因变量	0.0000	21.3919	12.1820	15.6055	173.4993	173.4993

　　对变量"二级损失"，各类别等级对因变量的影响，断点有两个，分别为"劳资关系"和"行为未经授权"，产生了三大类级别：（－Inf，劳资关系]，（劳资关系，行为未经授权]，（行为未经授权，Inf）。新特征很多，不一一列举了。阶位及最佳聚类如图 10－5 所示。对新因变量的影响如表 10－5 所示。

表 10－5　　　　变量"二级损失"转换后特征对新因变量的影响

二级损失	资产管理	不良的业务或市场行为	盗窃和欺诈	外部欺诈	内部欺诈	监控和报告
新因变量	0.0000	9.2250	3.4249	3.4249	3.4249	－91.8527

对变量"业务类别",各类别等级对因变量的影响,断点在"其他业务",产生了以下几个级别的新特征:资产管理业务,代理服务业务,商业银行业务,无信息业务,其他业务,支付和清算业务,零售银行业务。其中,零售银行业务、无信息业务进行了最佳聚类,其他业务和代理服务业务进行了最佳聚类。对新因变量的影响如表 10 - 6 所示。可知,支付和清算业务、代理服务业务等业务影响很显著。

表 10 - 6　　变量"业务类别"转换后特征对新因变量的影响

业务类别	资产管理	代理服务	商业银行	无信息	其他	支付和清算
新因变量	0.0000	- 229.4069	- 220.2037	- 220.2037	- 220.2037	- 241.8138

注:零售银行业务和无信息业务进行了最佳聚类,因此以无信息代表零售银行业务,也可以零售银行业务代表无信息业务。

对变量"原因",各类别等级对因变量的影响,断点在"内部程序",产生了以下几个级别的新特征:ATM 机,外部事件,人员因素,内部程序,无信息,系统因素及政策。其中,无信息和内部程序进行了最佳聚类,系统因素和 ATM 机进行了最佳聚类,同时,ATM 机又自成一单独阶位。对新因变量的影响如表 10 - 7 所示。可知,无信息、人员因素等原因影响很显著。

表 10 - 7　　变量"原因"转换后特征对新因变量的影响

原因	ATM	系统	外部事件	人员因素	内部程序	无信息	系统因素及政策
新因变量	0.0000	0.0000	20.8957	22.9292	14.9218	54.8435	0.0000

对变量"损失点",各类别等级对因变量的影响,断点有两个,分别是"过程"和"人员管理",产生了很多新特征,对新因变量的影响如表 10 - 8 所示。可知,监督审核影响比较显著。

表 10 - 8　　变量"损失点"转换后特征对新因变量的影响

损失点	数据库	硬件维护	贷前后管理	过程	监督审核	监督审核
新因变量	0.0000	14.1265	- 18.0207	- 27.2705	- 30.3329	- 30.3329

对变量"处理方式",各类别等级对因变量的影响,断点在"无信息",产生了以下几个级别的新特征:挂账,核销,无信息,无处理方式,入账。其中,入账和挂账进行了最佳聚类,同时,入账又自成一单独阶位。对新因变量的影响如表 10 – 9 所示。可知,入账等处理方式影响很显著。

表 10 – 9　　变量"处理方式"转换后特征对新因变量的影响

处理方式	挂账	核销	无信息	无处理方式	入账
新因变量	0.0000	– 4.0181	– 2.0011	– 5.4576	– 9.3780

对变量"控制",各类别等级对因变量的影响,断点在"处置"。控制因素中无信息对因变量影响较显著。如表 10 – 10 所示。

表 10 – 10　　　变量"控制"转换后特征对新因变量的影响

控制	剥离	对账审查	催收	处置	核销	无信息
新因变量	0.0000	0.0000	20.8957	22.9292	14.9218	– 84.7767

还可以根据代理模型对预测进行二阶交互检测。对于每对要素,它执行值排列以评估不可加效应。产生的新特征交互效果如表 10 – 11 所示。

表 10 – 11　　　　　　　预测变量二阶交互检测强度

序号	1	2	3	4	5
变量 1	地区	损失点	地区	地区	地区
变量 2	控制	控制	损失点	GDP	比值
强度	0.4854	0.4688	0.4569	0.4375	0.4297
序号	6	7	8	9	10
变量 1	地区	业务类别	损失类别	业务类别	原因
变量 2	原因	损失点	二级损失	控制	控制
强度	0.4068	0.4032	0.3943	0.3935	0.3933

续表

序号	11	12	13	14	15
变量 1	处理方式	原因	损失点	二级损失	损失点
变量 2	控制	损失点	GDP	损失点	比值
强度	0.3929	0.3881	0.3845	0.3711	0.3815
序号	16	17	18	19	20
变量 1	二级损失	控制	地区	控制	地区
变量 2	控制	比值	业务类别	GDP	二级损失
强度	0.3711	0.3710	0.3697	0.3653	0.3646
序号	21	22	23	24	25
变量 1	损失点	地区	二级损失	损失点	业务类别
变量 2	处理方式	处理方式	业务类别	控制	原因
强度	0.3586	0.3546	0.3428	0.3392	0.3314
序号	26	27	28	29	30
变量 1	二级损失	业务类别	处理方式	损失类别	二级损失
变量 2	比值	处理方式	比值	业务类别	GDP
强度	0.3305	0.3291	0.3252	0.3248	0.3210
序号	31	32	33	34	35
变量 1	原因	原因	原因	业务类别	损失类别
变量 2	GDP	比值	处理方式	GDP	原因
强度	0.3173	0.3170	0.3106	0.3083	0.3081
序号	36	37	38	39	40
变量 1	损失类别	业务类别	地区	处理方式	二级损失
变量 2	损失点	比值	损失类别	GDP	原因
强度	0.3062	0.3010	0.2970	0.2958	0.2898
序号	41	42	43	44	45
变量 1	二级损失	损失类别	损失类别	损失类别	GDP
变量 2	处理方式	处理方式	GDP	比值	比值
强度	0.2833	0.2811	0.2518	0.2398	0.2397

从表 10 – 11 可知，损失发生的所在地区作为一个非常重要的操作风险因素，它和其他变量交互时多能达到较高位次的强度。因此，要重视华南地区、华东地区等经济较为发达地区的操作风险管理；控制措施也是一个比较重要的操作风险驱动因素，在操作风险发生前、发生过程中及发生后，采取合适的控制措施，对操作风险的预防及缓释是很有必要的；对损失点的分析也是很有必要的，二级损失也是一个比较重要的影响因素。损失发生的原因、业务类别、处理方式等则是相对不太重要的因素，GDP、GDP 与 CPI 的比值是宏观经济因素，银行对其控制能力较差，是相对不重要的因素，与其他因素交互作用，对操作风险损失强度的影响强度较低。

操作风险发生地区及不同的控制方式综合作用对操作风险损失强度的影响最大，其次是损失点和控制措施的综合作用、损失发生地区和损失点的综合作用。通过对预测的二级交互检测，可以预测不同因素对操作风险的综合影响。

10.4　本 章 小 结

本章的总体思路是针对一些机器学习方法虽然预测准确率比一般的模型高，但可解释性较差，提高其可解释性，可以使模型行为和预测被理解，建立信任，更容易被接受。提高机器学习方法可解释性的思路有很多，本章仅考虑了一种统一的方法来衡量解释的保真度的方法：监督辅助特征提取方法。其主要思想是使用复杂的、高准确度模型来生成新特征，然后用这些特征训练一个简单的可解释模型，该模型通常保持复杂模型的性能。该方法基本不降低复杂模型的高准确性，同时还可以提高透明度和可解释性。

可以看出，通过可解释性决策模型构架，清晰透彻地体现出各因素的驱动作用，易于决策者和业务工作者理解，增强了人们对操作风险的认识，体现社会互动，确保了模型可以解释决策。

第 11 章　新标准法参数值设定敏感性分析

通过对《巴塞尔资本协议Ⅲ（最终版）》的监管理念和改革措施的分析，可知巴塞尔委员会的监管思路是对内部模型法中的参数进行调整、取舍，使其可以同时满足风险敏感性、简单性和可比性，并达到适度的平衡。

根据巴塞尔协议最终版的要求，各国应在 2023 年 1 月 1 日开始执行最终方案的内容。但巴塞尔委员会考虑到全球各司法辖区内银行的各异性，除了一些硬性规定外，各地区监管机构在某些参数设置及监管要求上有一定的自主选择权。因此，中国银保监会需要考虑的是这些可以自主选择的因素。

这对于我国监管部门商业银行操作风险监管提出了挑战：此前我国均采用标准法，从未将历史损失纳入操作风险资本计算之中，对标国际标准的过程中，会面临机遇与挑战并存的考验。

11.1　银行内部损失乘数设置

11.1.1　对内部损失乘数是否设置为 1 的分析

对业务指标小于 10 亿欧元的小银行，巴塞尔委员会将内部损失乘数规定为 1，这意味着对小型银行，操作风险资本配置不考虑历史损失数据的影响。同时，考虑到各国监管体系、金融市场和金融机构的不同特性，各国监管机构需考虑是否把各家银行的内部损失乘数设置为 1 或者其他值，以及怎么设置。

笔者认为，内部损失乘数的存在，就在于其能够体现银行历史操作风险的大小，并将其纳入之后年度的操作风险资本金计量中来体现对操作风险管理水平高的银行的奖励。

内部损失乘数设置为 1，实质上是不考虑银行过去操作风险的影响，只考虑业务指标参数，而业务指标参数是业务规模方面的指标，仅仅依靠业务规模的分层级（且《最终框架》的分级仅分为 3 层级）来体现新标准法的风险敏感性，这风险敏感性很小。因此，将内部损失乘数设置为 1 的新标准法基本不体现风险敏感性，这与提出新标准法的初衷是相背离的。笔者认为，该项规定对内部操作风险数据不足的银行，在运用新标准法的初期，因为模型的简单性和可比性，能迅速上手新标准法，但无法体现风险敏感性。

鉴于我国部分商业银行操作风险记录专业系统还不完善，根据巴塞尔委员会的规定，对中国业务规模大于 10 亿欧元的银行，是否应由监管机构利用这些银行的内部历史操作风险数据进行有针对性的内部损失乘数的计算，还是对所有的银行，统一设定内部损失乘数为 1 或某个固定值，这是中国银行监管机构迫切需要考虑的问题。

笔者考虑中国商业银行中业务规模大于 10 亿欧元的银行，分析当监管当局设定其内部损失乘数不为 1 时，对其操作风险资本要求的影响。鉴于新标准法将于 2023 年 1 月起实施，在此过渡期探讨内部损失乘数对操作风险资本金的影响，将为中国银保监会思考中国业务规模大于 10 亿欧元的 50 多家商业银行（鲁政委，2019）设定内部损失乘数提供借鉴思路（经过笔者于 2022 年 5 月分析，目前中国业务规模大于 10 亿欧元的银行为 57～62 家，可约看作 60 家），避免一视同仁，全面地研究新标准法度量模型，可以有效运用新标准法体现风险敏感性的度量，从监管资本度量的角度提高银行完善操作风险数据质量建设及内控制度建设的激励效果。

11.1.2　内部损失乘数灵敏度分析

新标准法中，操作风险资本金由业务指标参数和内部损失乘数相乘得出。前面已分析过，业务指标参数体现银行不同业务规模，体现的是简单性和可比性，不体现风险敏感性，因此，新标准法的风险敏感性，主要在内部损失乘数上体现。因此，需要研究内部损失乘数的构成，分析其风险敏感性。

为了实现敏感度分析，笔者借鉴了兰博尼等（Lamboni et al.，2011）提出的多变量全局灵敏度动态模型，选择了一些不确定的参数和输入变量进行研究，而其他参数则固定在给定的名义值上。

基本思路为：整体灵敏度分析，计算主成分相关的指标，得出广义敏感性指标，综合各参数对结果的影响。具体而言，选定的参数和输入变量产生 d 个输入因子 Z_1，$\cdots$，Z_d 进行敏感度分析。令 $z = (z_1，z_2，\cdots，z_d)$ 表示一个场景，即输入因子 Z_j 在等级 z_j 的一个组合，$j = 1$，$\cdots$，d，则 $y = f(z)$。

对于第 k 个主成分，阶乘项 $w(w \neq 0)$ 的灵敏度指标定义为 $SI_{w,k} = \dfrac{SS_{w,k}}{\lambda_k}$。

其中，$SS_{w,k} = \|S_w h_k\|^2$，h_k 代表第 k 个主成分，$h_k = Y_c v_k$，Y_c 为对 y 的每一列归一化得到的矩阵，v_k 表示特征值相关的一组标准化和相互正交的特征向量。

对第 k 个主成分，Z_j 的一阶灵敏度指数对应于 k 主成分的主效应 $Z_j(w\{j\})$，即 $FSI_{Z_j,k} = SI_{\{j\},k}$。

对第 k 个主成分，Z_j 的全局灵敏度指数定义为式（11-1）：

$$TSI_{Z_j,k} = \sum_{w,j \in w} SI_{w,k} \qquad (11-1)$$

阶乘项 $w(w \neq 0)$ 的广义灵敏度指数定义为 $GSI_w = \dfrac{trace(y_c' S_w y_c)}{\Delta}$，$\Delta = trace(\sum)$。$Z_j$ 的广义一阶灵敏度指数定义为 $GFSI_{Z_j} = GSI_{\{j\}}$。

Z_j 的广义总灵敏度指数定义为式（11-2）：

$$GTSI_{Z_j} = \sum_{w,j \in w} GSI_w \qquad (11-2)$$

分析过程中，首先分析内部损失乘数的影响因素。关键在于设计好场景 z，此处笔者对 LC、BIC 同时设计了 10000 组随机变量。

LC 的设置，最小值为 0 亿元，即过去十年年均操作风险损失为 0，最大值设为 2000 亿元，即过去十年年均操作风险损失为 133.33 亿元，这个范围完全可以涵盖最极端十年年均操作风险损失的情况。

BIC 设为最小值 80 亿元（2020 年 12 月 2 日欧元收盘汇率 7.9478，近似取整为 8），对应于表 2－3 的 10 亿欧元的边界点最大值设为 2400 亿欧元，对应 300 亿欧元的边界点。随机模拟 10000 次组合变量，基本可以涵盖绝大多数可能的情况。根据式（11－1）、式（11－2）模拟计算，最终得出表 11－1 操作风险监管资本的新标准法中的内部损失乘数的参数灵敏度指数。

表 11－1　　　　　　　　内部损失乘数的参数灵敏度指数

主要灵敏度指数				总灵敏度指数			
参数	Y1	Y2	GSI	参数	Y1	Y2	GSI
LC	0.615	0.615	0.615	LC	0.783	0.783	0.783
BIC	0.217	0.217	0.217	BIC	0.385	0.385	0.385

由于汇率实时变动，该模拟计算日的汇率比今日汇率高一些，但本章主要目的是探讨参数灵敏度，汇率约为 7（2022 年 5 月 5 日近似取整）或约为 8（2020 年 12 月 2 日近似取整）只影响初始边界点的设定，对参数灵敏度影响不大。

由表 11－1 可知，对内部损失乘数的影响，银行过去十年年均操作风险损失的影响敏感度较大，达到 0.783，而银行业务指标参数的影响敏感度较小，为 0.385。可知，银行历史操作风险损失对其内部损失乘数影响较大。

11.1.3　操作风险资本敏感度分析

然而，在度量操作风险资本时，银行业务指标参数的影响敏感度非常大，而内部损失乘数的敏感度则较小，其原因在于度量操作风险资本需以内部损失乘数乘以银行业务指标参数，见表 11－2。

由表 11－2 可知，对操作风险资本的影响，银行过去十年年均操作风险损失的影响敏感度较小，仅为 0.1165，而银行业务指标参数的影响敏感度很大，达到 0.9474。

表 11 – 2　　　　　　　　操作风险资本的参数灵敏度指数

主要灵敏度指数				总灵敏度指数			
参数	Y1	Y2	GSI	参数	Y1	Y2	GSI
BIC	0.8835	0.8835	0.8835	BIC	0.9474	0.9474	0.9474
LC	0.0526	0.0526	0.0526	LC	0.1165	0.1165	0.1165

这说明监管机构在考虑为辖区内的业务规模超过 80 亿元人民币的银行制定银行操作风险内部损失乘数时，由于银行往年的操作风险损失敏感性较低，鉴于分别为每家银行单独设定内部损失乘数比较烦琐，而不论业务规模是否超过 80 亿元人民币，各家银行均需报送监管机构其往年的操作风险损失数据情况，因此为简单起见，建议考虑由各家业务规模超过 80 亿元人民币的银行自行决定是否申报单独计算内部损失乘数的情况，由银行提出申请，监管机构为其计算并设定操作风险内部损失乘数，这样就避免了对银行一视同仁，体现了风险敏感性，也减少了监管机构的工作量。只要银行内控做得到位，可自行申报单独计算内部损失乘数，从而激励银行完善操作风险内控建设。

当某银行过去十年年均操作风险较低，内部损失乘数低于 1 时，尽管它对操作风险资本的敏感性指标仅为 0.1165，但对于业务规模超过 80 亿元的银行，操作风险资本是以亿元为单位计量的，基数足够大，银行有动力去提出申请，要求监管机构为其设定专门的操作风险内部损失乘数而不是统一设为 1，以体现其自身历史操作风险管控较好而带来的监管资本优势。

当某银行过去十年年均操作风险较高，内部损失乘数高于 1 时，如果监管机构将其操作风险内部损失乘数设定为 1，不利于激励其优化操作风险管理，但由于业务规模大于 80 亿元的银行均需向监管机构汇报各年度操作风险数据及状况，建议监管机构在新标准法实施一段时间获得了足够的银行操作风险历史损失数据后，对每家业务规模超过 80 亿元的银行单独设定其内部损失乘数。

11.1.4　历史操作风险数据对操作风险资本金的影响

以 A 银行为例，分析在固定业务指标参数情况下，不同的历史年均操作风险损失额对内部损失乘数和操作风险资本的影响。根据第二章新标准法的介绍，度量不同的银行内部历史操作损失数据下，新标准法下应该计提的操作风险资本金，见表 11 – 3。

表 11 – 3   新标准法下基于年均损失的 A 银行操作风险资本敏感性分析

LC	0	1	10	50	100	150	194.8310
LC/BIC	0	0.0043	0.0434	0.2172	0.4343	0.6515	0.8462
ILM	0.5143	0.5488	0.5876	0.6996	0.8027	0.8871	0.9529
ORC	124.63	126.35	135.28	161.08	184.80	204.24	219.39
LC	200	230.2345	300	500	1000	1500	2000
LC/BIC	0.8687	1.0000	1.3030	2.1717	4.3434	6.5151	8.6868
ILM	0.9600	1.0000	1.0832	1.2748	1.6006	1.8240	1.9955
ORC	221.03	230.23	249.39	293.50	368.52	419.96	459.43

注：根据 A 银行第 t – 9 年 ~ 第 t 年实际业务指标参数 BIC = 230.2345 亿元计算。

    由表 11 – 3 可知，即使 A 银行过去十年年均操作风险损失为 0，即从未发生过操作风险事件（这是理想的银行操作运营情况），A 银行也需计提 124.63 亿元人民币的操作风险资本金；显然，A 银行历史年均操作风险损失为 0 很难实现，随着年均操作损失逐渐增加，银行需计提的操作风险资本金也缓慢增加。

    当 A 银行历史操作风险损失增加到其实际过去十年年均损失乘以 15 时，其应计提的操作风险资本金为 219.39 亿元，而如果监管机构将内部损失乘数设置为 1，此时需计提操作风险资本 230.23 亿元。因此，A 银行通过历史操作风险损失有效的管理控制可降低下一年操作风险资本配置约 10.84 亿元，考虑银行历史操作风险损失来计算内部损失乘数，是有一定的资本配置节约效果的。

    当 A 银行历史操作风险损失继续增长达到乘以 15 倍后为 230.2345 亿元时，恰为 A 银行前三年业务指标参数值，此时内部损失乘数为 1，银行操作风险资本约为 230.23 亿元；历史年均操作损失增加，由于对数函数的使用，使历史损失对内部损失乘数的影响程度大大减缓，对应的内部损失乘数是非线性增加的，操作风险资本增长的倍数相对缓慢，这样可以减小单次偶然发生的低频/高损事件对资本金的过度影响。

例如，当历史操作风险损失额从 200 亿元增长至 2000 亿元时，操作风险资本增至 459.43 亿元，即操作风险损失增长 10 倍而操作风险资本金增幅仅为 2.0786 倍，具体情况见表 11-3。这说明当银行历史操作风险损失均值较大时，新标准法的内部指标乘数的取对数形式具有缓释资本金的作用。

以 A 银行为例，分析在固定历史年均操作风险损失的情况下，不同的业务指标参数对内部损失乘数和操作风险资本的影响，具体结果见表 11-4。之前已经提到，业务指标参数对操作风险资本的灵敏度很高，因此，它的变化对操作风险资本的影响较大。此处，固定历史年均操作风险损失的 15 倍为 194.831 亿元。鉴于 A 银行在过去年度的业务规模，业务指标参数从 150 亿元开始分析。对比表 11-3 可知，随着业务指标参数的增加，银行操作风险资本也在非线性地增长，增长幅度快于由银行历史操作风险变化导致的操作风险资本增长幅度但略低于业务指标参数的增长幅度。

表 11-4　　　　新标准法下基于业务指标参数的 A 银行
操作风险资本敏感性分析

BIC	150	175	194.8310	200	225	230.2345	250
LC/BIC	1.2989	1.1133	1.0000	0.9742	0.8659	0.8462	0.7793
ILM	1.0821	1.0325	1.0000	0.9924	0.9592	0.9529	0.9312
ORC	162.32	180.68	194.83	198.47	215.81	219.39	232.79
BIC	275	300	350	400	500	1000	2000
LC/BIC	0.7085	0.6494	0.5567	0.4871	0.3897	0.1948	0.0974
ILM	0.9072	0.8863	0.8519	0.8245	0.7834	0.6874	0.6278
ORC	249.48	265.90	298.18	329.80	391.68	687.37	1255.58

注：根据 A 银行第 t-9 年~第 t 年年均操作损失的 15 倍 LC = 194.8310 亿元计算。

当业务指标参数为 194.8310 亿元时，内部损失乘数为 1，操作风险资本与业务指标参数相等。当业务指标参数为 230.2345 亿元时，A 银行操作风险资本为 219.39 亿元；随着业务指标参数继续增长，操作风险资本增长的速度相对缓慢，计提的银行操作风险资本增速逐渐落后于业务指标参数的增速，体现了新标准法对操作风险资本计提的减缓作用。

当业务指标参数从 200 亿元增长至 2000 亿元时，计提的操作风险资本从 198.47 亿元增至 1255.58 亿元，增长 6.3263 倍。具体见表 11-4，因此，总体来看，在新标准法下，业务规模对操作风险监管资本的影响要大于银行历史内部操作损失的影响，但新标准法还是可以减缓个别极端操作风险损失对操作风险资本计提的影响。

11.1.5　中国商业银行面临的挑战

由于《巴赛尔资本协议Ⅱ》中仅有高级计量法考虑了历史损失，而目前我国银行测度操作风险资本金均采用标准法，并未考虑内部操作风险历史损失，采用新标准法必然要保证内部操作风险历史损失数据的质量，考虑操作风险历史损失的影响，这对中国银行业既是要求也是挑战。《最终方案》对业务规模的计算要求更为细致，新标准法中的业务规模参数是衡量银行总体规模的核心系数。将业务规模计算细分为 10 个大项 26 个子项，对银行会计报表提出了更高要求。项目的细化方面提高了指标的风险敏感性。

另外，新标准法的提出，对中国银行业既是硬性要求，也是挑战和机遇。目前阻碍国内银行业操作风险管理发展的障碍，很大程度上源于操作风险数据的数量和质量缺陷。巴塞尔委员会对操作风险事件的记录和测度均提出了更高的要求，尤其是大型银行。国内各银行应按照巴塞尔委员会要求，加强培训，建立数据充足、质量可靠的操作风险历史数据库，为操作风险管理提供可信的数据基础。

11.2　划定计算历史损失额时的例外申请

为避免已停止运营的业务或不可能再出现的历史风险对未来操作风险计量的影响，更好地体现银行现有的风险特性，《最终方案》允许单个银行向所在国银行监管机构申请在计算历史损失额时剔除部分罕见的风险事件。

那么，什么时候、什么条件下可以剔除什么样的风险事件？巴塞尔委员会以举例的方式回答了这个问题。监管机构可设置一定的门槛，如银行可向监管机构申请剔除单次损失占年均损失总额 5% 以上的事件。

问题在于，对中国银行业，5% 这个门槛是否合理？笔者以 A 银行历史损失事件为例来分析。分析 A 银行十年的操作风险数据可知，A 银行十年年均操作损失额 AVELOSS = 129887.336 万元，年均操作损失总额的 5% 为 6494.37 万元。然而在某年某单次操作风险损失大于 6494.37 万元的并不罕见。从表 9 - 1 可知，这十年间最大的操作损失达 2.32 亿元，从偏度、峰度统计分析可知，操作风险损失强度厚尾非常严重。

具体而言，单次损失超过年均损失总额的 5% 的损失共 12 件，其中某年共发生 3 次单件损失超过年均损失总额的 5% 的事件。分析这 12 件损失事件，涉及商业银行业务的共 7 件，零售银行业务的 4 件，资产管理的 1 件。这 12 件损失事件中，涉及贷款的 9 件，1 件与审批把关不严有关，1 件与授权管理不规范有关，1 件无信息描述。总的来说，这 12 件损失都很难被证明"极其罕见，且类似事件不会再次发生（被剔除的风险事件应满足的条件第一条）"。因此，笔者建议监管机构从严审批剔除部分历史损失的申请，或者需将可申请剔除的单次损失占年均损失总额的比率提高。

巴塞尔委员会建议监管机构设定的可申请提出的单次损失占年均损失总额的比率为 5%。但这只是建议，究竟是否应该设置相应可申请剔除的单次损失，以及如何划定接受申请的边界，这个比例究竟应该设置为多大，是由各国监管机构自由掌握的。这些问题，都是中国监管机构需要思考的课题。

从法国兴业银行成功将杰洛米·科维尔（Jérôme Kerviel）违规交易事件从历史损失数据中剔除的案例来看，它是向监管当局提供了新的内控流程信息，证明可有效避免类似违规交易事件的发生。从各国历史经验来看，即使欧洲、澳大利亚监管机构相对较易于接受银行请求，但银行所申请的被剔除案件也基本是百年难得一遇或千年难得一遇的事件，非常罕见，且经过事后管理程序的有针对性地改进，类似事件不会再发生。在满足这些条件下，单次损失申请提出被监管机构审批才可能被剔除。即要确保类似事件不会再发生。

继续对划定申请剔除的单次损失的边界进行分析，如果在其他要求

不变的情况下，假设监管机构划定可申请剔除单次损失的比率为 10%
以上的事件，则这十年间 A 银行单次损失超过年均损失总额的 10% 的
损失共 5 件，涉及商业银行业务的共 2 件，零售银行业务的 2 件，资产
管理的 1 件。涉及贷款的 3 件，1 件与审批把关不严有关，1 件与授权
管理不规范有关。同样地，这 5 件损失都很难被证明极其罕见，且类似
事件不会再次发生。

如果监管机构划定可申请剔除单次损失的比率为 10% 以上的事件，
则这十年间单次损失超过年均损失总额的 15% 的损失共 4 件，而当监
管机构划定接受申请的边界为 20%，则这十年间单次损失超过年均损
失总额的 20% 的损失为 0 件。因此在此简单且不充分论证的情况下笔
者建议，监管机构设置的门槛比例至少应提高到 20%，且满足其他两
项条件，才可申请监管机构剔除该事件。这也说明了 A 银行在此十年
中并未发生极其罕见的且经过整顿管理程序可以被避免的可向监管机构
申请剔除的事件。

中国的商业银行目前正处于快速发展阶段，很少有业务被取消的情
况，也很少有充足的证据证明某类事件不会再发生，可以申请被剔除。

从中国的单家银行而言，也需要考虑如何参考、学习国际经验向监
管机构申请剔除单件历史损失。因为，这样的单件历史损失额非常高，
会大大提高总历史平均损失，将直接影响未来十年该银行最低操作风险
监管资本计提额。如 2010 年齐鲁银行事件，如果银行能够证明已采取
有效管理措施，在该措施下此类事件不会再发生，事件已发生超过 10
年，银行可以考虑向监管当局申请在银行的历史损失数据中剔除该
损失。

11.3　设定纳入统计的历史损失事件门槛

《最终方案》允许监管机构提高大型银行纳入统计的历史损失事件
门槛。巴塞尔委员会规定，银行应将所有损失在 2 万欧元以上的损失事
件均纳入数据计算；但对于业务规模值大于 10 亿欧元的银行，各国监
管机构可根据具体情况，允许仅将损失在 10 万欧元以上的事件纳入数
据计算。

对于这个问题，需要考虑的是数据收集成本与提高数据收集门槛导致的左截断操作风险值偏差的大小孰轻孰重。从银行的角度，提高数据收集门槛，一方面减少了数据收集及管理成本，一方面降低了操作风险计算及监管成本，因此，银行是有动力提高纳入计算的数据收集门槛的。但从监管机构的角度，需要考虑的是低估的操作风险资本的大小是否在可接受范围内，即，低估的操作风险不会导致银行操作风险的难以充分覆盖。

11.3.1　设定纳入统计的数据收集门槛为 2 万欧元

以 A 银行为例，若将数据统计门槛定为 2 万欧元，按 2020 年 12 月的近似汇率 8 来计算，有超 4000 例的损失事件未纳入计算，计 1.09 亿元人民币；若将数据统计门槛提高为 10 万欧元，则有超 5400 例的损失事件未纳入计算，计 0.664 亿元人民币，提高数据统计门槛会导致每年平均有 140 例损失事件，年均约 0.555 亿元操作风险损失未纳入统计。

如果按数据收集当年的汇率接近 10 来计算，未纳入统计的数据更多，提高数据统计门槛会导致每年平均有 189 例损失事件，年均约 1.3537 亿元操作风险损失未纳入统计。因此，提高数据统计门槛会低估历史操作风险损失，导致 LC 的低估，进而低估操作风险资本。

以 A 银行为例，当纳入计算的数据收集阈值为 2 万欧元时，分别假设汇率为数据统计时点的接近 10 和 2020 年 12 月初的约为 8，为简化计算，分别取汇率 10.0（近似取整，数据收集时汇率为 9.988）及 8.0（2020 年 12 月某日欧元收盘汇率为 7.9478，近似取整为 8），计算新标准法下的操作风险资本。

当纳入计算的数据收集阈值为 2 万欧元，且汇率近似为 10 时，计算 A 银行历史年均损失乘以 15 倍，LC = 192.7708 亿元。

$$ILM = \ln(\exp(1) - 1 + (LC/BIC)^{0.8}) = \ln(\exp(1) - 1 + 0.8676)$$
$$= 0.9500$$

$$ORC = BIC \times ILM = 230.2345 \times 0.9500 = 218.7340 （亿元）$$

与无左截断数据时计算得出的操作风险资本相比，相差：219.3851 − 218.7340 = 0.6511（亿元）。

当纳入计算的数据收集阈值为 2 万欧元，当汇率近似为 8 时，A 银行历史年均损失乘以 15 倍，LC = 193.1940（亿元）。

$$ILM = \ln(\exp(1) - 1 + (LC/BIC)^{0.8}) = \ln(\exp(1) - 1 + 0.8691)$$
$$= 0.9506$$

$$ORC = BIC \times ILM = 230.2345 \times 0.9506 = 218.8696（亿元）$$

与无左截断数据时计算得出的操作风险资本相比，相差 219.3851 − 218.8696 = 0.5155（亿元）。

因此，无论汇率是数据收集时的近似 10，还是 2020 年 12 月的近似 8，当纳入计算的数据收集阈值为 2 万欧元时，计算得出的操作风险资本与全数据计算得出的操作风险资本相差不大，仅为 0.6511 亿元及 0.5155 亿元。考虑到数据收集需要花费不少人工成本与时间成本，采用数据收集左截断，可以节省一半以上的数据收集成本。因此，巴塞尔委员会设定的"一般情况下，银行应将所有损失在 2 万欧元以上的损失事件均纳入数据计算"，既降低了数据收集成本，又不会对操作风险最低资本要求产生较大的影响，笔者认为此要求是非常合理的。

11.3.2 业务规模超过 10 亿欧元，设定数据收集门槛为 10 万欧元

对业务规模超过 10 亿欧元的银行，设定纳入计算的数据收集阈值为 10 万欧元，当汇率近似为 10 时（近似取整，数据收集时汇率为 9.988），A 银行历史年均损失乘以 15 倍，LC = 182.6085（亿元）。

$$ILM = \ln(\exp(1) - 1 + (LC/BIC)^{0.8}) = \ln(\exp(1) - 1 + 0.8708)$$
$$= 0.9357$$

$$ORC = BIC \times ILM = 230.2345 \times 0.9357 = 215.4353（亿元）$$

与无左截断数据时计算得出的操作风险资本相比，相差 219.3851 − 215.4353 = 3.9498（亿元）。

当纳入计算的数据收集阈值为 10 万欧元，且汇率近似为 8 时（近似取整，2020 年 12 月汇率为 7.9478），A 银行历史年均损失乘以 15 倍，LC = 184.8653（亿元）。$ILM = \ln(\exp(1) - 1 + (LC/BIC)^{0.8}) = \ln(\exp(1) - 1 + 0.839) = 0.9389$，$ORC = BIC \times ILM = 230.2345 \times 0.9389 = 216.1751$（亿元）

与无左截断数据时计算得出的操作风险资本相比，相差 219.3851 −

$216.1751 = 3.21$（亿元）。

因此，无论汇率是数据收集时的近似 10，还是 2020 年 12 月的近似 8，当纳入计算的数据收集阈值为 10 万欧元时，计算得出的操作风险资本比数据收集门槛为 2 万欧元时计算得出的操作风险资本降低 3.2987 亿元及 2.6945 亿元。提高数据收集左截断门槛，会低估操作风险资本。笔者计算了最低操作风险资本要求的变化，如式（11-3）所示：

最低资本要求：

$$MRC 变化 = \frac{|提升数据收集阈值后的 MRC - 未提升收集阈值的 MRC|}{未提升收集阈值的 MRC}$$

$$(11-3)$$

当汇率近似为 10 时，

$$MRC 变化_{10} = \frac{提升阈值后的 MRC - 未提升阈值的 MRC}{未提升收集阈值的 MRC}$$

$$= \frac{|215.4353 - 218.7340|}{218.7340} = 1.51\%$$

当汇率近似为 8 时，

$$MRC 变化_8 = \frac{提升阈值后的 MRC - 未提升阈值的 MRC}{未提升收集阈值的 MRC}$$

$$= \frac{|216.1751 - 218.8696|}{218.8696} = 1.23\%$$

因此，可以看出，汇率以近似 8 和近似 10 来计算，由于提升数据纳入计算的阈值而导致的最低操作风险资本的变化，为降低了 1.51% 和 1.23%。对于监管当局而言，需要考虑的是对业务规模超过 10 亿欧元的银行，降低操作风险监管资本约 1.2% ~ 1.5% 是否可以确保操作风险资本对风险暴露仍然提供足够的保护。

如果答案为"是"，那么建议提高数据收集门槛，既可降低数据收集成本，又可降低操作风险资本，银行资金获得了双重节约。如果监管机构对此有疑问，一个简单且成本节约的方法是，对业务规模超过 10 亿欧元的银行，提高数据纳入统计的左截断门槛至 10 万欧元，但将计算得出的最小操作风险资本增大约 1.5% 个百分点，则既可以做到最低资本要求对风险暴露仍然提供足够的保护，又可以降低银行的数据收集、数据统计成本。

但此法仅在 A 银行进行了粗略的试算，并未在其他银行获得验证，对中国银保监会而言，比较保险的方法是如果有疑问，则要求银行应将所有损失在 2 万欧元以上的损失事件均纳入数据计算。

11.4　本章小结

本章分析了新标准法下巴塞尔委员会规定的可由当地监管当局确定的参数或规定的变化对操作风险监管资本的影响。对业务规模大于 10 亿欧元的银行，是否分别设定内部损失乘数，分析了内部损失参数和操作风险监管资本的敏感性，得出业务指标乘数对最低监管资本影响大而内部历史损失影响较小的结论，建议在过渡期由业务规模大于 10 亿欧元的银行自行决定是否申请监管机构单独设置内部损失乘数，待监管机构获得充足的数据后统一为业务规模大于 10 亿欧元的银行设置各自的内部损失乘数，该措施可为激励各银行提高风险管理水平，降低操作风险资本配置提供合理合法的奖励。

对于是否在计算历史损失额时剔除部分罕见的风险事件，笔者建议监管机构从严考虑，多数银行并不具备能完全满足巴塞尔委员会规定的剔除事件。

对业务规模超过 10 亿欧元的银行，是否将数据收集门槛从 2 万欧元提升至 10 万欧元，笔者认为提升数据收集门槛可以减少数据收集成本，在考虑内部损失乘数的作用下，数据收集门槛提升至 10 万欧元，某业务规模超过 10 亿欧元的银行的操作风险监管资本的变动幅度缩小了 1.2% ~ 1.5%。是否提升数据收集门槛，需要监管机构多方面考虑，由此导致的数据收集成本节约能否抵补因收集门槛提高导致的操作风险监管资本降低，新的操作风险资本能否充分覆盖银行操作风险。

第12章　新标准法下中国银行监管机构操作风险监管的建议

《巴塞尔资本协议Ⅲ最终方案》要求全球银行业在2023年1月开始采用新标准法度量银行操作风险资本金。新标准法实施在即，在巴塞尔操作风险监管新规的引领下，中国银行业要探索操作风险监管规定的本土化风险管理实践，既要坚持资本充足率为底线的新标准法监管计量，又要加强银行实际操作风险管控，为操作风险监管新规的实施做好准备工作，以有效提升风险资本计量和实质管控水平。

12.1　建立操作风险管理体系

操作风险本身就是银行三大风险之一，是银行全面风险管理的内容之一，建立操作风险管理体系，并整合到银行战略决策过程中去。新标准法体现了银行业务规模、业务性质和风险暴露之间的关系，建立并完善操作风险损失数据收集制度，明确各部门职责分工，建立部门之间有效制衡、相互协调的运行机制。

12.2　完善操作风险数据收集系统

按照《最终方案》规定的操作风险损失数据标准，中国银行业按照这一业务指标规模来划分，目前约有57~62家银行满足业务指标大于10亿欧元的规定。也就是说，这些银行从2023年起，计算操作风险资本时必须使用历史损失数据。

实际上，我国商业银行目前操作风险资本金计量采用的是标准法，不涉及银行内部历史数据，而新标准法要求银行有 10 年的操作风险历史损失数据（如果未达到此数据要求，也应至少有 5 ~ 10 年的内部数据），目前某些银行还未达到这样的数据要求。

就此提出以下建议：

（1）以本次新规实施的硬性要求为契机，明确操作风险损失定义和数据标准，制定操作风险数据收集办法，加强业务指导和培训①，完善损失数据收集信息系统。

（2）设置相关数据的收集规范、汇总程序及风险报告程序，提高数据收集的准确性、完整性和时效性，使其成为银行运营连续性流程及公司政策的一部分。风险管理人员应与专业信息技术人员合作，设计数据的挖掘、收集与统计、分析、汇总程序，确保数据流程持续控制，相关前台单位与数据定义保持一致，正确输入数据，持续更新。

（3）建立风险数据汇总和风险报告的独立验证机制，由具有专门知识、数据和报告专长的工作人员进行。该独立验证应与银行风险管理计划中的其他独立审查活动相一致并整合在一起，涵盖银行风险数据汇总和报告过程的所有组成部分。独立验证的主要目的是确保银行的风险数据汇总和报告程序按预期运作，并适合银行的风险状况。

（4）银行应记录及解释其所有风险数据汇总程序，衡量和监测数据的准确性，设定适当的上报渠道和行动计划，以纠正数据质量差的问题。

（5）银行的风险数据汇总能力应包括所有重大风险敞口，包括资产负债表外的风险敞口。对可能发生的特定风险措施累计风险承担的具体方法，以便董事会和高级管理层能够适当评估结果。

（6）银行应提供完整的累计风险数据，并衡量和监测其风险数据的完整性。银行的风险数据汇总能力应确保能够及时汇总风险信息，以满足所有风险管理报告要求。银行需要建立其风险系统，以便能够在面对压力或危机时迅速提供所有关键风险的综合风险数据。与操作风险有关的关键数据为与关键时间有关的操作风险指标（例如系统可用性、未经授权的访问等）。

---

① 杨凯生、刘瑞霞、冯乾：《〈巴塞尔Ⅲ最终方案〉的影响及应对》，载于《金融研究》2018 年第 2 期，第 30 ~ 44 页。

（7）提高银行数据收集及汇总的适应能力，使其具有灵活性及适应性，以应付所需的特别数据要求，并评估新出现的风险。适应性使银行能够进行更好的风险管理，包括预测信息，以及支持压力测试和情景分析。包括：①灵活的数据汇总过程，使风险数据能够汇总，以便进行评估和快速决策；②根据用户需要定制数据的能力，根据需要深入研究，并产生快速摘要报告；③能否把影响银行风险状况的业务架构及/或外部因素的最新发展纳入的能力；④能否把规管架构的改变纳入其中。

应制定相关制度和程序，保证风险数据收集与分析的及时性，风险报告应及时发送至相关部门及适当的接受者，银行定期确认有关接收者及时收到报告。

12.3　强化财务报表的规范化管理

新标准法在银行业务指标方面体现了简单化、可比性、可验证性，业务指标这是银行操作风险资本计量的基础和核心。这需要对银行相关会计报表、交易账簿进行正确的分类、准确的计量和统计，最终方案对银行会计报表提出了更高要求。

中国银保监会于 2018 年 5 月 30 日发布了《商业银行银行账簿利率风险管理指引（修订）》[1]，提高了银行账簿利率风险管控的要求；中国银行业进行银行账簿、交易账簿的边界划分和规范化管理，迫在眉睫。

12.4　提升银行透明度，完善
操作风险信息披露机制

巴塞尔委员会的第三大支柱是市场规范，要求通过公开披露银行信息、操作风险管理方法、风险暴露来为操作风险管理增强市场力度。《最终方案》大幅度提升了银行操作风险资本计量的相关信息披露要

211

---

[1]　中国银行保险监督管理委员会：《商业银行银行账簿利率风险管理指引》2018 年修订版，银保监发〔2018〕25 号，2018.05.30。

求，目前，中国商业银行的信息披露尚缺乏有效的市场约束。建议以巴塞尔委员会建议的银行信息披露要求构建信息披露机制，以定性为主，定量为辅，同时加大对信息披露违规行为的处罚力度，采用市场约束的方式来促使商业银行提高操作风险管理水平。

建立健全信息披露配套制度，增加信息披露缺失的成本，从制度上减少商业银行规避惩罚的瞒报漏报。强化商业银行对信息披露准确性、完整性、及时性的责任，从制度上健全信息披露问责机制。

12.5　借鉴椭球项目思路，数据驱动监督

研究如何使用跨部门公共数据模型，通过机器可执行的数字报告实现数据驱动的监督。监管报告要求可以通过一个一致的数据模型支持的明确的、可加工的、可操作的逻辑报告指令来表达。将生成监管报告的步骤的规划说明与法规一起公布，以确保在最低粒度级别上对预期数据有清晰的理解。通过基于相同数据模型的额外指令，监管者还可以自动查询基础交易数据，并生成引用标准化数据的监管指标。这说明了使用共同数据模型的机器可执行报告的可能性和效率。这也为监管人员增加可用的粒度数据量。

建立一个单一平台，监管机构"按需"获取及时和综合的数据来源，为监督评估提供信息和帮助支持。利用现有的大额风险暴露数据，并将这些数据与非结构化数据相结合。这些数据来源采用了诸如机器学习和自然语言处理等先进的分析方法，以便进行风险相关性分析和情景分析，实时提醒监管者可能需要进一步调查的问题。另外，诸如网络分析等方法也可以用来演示、描绘风险暴露，指出银行系统可能面临的系统性风险。这一思路能够从挖掘的数据中提取洞察力，并通过仪表板显示这些洞察力作为监督注意力的早期预警。

12.6　以其他非制式信息作为审慎监管的补充

今天的监管机构仍然严重依赖监管报告，然而，这些信息通常是基

于模板的，意味着接收到的数据不能轻松地用于其他目的。报告是汇总的数据，意味着当数据仅在投资组合层面显示时，潜在的重要风险洞察力可能会丢失。更重要的是，监管报告的信息是按季度或半年提交的，是过时的和回顾性的。在风险增加的情况下，监督人员需要最新的信息，但在许多情况下，很难从报告实体迅速获得数据。这是因为主管必须在每次需要新信息时创建报告要求和模板。考虑到汇编和接收监管数据的挑战，监管者在做出决策时可能没有最及时的数据。静态、不经常汇总的报告不支持能够实现实时或预警分析的新工具或应用程序。

除了监管数据之外，监管者还利用其他信息来源帮助进行审慎评估。其中包括管理报告、财务和监管披露、外部信用评估、市场数据和新闻。这种类型的信息可以说是非结构化的，用于监管报告的信息通常与这些其他类型的非结构化信息联系在一起，这些信息可能有助于支持或验证对新出现风险的评估。但挑战是，监管者如何能够利用这些不同的数据集形成风险敞口的准确图景，并获得对新出现风险的预测洞察力。更为复杂的是，较新的非结构化数据来源没有得到有系统的利用，也没有被监管机构纳入审慎评估。然而，除了监管报告之外，从这些非结构化数据来源收集情报，需要从根本上从目前的手工流程转向技术支持的流程。

在非结构化数据方面，如人工智能、机器学习、自然语言处理、文本分析等都有应用，这些工具的采用可以使监管从传统的基于规则和原则的方法转变为基于数据和洞察力的系统。可以帮助监管机构使用多种来源的结构化和非结构化数据集来驱动预测分析，对风险进行早期预警和监测，可以使监督人员在必要时提前采取干预措施。监督人员采用这种技术还可以更好地监督受监管实体使用这种技术的情况。

213

第 13 章　结论和政策建议

13.1　本 书 总 结

本书主要讨论了以下几个方面：

（1）操作风险的定义及内涵、操作风险的特点。

这是研究银行操作风险的起点，全球银行的操作风险管理，相对于市场风险、信用风险等的研究比较滞后，但这是有其内在原因的，从其定义、内涵和特点等一系列原因都导致操作风险的研究难度更大，管理涉及范围更广。

（2）巴塞尔资本协议下操作风险监管及度量方法的演进。

分别探讨了不同时间巴塞尔委员会制定不同的操作风险监管计量方法的背景、原因，各方法的要求、优势及不足，重点分析了新标准法的出台及对中国银行业可能的影响。

（3）中国商业银行操作风险监管的历史沿革。

分析了中国商业银行操作风险管理的进展，重点分析了新标准法下中国银行业加强操作风险管理的建议。

（4）计算不同方法下的操作风险监管资本并比较。

以某银行内部数据为例，得出巴塞尔协议框架下的几种方法计算结果相差不大。

（5）详细分析了第二支柱和第三支柱的一系列规定，及在此框架下操作风险驱动因素的分析，并对各国学者实证分析进行了归纳总结，分析了中国商业银行在第二及第三支柱下的应对策略。

（6）对操作风险驱动因素分析采用机器学习方法的可行性进行了

分析，并分析介绍各机器学习方法，以某银行内部数据为例，采用多种机器学习方法分析了操作风险因子及可能的影响大小。并采用了一种可提高解释性的机器学习方法，实证分析其提高模型的可解释性。

（7）对新标准法下参数设定进行敏感性分析，分析了对业务规模超过 10 亿欧元的银行，监管机构是否应单独计算该银行的内部损失乘数；以及监管机构在分析银行计算的历史损失额时，对于部分罕见的风险事件，是否应剔除，或在什么情况下剔除；是否应按照巴塞尔委员会的建议提高数据收集门槛等，监管当局应分析这些规定对操作风险监管资本的影响。

本书重点探讨《巴塞尔资本协议Ⅲ》及在其体系下的新标准法及其对中国商业银行的影响。分析了新标准法提出的背景、方法及实施的标准和要求，探索《巴塞尔资本协议Ⅲ》最终版框架下中国商业银行的操作风险管理，主要结论有以下几个：

（1）第一支柱下，最低监管资本的度量，利用中国某商业银行的内部历史数据，计算不同方法下的操作风险监管资本并进行比较，得出巴塞尔框架下的几种方法计算结果相差不大，某银行在第 t 年需计提操作风险监管资本金总体在 180 亿 ~ 220 亿元。而学术界较推荐的损失分布法框架下的高级计量法的几种方法其监管资本相对较低，在 50 亿 ~ 137 亿元人民币之间，结果多数集中在 98 亿 ~ 137 亿元。因此可以认为采用高级计量法具有一定的降低银行操作风险监管资本的作用。

笔者认为，在 99.9% 的置信水平下一年期某家中国大型商业银行操作风险 VaR 的范围在 100 亿 ~ 220 亿元，结果比较合理。但具体哪种方法更有效，因为之前中国监管机构采用的度量方法都是风险不敏感的，而学术界因内部数据难以获得多采用外部数据，外部数据有内生偏差，因此具体哪种方法更有效这个问题目前很难定论，需要新标准法具体实施后检验效果。

（2）第一支柱下，新标准法下参数设定的敏感性分析。

一是针对巴塞尔委员会规定的业务规模超过 10 亿欧元的银行，分析是否考虑内部损失乘数的影响。考虑历史操作风险损失对最低监管资本有一定的影响，但影响大的是业务指标乘数。对银行单独设置内部损失乘数，有利于激励银行加强操作风险管理，降低操作风险资本配置。建议在过渡期由业务规模大于 10 亿欧元的银行自行决定是否申请监管机构单独设置内部损失乘数，待监管机构获得充足的数据后统一为业务规模大于 10 亿欧元的银行设置各自的内部损失乘数。

二是对于监管机构是否应同意某银行在计算历史损失额时剔除部分罕见的风险事件，由于中国银行业目前尚无此类事件，笔者建议监管机构从严考虑；对业务规模超过 10 亿欧元的银行，是否应将数据收集门槛从 2 万欧元提升至 10 万欧元，笔者认为提升数据收集门槛可以减少数据收集成本，且以实例验证了某业务规模大于 10 亿欧元的银行降低操作风险监管资本为 1.2% ~ 1.5%，监管机构是否提升数据收集门槛，还需考虑提升门槛导致的数据收集成本节约额与银行操作风险资本降低额的关系，降低后的操作风险资本是否能充分覆盖银行操作风险。

（3）第二支柱下，风险驱动因素的分析，从机器学习方法的逻辑思维出发，论证了采用机器学习方法探讨风险因子的可能性，并实例验证 30 多种机器学习方法分析某银行风险驱动因素，择优选择其中四种方法，嵌套超参数优化考虑风险因子及其重要性、影响程度，提出 8 个较重要的风险因子，并就不同的风险因子给出了重点因子的对策与建议。考虑了一种可提高模型解释性的机器学习方法并实证分析了其解释效果。

（4）第三支柱下，从巴塞尔委员会的规定、原则入手，探讨中国商业银行的应对，从加强信息披露、完善监管约束、推进数据标准化工作几个方面，从宏观、中观、微观层面来强化信息披露和有效监管。

13.2 对 策 建 议

监管部门、银行业和学者们都已认识到中国商业银行操作风险实施新标准法已迫在眉睫，尽快地调整及适应《最终方案》的定性及定量要求。

13.2.1 对于中国银行监管机构及行业的建议

具体见第 12 章，分别为：建立操作风险管理体系，完善操作风险数据收集系统，强化财务报表的规范化管理，完善操作风险信息披露机制、从制度上健全信息披露问责机制，借鉴椭球项目思路、数据驱动监督，银行业监管部门要对改善操作风险数据问题提供保障，健全信息披露问责机制；建立风险数据汇总和风险报告的独立验证机制，完善监管约束的基础制度，推进数据标准化工作。以其他非制式信息如管理报告、财务和监管披露、外部信用评估、市场数据和新闻来支持或验证风险评估。

银行业协会要进行自律约束。

13.2.2 对中国商业银行的建议

1. 组织重视，科学管理

操作风险是银行三大风险之一，重要性不容置疑。对操作风险的管理，首先要全员重视，尤其是董事会和高级管理层的重视，高级管理层参与操作风险体系框架的建设，把操作风险管理纳入全公司的全面风险管理体系中，银行高层参与银行的操作风险标准与规范的设计，全银行范围内推动风险防范意识与责任的落实，有序推进操作风险管理工作。

2. 着眼长远，做好规划

中国银行业在巴塞尔资本监管新框架的基础上，应根据自身的情况，尽快规划好操作风险的实施细则。未来的银行业，环境变化更快、业务更加复杂，新技术的应用可以提高效率，但也可能滋生新的风险。操作风险规划，要面向未来，要具备环境适应性，为未来可能的风险提供准备。这个规划应满足符合巴塞尔协议最终方案的规定，同时考虑中国银行业的现实状况，满足可行性，做到有中国特色的操作风险监管；该规划同时要将操作风险纳入银行整体管理之中，具备系统性；该规划还应具备前瞻性和指导性，为银行操作风险管理控制提供具体的路线图。该路线图应严格遵守巴塞尔协议最终要求的规定，为银行机构的具体操作风险管理提供目标、原则、标准、步骤和措施。

3. 加强数据的收集和共享

从全世界银行业风险管理的角度来看，银行操作风险管理的发展滞后于信用风险、市场风险的一个关键就在于数据匮乏及质量问题。而中国银行业操作风险数据问题尤为严重。无论是度量操作风险资本金，还是确定操作风险关键指标，乃至最终的实际银行操作风险的管控，数据质量都是最基础的内容。商业银行应夯实数据基础，建立银行操作风险内部损失数据库，加强数据收集、整理、汇总及报告工作。

中国银行业要做到这一点，可以从两个方面入手：

一方面，建议权威监管机构，如由中国人民银行或中国银行保险监管委员会，或行业协会统一建立操作风险数据结构标准和收集制度，完善现有数据系统的字段定义，为各银行提供数据收集的行业标准。拟定数据标准这个问题，实际上中国银监会 2009 年曾考虑过，但因设计的数据结构比较复杂（20 多个属性，且每个属性下有多个选项）且没有行政强制力，最终没有在中国银行业大范围展开。现在，以巴塞尔协议最终方案对银行的操作风险数据要求为契机，在行政强制力的要求下，银行也有完善操作风险数据的压力和紧迫感，会积极进行内部数据收集，也会要求监管机构给予标准或制度上的支持。因此，此时推进该项目，银行的主动性提高，配合度加强。

另一方面，各银行按照标准或规范自行进行操作风险数据的收集和整理，数据整合、补充、清洗等，将符合要求的数据统一报送监管机构，达到全行业范围内的基本统一。但行业统一标准的建立是比较困难的，需要权威监管机构组织相关人员，包括监管人员、基层业务人员、风险管理人员、信息技术人员、模型开发部门等齐心协力，共同设计操作风险数据结构标准和收集制度。相关标准和制度先在某银行进行小范围试点，及时对数据结构进行调整。这里还涉及到不同银行的数据的整合问题，本人进行实证分析的银行内部数据就存在这个问题，下级支行或分行非常清楚的内容在填表表述中很容易省略，但到总行级别，就无从判断，使很多数据因属性不明而在进行细项分析中被剔除。

4. 加强银行风险文化建设

操作风险可能发生在银行的各个层面或各个领域，很大程度上源于人员技术上存在不足或心理上不够重视，制度设计不够完善或未充分落实。应加强业务培训和操作风险的文化建设，强化主动防控的风险管理意识及风险识别和管理能力。重塑风险文化，做好主动的风险选择和安排。既要认识到操作风险存在的必然性，也要认识到操作风险的可控性，从高层做起，全行范围内、全员参与、长期延续性地开展风险文化宣传和教育，培养全员认识操作风险、根据职责承担风险、合理控制风险、有效规避风险、化解风险的意识，让风险文化潜移默化地内化为银行企业文化的一部分，建立起"主动管理、充分利用、注重创新"的风险文化。使风险文化融入员工头脑中，直接浸润到员工的日常工作中，进而减少操作风险的发生。

5. 建立银行风险人才库

银行操作风险的管理是根植于银行运营之中的，是时时刻刻存在的工作。尤其是新标准法的提出，对银行操作风险管理人才的需求更加迫切。风险管理人才，既需要业务部门的实操经验，也需要研究人员来寻找规律，建立模型，因此，需要多部门人才通力合作，利用先进的科学技术，从实践中总结归纳、开发出有实用价值的风险管理工具和模型。银行既可以利用自身专业优势，对内部人员进行操作风险相关知识的培训，物质上、精神上鼓励员工参加相关风险资格考试，从内部培养风险管理人才，也可以充分利用外部资源，向专研风险管理、内部治理的研究机构或其他机构聘请专员作为风险顾问，专立风险研究项目等方式进行风险管理的技术咨询与辅导，建立长期的内外部人才合作机制。

6. 善于利用先进经验和最新研究成果

虽然巴塞尔委员会设定的操作风险监管计量模型自 2023 年 1 月起就仅采用新标准法，但新标准法仅涉及第一支柱：资本充足率，它是度量操作风险监管资本的方法，是操作风险防控的最后一道防线。而操作风险的管理，不仅有监管资本，还有第二支柱和第三支柱的内容，共同构成操作风险管理框架。第二支柱中有涉及风险因素及全面的风险评估，这些都可以考虑建立风险度量模型或管理模型、预警模型和监测模型。国际活跃银行已经有一些先进的管理经验，国外学者在第二支柱及第三支柱的应用上也提出了最新的研究建议或成果，这些都是值得我们借鉴和学习的，争取快速发展，缩小差距。

7. 定性和定量方法相结合

由于中国的商业银行操作风险数据收集年限比较短、数据缺失造成的有偏性，度量方法和技术的不完善，银行某些因素不适合定量化，需要结合银行的具体管理状况、外部宏观经济环境和社会环境等，由风险管理专家给出专家意见对操作风险进行适当的调整，以满足操作风险管理的要求。

8. 加强对操作风险的内部控制管理

建立内部控制机制是控制操作风险的有效方法和重要手段。加强内部控制，可以有效地获得相关信息，增大数据来源，也是降低风险，增加银行价值的重要手段。采取全面控制和重点控制相结合，定量控制和定性控制相结合，事前控制、事中控制和事后控制相结合的方式，做好审计和操作风险的经验总结。

参 考 文 献

1. 艾林：《基于数据挖掘技术的金融机构操作风险研究》，重庆大学硕士论文，2006 年。

2. 巴曙松、尚航飞：《商业银行信息披露监管的国际框架与中国路径》，载于《金融监管研究》2018 年第 10 期。

3. 巴曙松、王思奇、金玲玲：《巴塞尔Ⅲ下的银行操作风险计量及监管框架》，载于《大连理工大学学报（社会科学版）》2017 年第 12 期。

4. 陈倩：《基于截断数据的操作风险分段损失分布模型及应用》，载于《系统管理学报》2019 年第 5 期。

5. 陈玉峰：《资金掮客刘济源》，载于《法人》2013 年第 3 期。

6. 谌利、莫建明：《损失分布法下操作风险度量的不确定性》，载于《企业经济》2008 年第 6 期。

7. 戴德宝、兰玉森、范体军等：《基于文本挖掘和机器学习的股指预测与决策研究》，载于《中国软科学》2019 年第 4 期。

8. 邓烜堃、万良、黄娜娜：《基于 DAE - BP 神经网络的股票预测研究》，载于《计算机工程与应用》2019 年第 3 期。

9. 丁灿：《国际银行业金融犯罪监管：案例研究与经验启示》，载于《金融监管研究》2017 年第 4 期。

10. 樊昕、杨晓光：《操作风险度量：国内两家股份制商业银行的实证分析》，载于《系统工程》2004 年第 5 期。

11. 樊欣、杨晓光：《我国银行业操作风险的蒙特卡罗模拟估计》，载于《系统工程理论与实践》2005 年第 5 期。

12. 丰吉闯、李建平、陈建明：《基于左截尾数据的损失分布法度量操作风险：以中国商业银行为例》，载于《管理评论》2011 年第 7 期。

13. 丰吉闯、李建平、高丽君：《商业银行操作风险度量模型选择分析》，载于《国际金融研究》2011 年第 8 期。

14. 冯乾、游春：《操作风险计量框架最新修订及其对银行业的影响——基于〈巴塞尔Ⅲ最终改革方案〉的分析》，载于《财经理论与实践》2019 年第 1 期。

15. 高丽君：《商业银行操作风险外部数据的内生偏差研究》，载于《管理评论》2011 年第 7 期。

16. 高丽君：《我国商业银行操作风险度量与资本金分配研究》，中国科学院研究生院（科技政策与管理科学研究所）博士论文，2006 年。

17. 高丽君：《中国商业银行操作风险数据问题研究》，经济科学出版社 2020 年版。

18. 高丽君、郭艳丽：《中国商业银行内部欺诈影响因素分析》，载于《山东财政学院学报》2011 年第 4 期。

19. 高丽君、李建平：《我国商业银行操作风险模拟估计》，载于《山东财政学院学报》2009 年第 5 期。

20. 高丽君、李建平、徐伟宣等：《基于 POT 方法的商业银行操作风险极端值估计》，载于《运筹与管理》2007 年第 1 期。

21. 高丽君、宋汉鲲：《外部数据度量中国商业银行操作风险的样本量研究》，载于《山东财经大学学报》2015 年第 7 期。

22. 高翔、郭雪梅：《我国金融机构操作风险的特征分析与防控——基于 1978～2012 年媒体公开报道事件数据》，载于《上海商学院学报》2019 年第 1 期。

23. 葛海蛟：《操作风险管理：荷兰银行的经验与启示》，载于《银行家》2006 年第 9 期。

24. 桂香玉、刘柱：《商业银行反欺诈后续处置的难点与对策》，载于《现代金融》2014 年第 4 期。

25. 黄润鹏、左文明、毕凌燕：《基于微博情绪信息的股票市场预测》，载于《管理工程学报》2015 年第 1 期。

26. 黄韬：《应对操作风险："加强监管"还是"健全市场"？——我国商业银行内部控制法律机制变迁的路径选择》，载于《上海财经大学学报》2015 年第 6 期。

27. ［英］卡罗尔·亚历山大：《商业银行操作风险》，陈林龙等译，中国金融出版社 2005 年版。

28. 李伏安：《银行业总体风险仍然偏高》，载于《财经》2005 年第 136 期。

29. 李建平、丰吉闯、高丽君：《商业银行操作风险度量与监管资本测定——理论、方法与实证》，科学出版社 2013 年版。

30. 李建平、丰吉闯、宋浩、蔡晨：《风险相关性下的信用风险、市场风险和操作风险集成度量》，载于《中国管理科学》2010 年第 1 期。

31. 林兢，许宇寰：《银行总分行绩效目标激励管理的博弈分析——从浦发银行成都分行案说起》，载于《财会月刊》2019 年第 3 期。

32. 鲁政委、陈昊：《巴塞尔协议Ⅲ操作风险资本监管的新标准法与实施挑战》，载于《金融监管研究》2019 年第 4 期。

33. 陆静、张佳：《基于极值理论和多元 Copula 函数的商业银行操作风险计量研究》，载于《中国管理科学》2013 年第 3 期。

34. 罗猛、綦相、邵长毅：《操作风险高级计量法及其验证：国际经验与启示》，载于《国际金融研究》2009 年第 5 期。

35. 罗伟卿、陆静：《商业银行操作风险案件披露的市场反应研究》，载于《统计与决策》2010 年第 10 期。

36. 莫建明、吴远洪、高翔，等：《Weibull 分布下操作风险监管的遗漏风险特征》，载于《财经科学》2016 年第 3 期。

37. 邱光龙：《20 亿电子银行承兑汇票诈骗案落锤：3 名主犯获无期徒刑》，腾讯网，2020 年 12 月 2 日，https：//new. qq. com/rain/a/20201202A06CKR00.

38. 冉杨帆、蒋洪迅：《基于 BPNN 和 SVR 的股票价格预测研究》，载于《山西大学学报（自然科学版）》2018 年第 1 期。

39. 盛军：《中国国有商业银行操作风险研究：制度归因、实证分析与对策设计》，同济大学博士论文，2005 年 11 月。

40. 司马则茜、蔡晨、李建平：《度量银行操作风险的 POT 幂律模型及其应用》，载于《中国管理科学》2009 年第 1 期。

41. 司马则茜、蔡晨、李建平：《基于 g-h 分布度量银行操作风险》，载于《系统工程理论与实践》2011 年第 12 期。

42. 司马则茜、蔡晨、李建平：《我国银行操作风险的分形特征》，载于《中国管理科学》2008 年第 1 期。

43. 汤凌霄、张艺霄：《基于网络分析法的我国商业银行操作风险影响因素实证分析》，载于《中国软科学》2012 年第 8 期。

44. 汪冬华、黄康、龚朴：《我国商业银行整体风险度量及其敏感性分析——基于我国商业银行财务数据和金融市场公开数据》，载于《系统工程理论与实践》2013 年第 2 期。

45. 王淑燕、曹正凤、陈铭芷：《随机森林在量化选股中的应用研究》，载于《运筹与管理》2016 年第 3 期。

46. 王燕、康滨：《商业银行欺诈风险管理的问题与对策》，载于《新金融》2008 年第 11 期。

47. 王宇燕、王杜娟、王延章等：《改进随机森林的集成分类方法预测结直肠癌存活性》，载于《管理科学》2017 年第 1 期。

48. 王宗润、汪武超、陈晓红等：《基于 BS 抽样与分段定义损失强度操作风险度量》，载于《管理科学学报》2012 年第 12 期。

49. 文慧：《C 银行资产管理业务风险管理研究》，广西大学硕士论文，2019 年。

50. 谢俊明、胡炳惠：《商业银行操作风险的损失模型及其应用》，载于《统计与决策》2019 年第 22 期。

51. 谢琪、程耕国、徐旭：《基于神经网络集成学习股票预测模型的研究》，载于《计算机工程与应用》2019 年第 8 期。

52. 阎庆民：《操作风险管理"中国化"探索：中国商业银行操作风险研究》，中国经济出版社 2012 年版。

53. 杨帆、林琛、周琦凤等：《基于随机森林的潜在 k 近邻算法在基因表达数据分类中的应用》，载于《系统工程理论与实践》2012 年第 4 期。

54. 杨凯生、刘瑞霞、冯乾：《〈巴塞尔Ⅲ最终方案〉的影响及应对》，载于《金融研究》2018 年第 2 期。

55. 杨青、张亮亮、魏立新：《宏观经济变量影响下的银行极端操作风险研究》，载于《管理科学学报》2012 年第 6 期。

56. 叶青、吴建军、李虹含等：《严抓"内鬼"：向金融乱象祭出监管重拳》，载于《财政监督》2018 年第 14 期。

57. 于晨、周玮：《商业银行操作风险损失计量路径与方法探讨》，载于《经济理论与经济管理》2014 年第 2 期。

58. 于卓熙、秦璐、赵志文等：《基于主成分分析与广义回归神经网络的股票价格预测》，载于《统计与决策》2018 年第 18 期。

59. ［加］约翰·赫尔：《风险管理与金融机构（第二版）》，王勇、金燕敏译，机械工业出版社 2010 年版。

60. 张凤玲：《河南村镇银行背后的"大佬"是谁?》，载于《中国品牌》2022 年第 8 期。

61. 张吉光：《商业银行操作风险识别与管理》，中国人民大学出版社 2005 年版。

62. 张颖：《我国商业银行操作风险控制研究》，郑州大学硕士论文，2006 年。

63. 张运鹏：《商业银行操作风险管理的制度性研究》，财政部财政科学研究所博士论文，2010 年。

64. 中国共产党第十九届中央委员会第四次全体会议：中国共产党第十九届中央委员会第四次全体会议公报，2019.10.31。

65. 中国人民银行、银行业监督管理委员会、中国证券监督管理委员会、国家外汇管理局：《关于规范金融机构资产管理业务的指导意见》，银发〔2018〕106 号，2018.04.27。

66. 中国银行保险监督管理委员会：《商业银行银行账簿利率风险管理指引》2018 年修订版，银保监发〔2018〕25 号，2018.05.30。

67. 中国银行业监督管理委员会：《关于加大防范操作风险工作力度的通知》，银监发〔2005〕17 号，2005.03.22。

68. 中国银行业监督管理委员会：《商业银行操作风险监管资本计量指引》，银监发〔2008〕67 号，2008.09.18。

69. 中国银行业监督管理委员会：《商业银行内部控制指引》，银监会令第 6 号，2007.07.03。

70. 中国银行业监督管理委员会：《商业银行资本计量高级方法验证指引》，银监发〔2009〕104 号，2009.12.24。

71. 中国银行业监督管理委员会：《中国银行业实施新资本协议指导意见》，银监发〔2007〕24 号，2007.02.28。

72. Alexander C. *Operational Risk*：*Regulation*，*Analysis and Management*. London：Prentice Hall – Financial Times，2003.

73. Alsubaie Y，El Hindi K，Alsalman H. Cost-sensitive Prediction of Stock Price Direction：Selection of Technical Indicators. *IEEE Access*，Vol.

7, October 2019, pp. 146876 – 146892.

74. Aue F, Kalkbrener M. LDA at Work: Deutsche Bank's Approach to Quantifying Operational Risk. *Journal of Operational Risk*, Vol. 1, No. 4, December 2006, pp. 49 – 93.

75. Awajan A M, Ismail M T, Wadi S A L. Improving Forecasting Accuracy for Stock Market Data Using EMD – HW Bagging. *PloS One*, Vol. 13, No. 7, July 2018, pp. 1 – 20.

76. Azar A, Dolatabad K M. A Method for Modelling Operational Risk with Fuzzy Cognitive Maps and Bayesian Belief Networks. *Expert Systems with Applications*, 2019 (115): pp. 607 – 617.

77. Badiwi A, Hidayah N. The Effect of Liquidity, Quality of Productive Assets and Company Size on the Operational Risk Disclosure of Sharia Commercial Bank (study on Sharia Banking in Indonesia). *European Journal of Business and Management*, Vol. 10, No. 18, 2018 ISSN (Online): pp. 2222 – 2839.

78. Barakat A, Chernobai A, Wahrenburg M. Information Asymmetry around Operational Risk Announcements. *Journal of Banking and Finance*, Vol. 48, No. 11, November 2014, pp. 152 – 179.

79. Barakat A, Hussainey K. Bank Governance, Regulation, Supervision, and Risk Reporting: Evidence from Operational Risk Disclosures in European Banks. *International Review of Financial Analysis*, Vol. 30, No. 12, December 2013, pp. 254 – 273.

80. Basel Committee on Banking Supervision. Principles for the sound management of operational risk. Basel: Bank for International Settlements, June 2011.

81. Basel Committee on Banking Supervision. Basel Ⅲ: Finalising post-crisis reforms. Basel: Bank for International Settlements, December 2017.

82. Basel Committee on Banking Supervision. Basel Ⅰ: Core Principles for Effective Banking Supervision. Basel: Bank for International Settlements, April 1997.

83. Basel Committee on Banking Supervision. Basel Ⅰ: International Convergence of Capital Measurement and Capital Standards. Basel: Bank for

International Settlements, July 1988.

84. Basel Committee on Banking Supervision. Basel Ⅲ: Monitoring Report Framework. Basel: Bank for International Settlements, October 2019.

85. Basel Committee on Banking Supervision. Basel Ⅱ: Sound Practices for the Management and Supervision of Operational Risk. Basel: Bank for International Settlements, February 2003.

86. Basel Committee on Banking Supervision. Basel Ⅱ: The New Basel Capital Accord: Consultative Document. Basel: Bank for International Settlements, January 2001.

87. Basel Committee on Banking Supervision. Basel Ⅱ: International Convergence of Capital Measurement and Capital Standards: A Revised Framework: Comprehensive Version. Basel: Bank for International Settlements, June 2006.

88. Basel Committee on Banking Supervision. Basel Ⅲ Monitoring Report. BIS. Basel: Bank for International Settlement, December 2020.

89. Basel Committee on Banking Supervision. Consolidated Basel Framework. Basel: Bank for International Settlements, April 2019.

90. Basel Committee on Banking Supervision. Enhancing bank transparency. Basel: Bank for International Settlements, September 1998.

91. Basel Committee on Banking Supervision. Governors and Heads of Supervision Announce Deferral of Basel Ⅲ Implementation to Increase Operational Capacity of Banks and Supervisors to Respond to Covid – 19. Basel: Bank for International Settlements, March 2020.

92. Basel Committee on Banking Supervision. Operational Risk-revisions to the Simpler Approaches-consulative Document. Basel: Bank for International Settlements, October 2014.

93. Basel Committee on Banking Supervision. Operational Risk Supervisory Guidelines for the Advanced Measurement Approaches. Basel: Bank for International Settlements, June 2011.

94. Basel Committee on Banking Supervision. Principles for Effective Risk Data Aggregation and Risk Roports. Basel: Bank for International Settlement, January 2013.

227

95. Basel Committee on Banking Supervision. Principles for Operational Resilience. Basel: Bank for International Settlements, March 2021.

96. Basel Committee on Banking Supervision. Progress in adapting the "Principles for effective risk data aggregation and risk reporting". Basel: Bank for International Settlements, June 2018.

97. Basel Committee on Banking Supervision. Proposed Enhancements to the Basel II Framework. Consultative Document. Basel: Bank for International Settlement, July 2009.

98. Basel Committee on Banking Supervision. RCAP Argentina and China – NSFR and LEX. Basel: Bank for International Settlements, November 2019.

99. Basel Committee on Banking Supervision. Review of the Principles for the Sound Management of Operational Risk. Basel: Bank for International Settlements, October 2014.

100. Basel Committee on Banking Supervision. Supervisory Guidance for Assessing Banks' Financial Instrument Fair Value Practices. Basel: Bank for International Settlements, April 2009.

101. Böcker K, Klüppelberg C. Operational VAR: A Closed-form Approximation, *Risk: London Risk Magazine*, Vol. 18, No. 12, December 2005, pp. 90 – 93.

102. Behrens C N, Lopes H F, Gamerman D. Bayesian Analysis of Extreme Events with Threshold Estimation. *Statistical Modelling*, Vol. 4, No. 3, October 2004, pp. 227 – 244.

103. Bernstein P. *Against the Gods, the Remarkable Story of Risk.* New Jersey: John Wiley & Sons Inc., 1996.

104. Brechmann E C, Czado C, Paterlini S. Flexible Dependence Modeling of Operational Risk Losses and its Impact on Total Capital Requirements. *Journal of Banking & Finance*, Vol. 40, No. 3, March 2014, pp. 271 – 285.

105. Brechmann E C, Czado C, Paterlini S. Modeling Dependence of Operational Loss Frequencies. *The Journal of Operational Risk*, Vol. 8, No. 4, December 2013, pp. 105 – 126.

106. Breden D. Monitoring the Operational Risk Environment Effectively. *J. Risk Manag. Financial Inst.* , 2008. 1（2）: pp. 156 – 164.

107. Brunner M, Piacenze F, Monti F, et al. Fat Tails, Expected Shortfall and the Monte Carlo Method: A Note. *Journal of Operational Risk*, Vol. 4, No. 1, March 2009, pp. 81 – 88.

108. Bryce C, Cheevers C, Webb R. Operational Risk Escalation: An Empirical Analysis of UK Call Centres. *International Review of Financial Analysis*, Vol. 30, No. 12, December 2013, pp. 298 – 307.

109. Buch – Larse T, Guillen M, Neilson J P, et al. Kernel Density Estimation for Heavy-tailed Distributions Using the Champernowne Transformation. *Statistics*, Vol. 39, No. 6, January 2005, pp. 503 – 518.

110. Carreau J, Bengio Y. A hybrid Pareto model for asymmetric fat-tailed data: The univariate case. *Extremes*, Vol. 12, No. 1, March 2009, pp. 53 – 76.

111. Carrillo S, Gzyl H, Tagliani A. Reconstructing Heavy-tailed Distributions by Splicing with Maximum Entropy in the Mean. *Journal of Operational Risk*, Vol. 7, No. 2, June 2012, pp. 3 – 15.

112. Cech R. Measuring Causal Influences in Operational Risk. *Journal of Operational Risk*, 2009, 4（3）: 59 – 76.

113. Charpentier A, Oulidi A. Beta Kernel Quantile Estimators of Heavy-tailed Loss Distributions. *Stat Comput.* , Vol. 20, No. 1, January 2010, pp. 35 – 55.

114. Chaudhury M. A Review of the Key Issues in Operational Risk Capital Modelling. *Journal of Operational Risk*, Vol. 5, No. 4, Fall 2010, pp. 37 – 66.

115. Chernobai A, Burnecki K, Rachev S, et al. Modeling Catastrophe Claims with Left-truncated Severity Distributions. *Computational Statistics*, Vol. 21, No. 3, August 2006, pp. 537 – 555.

116. Chernobai A, Jorion P, Yu F. The Determinants of Operational Risk in U. S. Financial Institutions. *Journal of Financial and Quantitative Analysis*, Vol. 46, No. 6, June 2011, pp. 1683 – 1725.

117. Cope E, Piche M, Walter J. Macro-environmental Determinants of

Operational Loss Severity. *Journal of Banking and Finance*, Vol. 36, No. 5, May 2012, pp. 1362 – 1380.

118. Cummins J D, Lewis C M, Wei R. The Market Value Impact of Operational Loss Events for US Banks and Insurers. *Banking and Finance*, Vol. 30, No. 10, October 2006, pp. 2605 – 2634.

119. Dahen H, Dionne G. Scaling Models for the Severity and Frequency of External Operational Loss Data. *Journal of Banking and Finance*, Vol. 34, No. 7, July 2010, pp. 1484 – 1496.

120. Degen M, Embrechts P, Lambrigger D. The Quantitative Modeling of Operational Risk: Between G-and-H and EVT. *Astin Bulletin*, Vol. 37, No. 2, May 2007, pp. 265 – 291.

121. Duncan Wilson. VAR in Operation. *Risk*, December 1995.

122. Dutta K K, Perry J. A Tale of Tails: An Empirical Analysis of Loss Distribution Models for Estimating Operational Risk Capital. Federal Reserve Bank of Boston Working Papers, Number 2007, pp. 6 – 13.

123. Eckert C, Gatzert N. Modeling Operational Risk Incorporating Reputation Risk: An Integrated Analysis for Financial Firms. *Insurance: Mathematics and Economics*, Vol. 72, No. 1, January 2017, pp. 122 – 137.

124. Embrechts P, Frei M. Panjer Distributions versus FFT for Compound Distributions. *Mathematical Methods of Operational Research*, Vol. 69, No. 3, July 2009, pp. 497 – 508.

125. Feng J, Li J, Gao L, et al. A Combination Model for Operational Risk Estimation in a Chinese Banking Industry Case. *The Journal of Operational Risk*, Vol. 7, No. 2, June 2012, pp. 17 – 39.

126. Feria – Domínguez J M, Jiménez – Rodríguez E, Sholarin O. Tackling the over-dispersion of Operational Risk: Implications on Capital Adequacy Requirements. *North American Journal of Economics and Finance*, Vol. 31, No. 1, January 2015, pp. 206 – 221.

127. Fheili M I. Employee Turnover: An HR Risk with Firm-specific Context. *Journal of Operational Risk*, 2007, 2 (3): 69 – 84.

128. Gareth P, Shevchenko P, Young M, et al. Analytic Loss Distributional Approach Models for Operational Risk from the Alpha-stable Doubly

Stochastic Compound Processes and Implications for Capital Allocation. Insurance: *Mathematics and Economics*, Vol. 49, No. 3, November 2011, pp. 565 – 579.

129. Giacometti R, Rachev S, Chernobai A, et al. Heavy-tailed Distributional Model for Operational Losses. *Journal of Operational Risk*, Vol. 2, No. 1, March 2007, pp. 55 – 90.

130. Gillet R, Hübner G, Plunus S. Operational Risk and Reputation in the Financial Industry. *Journal of Banking & Finance*, Vol. 34, No. 1, January 2010, pp. 224 – 235.

131. Gowthul A M M, Baulkani S. Local and Global Characteristics Based Kernel Hybridization to Increase Optimal Support Vector Machine Performance for Stock Market Prediction. *Knowledge and Information Systems*, Vol. 60, No. 2, August 2019, pp. 971 – 1000.

132. Guégan D, Hassani B. A Modified Panjer Algorithm for Operational Risk Capital Calculations. *Journal of Operational Risk*, Vol. 4, No. 4, October 2009, pp. 53 – 72.

133. Guégan D, Hassani B. An Efficient Threshold Choice for the Computation of Operational Risk Capital. *Journal of Operational Risk*, Vol. 6, No. 4, December 2011, pp. 3 – 19.

134. Gzyle H. Computing the Value-at-Risk of Aggregate Severities. *Journal of Operational Risk*, Vol. 6, No. 4, December 2011, pp. 59 – 63.

135. Gzyle H. Determining the Total Loss Distribution from the Moments of the Exponential of the Compound Loss. *Journal of Operational Risk*, Vol. 6, No. 3, September 2011, pp. 3 – 13.

136. Hernández L, Tejero J, Suárez A, et al. Closed-form Approximations of Operational Value-at-Risk. *Journal of Operational Risk*, Vol. 8, No. 4, December 2013, pp. 39 – 54.

137. Herring R. The Basel Ⅱ Approach to Bank Operational Risk: Regulation on the Wrong Track. *Journal of Risk Finance*, Vol. 4, No. 1, April 2002, pp. 42 – 45.

138. Huang C F. A Hybrid Stock Election Model Using Genetic Algorithms and Support Vector Regression. *Applied Soft Computing*, Vol. 12, No.

231

2, February 2012, pp. 807 – 818.

139. Institute of International Finance. Machine Learning in Anti-money Laundering——Summary Report. IIF, 2018. 10.

140. Institute of International Finance. Machine Learning in Credit Risk. IIF, 2019. 08.

141. Ioffe S, Szegedy C. Batch Normalization: Accelerating Deep Network Training by Reducing Internal Covariate Shift. *The 32nd International Conference on Machine Learning*, Vol. 37, No. 12, Febrary 2015, pp. 448 – 456.

142. Jang J, Fu G. Transform Approach for Operational Risk Modeling: Value-at-Risk and Tail Conditional Expectation. *Journal of Operational Risk*, Vol. 3, No. 2, June 2008, pp. 45 – 61.

143. Jin T, Ren J. Recursions and Fast Fourier Transforms for Certain Bivaiate Compound Distributions. *Journal of Operational Risk*, Vol. 5, No. 4, December 2010, pp. 19 – 33.

144. Jobst A. Operational Risk-the Sting is Still in the Tail but the Poison Depends on the Dose. *Journal of Operational Risk*, Vol. 2, No. 2, Summer 2007, pp. 3 – 59.

145. Kim K J. Financial Time Series Forecasting Using Support Vector Machines. *Neurocomputing*, Vol. 55, No. 1 – 2, September 2003, pp. 307 – 319.

146. Kim T, Kim H Y. Forecasting Stock Prices with a Feature Fusion LSTM – CNN Model Using Different Representations of the Same Data. *PloS One*, Vol. 14, No. 2, February 2019, pp. 1 – 23.

147. Lamboni M, Monod H, Makowski D. Multivariate Sensitivity Analysis to Measure Global Contribution of Input Factors in Dynamic Models. *Reliability Engineering and System Safety*, Vol. 96, No. 4, April 2011, pp. 450 – 459.

148. Lee D, Li W K, Wong T S T. Modeling insurance claims via a mixture exponential model combined with peaks-over-threshold approach. *Insurance: Mathematics and Economic*, Vol. 51, No. 3, November 2012, pp. 538 – 550.

149. Liu H, Cortes M. An Assessment of the Efficiency of Operational Risk Management in Taiwan's Banking Industry: An Application of the Stochastic Frontier Approach. *Journal of Operational Risk*, Vol. 10, No. 1, March 2015, pp. 127 – 156.

150. Lohrmann C, Luukka P. Classification of Intraday S&P500 Returns with a Random Forest. *International Journal of Forecasting*, Vol. 35, No. 1, January – March 2019, pp. 390 – 407.

151. Luo X, Shevchenko P. A Short Tale of Long Tail Integration. *Numerical Algorithms*, Vol. 56, No. 4, 2011, pp. 577 – 590.

152. MacDonald A, Scarrott C J, Lee D, et al. A Flexible Extreme Value Mixture Model. *Comp. Statist. Data Anal.*, Vol. 55, No. 6, June 2011, pp. 2137 – 2157.

153. Mei W, Xu P, Liu R, et al. Stock Price Prediction based on ARIMA – SVM Model. //*Proceedings of* 2018 *International Conference on Big Data and Artificial Intelligence* (*ICBDAI* 2018), 2018: 49 – 55.

154. Milkau U, Bott J. Active Management of Operational Risk in the Regimes of the "Unknown": What Can Machine Learning or Heuristics Deliver? *Risks*, Vol. 6, No. 2, April 2018, pp. 41.

155. Mitra S, Karathanasopoulos A, Sermpinis G, et al. Operational Risk: Emerging Markets, Sectors and Measurement. *European Journal of Operational Research*, Vol. 241, No. 1, Febrary 2015, pp. 122 – 132.

156. Moosa I. Operational Risk as a Function of the State of the Economy. *Economic Modeling*, Vol. 28, No. 5, May 2011, pp. 2137 – 2142.

157. Nascimento F F, Gamerman D, Lopes H F. A Semiparametric Bayesian Approach to Extreme Value Estimation. *Statistics and Computing*, Vol. 22, No. 2, August 2011, pp. 661 – 675.

158. Pablo H de Cos, The Banking Sector and the Challenges Posed by the Pandemic. Speech at the Ⅲ Foro Banca de El Economista "The Present and Future of the Financial System", 26 October 2020.

159. Pakhchanyan S. Operational Risk Management in Financial Institutions: A Literature Review. *Internaltional Journal of Financial Studies*, Vol. 20, No. 4, October 2016, pp. 1 – 21.

160. Peña A, Bonet I, Lochmuller C, et al. An Integrated Inverse Adaptive Neural Fuzzy System with Monte – Carlo Sampling Method for Operational Risk Management. *Expert Systems with Applications*, Vol. 98, No. 15, May 2018, pp. 11 – 26.

161. Sayah A, Yahia D, Necir A. Champernowne Transformation in Kernal Quantile Estimation for Heavy-tailed Distributions. *Journal Afrika Statistika*, Vol. 12, No. 5, 2010, pp. 288 – 296.

162. Scarrott C J, MacDonald A E. A Review of Extreme Value Threshold Estimation and Uncertainty Quantification. *REVSTAT Statistical Journal*, Vol. 10, No. 1, March 2012, 10 (1), pp. 33 – 60.

163. Schael I, Stummer W. Basel Ⅱ Compliant Mapping of Operational Risks. *Journal of Operational Risk*, Vol. 2, No. 1, Spring 2007, pp. 93 – 114.

164. Shih J, Samad – Khan A, Medapa P. Is the Size of an Operational Loss Related to Firm Size? *Operational Risk*, 2000, 2 (1).

165. Shynkevich Y, McGinnity T M, Coleman S A, et al. Forecasting Movements of Health-care Stock Prices based on Different Categories of News Articles Using Multiple Kernel Learning. *Decision Support Systems*, Vol. 85, May 2016, pp. 74 – 83.

166. Sturm P. Operational and Reputational Risk in the European Bank Industry: The Market Reaction to The Operational Risk. *Journal of Economic Behavior & Organization*, Vol. 85, January 2013, pp. 191 – 206.

167. Tandon D, Mehra Y S, Impact of Ownership and Size on Operational Risk Management Practices: A Study of Banks in India. *Global Business Review*, Vol. 18, No. 3, April 2017, pp. 795 – 810.

168. Tsai M C, Cheng C H, Tsai M I, et al. Forecasting Leading Industry Stock Prices based on a Hybrid Time-series Forecast Model. *PloS One*, Vol. 13, No. 12, December 2018, pp. 1 – 24.

169. Vilela L F S, Leme R C, Pinheiro C A M, et al. Forecasting Financial Series Using Clustering Methods and Support Vector Regression. *Artificial Intelligence Review*, Vol. 52, No. 2, October 2019, pp. 743 – 773.

170. Wang T, Hsu C. Board Composition and Operational Risk Events of Financial Institutions. *Journal of Banking and Finance*, Vol. 37, No. 6, June 2013, pp. 2042 – 2051.

171. Wang Y, Li G, Li J, et al. Comprehensive Identification of Operational Risk Factors based on Textual Risk Disclosures. *Procedia Computer Science*, Vol. 139, No. 1, January 2018, pp. 136 – 143.

172. Wei L, Li J, Zhu X. Operational Loss Data Collection: A Literature Review. *Ann. Data Sci.*, Vol. 5, No. 3, September 2018, pp. 313 – 337.

173. Wei R. Quantification of Operational Losses Using Firm-specific Information and External Database. *Journal of Operational Risk*, 2007 (17): 3 – 34.

174. Zhang G, Chen P. Forecast of Yearly Stock Returns based on Adaboost Integration Algorithm [C] //2017 *IEEE International Conference on Smart Cloud (SmartCloud)*, 2017, pp. 263 – 267.

175. Zhang X, Li A, Pan R. Stock Trend Prediction based on a New Status Box Method and AdaBoost Probabilistic Support Vector Machine. *Applied Soft Computing*, Vol. 49, December 2016, pp. 385 – 398.

176. Zhou F, Zhang Q, Sornette D, et al. Cascading Logistic Regression onto Gradient Boosted Decision Trees for Forecasting and Trading Stock Indices. *Applied Soft Computing Journal*, Vol. 84, November 2019, pp. 1 – 13.